GEOGRAFIAS
das ciências, dos saberes e da história da geografia

CONSELHO EDITORIAL
Ana Paula Torres Megiani
Eunice Ostrensky
Haroldo Ceravolo Sereza
Joana Monteleone
Maria Luiza Ferreira de Oliveira
Ruy Braga

GEOGRAFIAS
das ciências, dos saberes e da história da geografia

Larissa Alves de Lira
Manoel Fernandes de Sousa Neto
Rildo Borges Duarte
Organizadores

Copyright © 2020 Larissa Alves de Lira, Manoel Fernandes de Sousa Neto e Rildo Borges Duarte (orgs.)

Grafia atualizada segundo o Acordo Ortográfico da Língua Portuguesa de 1990, que entrou em vigor no Brasil em 2009.

Edição: Haroldo Ceravolo Sereza / Joana Monteleone
Editora assistente: Danielly de Jesus Teles
Projeto gráfico, diagramação e capa: Danielly Teles
Assistente acadêmica: Tamara Santos
Revisão: Alexandra Colontini
Imagem da capa: *Géographie générale; physique, politique etconomique. ... Avec... arte ... gravures, etc.* GRÉGOIRE, Louis - Dr. Shelfmark. In: Biblioteca Britânica HMNTS 10002.g.9. Página : 1267 Paris Data de Publicação, 1876. Domíncio Público.

 O presente trabalho foi realizado com apoio da Coordenação de Aperfeiçoamento de Pessoal de Nível Superior - Brasil (CAPES) - Código de Financiamento 001

CIP-BRASIL. CATALOGAÇÃO-NA-FONTE
SINDICATO NACIONAL DOS EDITORES DE LIVROS, RJ

G298
Geografias das ciências, dos saberes e da história da geografia / organização Larissa Alves de Lira, Manoel Fernandes de Sousa Neto, Rildo Borges Duarte. - 1. ed. - São Paulo : Alameda, 2020.
   ; 21 cm.

   Inclui bibliografia
   ISBN 978-65-86081-34-3

   1. Geografia - História. I. Lira, Larissa Alves de. II. Sousa Neto, Manoel Fernandes de. III. Duarte, Rildo Borges.

20-64915   CDD: 910
                 CDU: 910(09)

ALAMEDA CASA EDITORIAL
Rua 13 de Maio, 353 – Bela Vista
CEP 01327-000 – São Paulo, SP
Tel. (11) 3012-2403
www.alamedaeditorial.com.br

Sumário

Prefácio   7
Larissa Alves de Lira, Manoel Fernandes de Sousa Neto e Rildo Borges Duarte

A história espacial dos saberes: qual o interesse   27
para a pesquisa em epistemologia da Geografia?
Pascal Clerc

Para uma historiografia epistemológica   45
Tiago Santos Almeida

Uma avaliação da cartografia geográfica brasileira: 69
a ausência de reflexão teórica
Fernanda Padovesi Fonseca

A Geografia entre a ciência e a literatura: 97
longa duração, mediações dos espaços nacionais
e a presença de Pierre Monbeig na Sorbonne,
na Casa Velázquez e os primeiros anos no Brasil
Larissa Alves de Lira

Narrativas em História da Geografia na   129
Geografia Histórica do capitalismo
Manoel Fernandes de Sousa Neto

Pensamento geográfico no Brasil e Exposições   135
Universais: uma investigação sobre Chicago,
EUA (1891 – 1893)
Raimundo Jucier Sousa de Assis

Do Mapa Internacional do Mundo ao Milionésimo ao Google Earth: cartografias capitais na (re)definação dos centros e (re)desenho das periferias 165
Rildo Borges Duarte

A escrita materialista da História da Geografia – ou o fundamento dialético da espacialidade do capital? 193
Paulo Godoy

Rumar ao Oeste ou fincar os pés no Leste? O contexto da atuação de Leo Waibel no Brasil (1940/1950) 211
Carlo Eugênio Nogueira

No man's land: a persistência de uma ideologia geográfica na formação territorial brasileira 245
Paulo Roberto de Albuquerque Bomfim

A emergência da Geografia Física na História da Geografia: uma primeira aproximação 277
Alexandre Henrique da Silva dos Santos

Modos de especiação e os princípios de seleção natural e divergência de caracteres em Charles Darwin 307
Carlos Francisco Gerencsez Geraldino

A formação do estado do Acre nos arquivos do IHGB, da SGRJ e Biblioteca do Palácio do Itamaraty 339
Maria de Jesus Morais

Os autores 369

Prefácio

A história da Geografia no Brasil foi contada sob múltiplos enfoques, temas e métodos. Possuindo larga tradição interpretativa, pode-se sugerir uma coerência entre alguns grupos de autores no que tange a seus trabalhos relativos ao campo. No recorte aqui apresentado, não é a cronologia dessas publicações que é definidora, mas sua relação com a metodologia. Ademais, a ideia de que o estilo de um grupo se sucederia ao de um outro de maneira a superá-lo também não é adequada de acordo com uma construção social da história da ciência. Cada estilo correspondeu às necessidades ou às possibilidades de um contexto específico.

Um primeiro grupo destacou-se por autores de grande alcance teórico e temático que se debruçaram sobre temas abrangentes da história da disciplina como um todo. Obras como as de José Veríssimo da Costa Pereira (1957), Aziz Ab'Saber (1980), Antonio Christofoletti (1980, 1982), Pasquale Petrone (1979), Carlos Augusto Figueiredo Monteiro (1980), Manuel Correia de Andrade (1992), Milton Santos (1978), Antonio Carlos Robert de Moraes (1982), Armen Mamigonian (2002), Nilo Bernardes (1982a, 1982b), Silvio Bray (1983), Lia Osório Machado (1995), Evangelista (1999), Iná Elias de Castro, Paulo César da Costa Gomes e Roberto Lobato Corrêa (1995), Ruy Moreira (2011), Ana Fani Carlos (2001), Paulo

Godoy (2011), Amália Inês Geraiges de Lemos e Emerson Galvani (2009), Sandra Lencione (1999), Elvio Rodrigues Martins (2009), Marcos Bernardino de Carvalho (1999), Letícia Parente Ribeiro (1999), destacam-se pelo estilo totalizante, ensaístico e propondo novas exegeses a partir da ideia geral da existência de diferentes *matrizes teóricas* da geografia brasileira e global.[1] Já havia aqui uma audácia salutar de propor essas visões teóricas totalizantes da história da geografia a partir do Sul, procurando e apontando um caminho e um lugar da produção geográfica brasileira no concerto da história e da epistemologia da geografia. Desde então, o campo da História da Geografia está em processo de autonomização, reunindo em torno de si pesquisadores especializados em história, sociologia e geografia das ciências, da intelectualidade e da cultura. Evidentemente, esse movimento reside inconcluso. Os trabalhos de Antonio Carlos Vitte (e.g. 2007), Eliseu Spósito (2004), Paulo Cesar da Costa Gomes (2005 [1996]), talvez por serem contemporâneos aos desenvolvimentos recentes do campo da história e da epistemologia da geografia, bem como os de seus alunos, talvez pudessem ser enquadrados nos três grupos aqui mencionados.

    O processo de institucionalização do campo implica um movimento de aprofundamento de profissionalização, de consolidação de um *corpus* doutrinário e de autonomização dos ramos de quais é originário (BOURDIEU, 1976). No caso da História da Geografia no Brasil, e, no que tange a seus desenvolvimentos mais recentes, implicou em um relativo distanciamento, cuja prudência nesse movimento é salutar, do campo da Epistemologia da Geografia, e uma aproximação ao campo da Geografia Histórica. Assim, seguinte a um

---

[1] Pode-se falar também de um história das geografias setoriais. Um excelente mapeamento temático dessas histórias pode ser encontrado em tese recém defendida na Universidade Estadual Paulista, de Guilherme dos Santos Claudino (2019).

primeiro grupo mencionado, identificamos mais dois grupos de autores. Devido às vicissitudes desse processo de institucionalização, à fase dos grandes ensaios panorâmicos e novas exegeses totalizantes deu lugar a trabalhos cujos temários eram mais especializados, mais metodológicos em história da ciência e com aprofundamento em abordagens contextuais. Apesar da enorme pluralidade de perspectivas metodológicas, pode-se dizer que as ideias-força desse segundo conjunto estão inseridas em um contexto de ataque à visão idealista no âmbito da história da ciência no geral, e da História da Geografia feita no Brasil, em particular.

Nesse outro grupo, por exemplo, está Vânia Vlach (1988), que questiona uma certa torre de marfim em que supostamente residiriam as ideias universitárias, afirmando quase categoricamente que a institucionalização precoce de uma Geografia de viés científico deu-se primeiramente nas escolas. Perla Zusman (1996), Sergio Nunes Pereira (2003, 2005), Genylton Odilon Rêgo da Rocha (2000), Sousa Neto (2012, 2018), Moraes (2015), Anselmo (2000) e Civale (2009) interrogam-se sobre a periodização e a composição consagrada da comunidade da Geografia científica (essa geografia que toma como marco a vinda das missões francesas para universidades brasileiras a partir da década de 1930). Ao invés disso, preferem ressaltar outros personagens, instituições e grupos de pressão que precederam a chamada geografia acadêmica e que foram essenciais para formar o colchão intelectual sob o qual os mestres estrangeiros tiveram que repousar: Instituto Histórico Geográfico (IHGB), congressos brasileiros, Delgado de Carvalho, Sociedades de Geografia, políticos e diplomatas com pensamento geográfico (tais como Senador Pompeu e o Barão de Rio Branco), engenheiros, o pensamento militar e geopolítico e o papel de intelectuais do pensamento social brasileiro, como Sérgio Buarque de Holanda. Nesse caso é preciso lembrar aqui as contribuições de Cristina Pessanha Mary (2010), Luciene Pereira Carris

Cardoso (2013) e Sérgio Nunes Pereira (Op. cit.), que trataram de Sociedades Geográficas fundadas no século XIX no Brasil.

Em um mesmo registro, Moraes (Op. cit.) e Raimundo (2000, 2004) introduzem uma perspectiva de reflexividade entre as ideias geográficas e as as ideologias geográficas, ao insistirem sobre o papel de se fazer história da geografia em paralelo à própria formação territorial do Brasil. Luz (2001) chama a atenção para outros focos regionais em que se desenvolveu a Geografia, como àquele em que se germinou o pensamento de Tobias Barreto no Nordeste do Brasil, questionando a invisibilidade intelectual promovida pelas centralidades de São Paulo e do Rio de Janeiro às outras geografias regionais, bem como Novais e Vaz (2019) seguem essa perspectiva crítica (o último, em livro recentemente publicado). Penha (1993), Bomfim (2007) e Lamego (2010) retiram das Universidades o papel monopolizador da condução dos processos de renovação epistemológica que se deram no Brasil ao longo do século XX, ressaltando a centralidade do IBGE, tanto do ponto de vista reflexivo (ou seja, ressaltando a consciência dos intelectuais do IBGE de seus papéis renovadores), quanto ideológico e aplicado. Ainda que não se possa esquecer a excelente contribuição de Mônica Machado (2009) acerca da construção da geografia universitária no Rio de Janeiro. Já Antunes (2008) aponta para a pressão vinda dos "de baixo", ou seja, a pressão que os estudantes exerceram no movimento de renovação da geografia tradional, surgindo a geografia crítica, e Camargo (2009) para a importância das revistas científicas, como objetos que circulam. Enfim, os professores universitários e as Universidades como encarnações de comunidades científicas, escolas ou intelectuais isolados, que conduziriam sem amortecimentos o avanço da ciência, são atacados em todas as frentes.

Um terceiro grupo de pesquisadores produziu seus trabalhos mais recentemente. Sousa Neto publica o artigo *A Geografia nos*

Trópicos (2001), chamando a atenção para um necessário processo de descolonização da produção da história da geografia no Brasil e é nesse eixo da "descolonização", principalmente implicado na politização *do método,* que poderíamos situar um terceiro grupo. Mesmo que possa ser prematuro pensar um recorte intelectual que os unifique, parecem-nos pesquisadores bastante influenciados por perspectivas mais politizadas (tanto na leitura do objeto quanto do método) internalizadas no trabalho intelectual, ou seja, trata-se de pensar uma metodologia que, em si, resulte em perspectivas decoloniais. Ainda que este movimento resulte, *em primeiro plano, em um pluralismo metodológico,* entra aqui o importante recorte das geografias das ciências, pois pensar uma metodologia decolonial, é também pensar, *ainda que como pano de fundo,* uma metodologia que envolva o espaço, além de outros atributos. Apesar dessa forma de politização adotada, a correspondência imediata à prática política nem sempre é verdadeira, uma vez que a geração que mais se politizou, com o auge de suas atuações presenciado nas décadas de 1970 e 1980, não necessariamente o faz do ponto de vista de seus métodos em História da ciência, mesmo que essa afirmação possa soar anacrônica. Novaes (2010) e Duarte (2013) levam a consequências bastante avançadas o papel das imagens e da cartografia como objetos científicos estruturadores do pensamento geográfico e Palacios (2005) deixa-se conduzir pelo papel das redes de objetos (epistolares e cartográficas) na construção do trabalho intelectual, em diálogo direto com Bruno Latour.

Nesse mesmo conjunto, Pedrosa (2013), Verdi (2016), Grimm (2011) cobrem um período e um movimento que foram pouco abordados até os anos de 1990, provavelmente porque restasse inconcluso, que é o da emergência da geografia crítica no Brasil (sendo esse país visto como um dos lócus autóctone do pensamento crítico global) e do papel de alguns intelectuais como Milton

Santos. Iorio (2015) reafirma o papel que o debate geográfico exerceu em órgãos institucionais da ditadura militar e Martins defende mais recentemente o papel do exército brasileiro no movimento de institucionalização da geografia em fins do século XIX (2017). Jucier (2017) propõe pensar uma forma da história da geografia que pudesse ser uma escrita materialista-histórica como maneira de reconstituir o papel do imperialismo e das exposições universais na mundialização das ciências. Ribeiro (2008) procura epistemologias geográficas em historiadores como Fernand Braudel, assim como Lira (2008), dialogando com a interdisciplinaridade e com a passagem deste intelectual pelo Brasil. Lira (2013, 2017), Haebaerst et. al (2012), Nogueira (2013), Aranha (2017), Santos (2016), Contel (2014) e Santos (2018) promovem uma espécie de novo recuo, julgando pertinente observarem novamente os ditos clássicos, sob a perspectiva de métodos historiográficos renovados, e retraçar os processos chamados de "formação da geografia brasileira", "leitura dos clássicos", a consolidação do "campo" da geografia, e da institucionalização primeva da Geografia Física na época das Luzes. Parte desse processo intelectual e institucional do campo da história da geografia no Brasil está de alguma maneira representado na reaparição da *Revista Terra Brasilis on line* (antiga e nova série). É certo que outras formas de enquadramentos desses trabalhos poderiam ser propostas, bem como o alargamento dos exemplos utilizados.

Um outro temário nascido da preocupação de pensar a história da disciplina a partir de práticas e objetos se deu através da história da geografia escolar e que foram os estudos que apareceram para estudar autores, livros didáticos e práticas escolares. A exemplo dos estudos realizados por José Pereira Maia (2014) acerca da Geografia Escolar em Minas Gerais, Maria Edney Silva (2012) que discutiu como a região Nordeste foi tratada nos manuais didáticos antes de sua existência oficial e ainda os estudos realizados por Maria Adailza Martins de Albuquerque acerca dos livros provinciais de geografia do período do império em Pernambuco e Paraíba. Cabe lembrar também um tipo de contribuição que pensa de maneira espelhada a crítica epistemológica da prática do professor e a história da geografia escolar, proposto por Rafael Straforini, que aparece em diversas de suas publicações (cf. 2004).

Mais recentemente, a conformação do campo de história da geografia no Brasil, ademais, só foi possível por terem se realizado a partir de 1999 vários encontros de História do Pensamento, a começar pela cidade de Rio Claro, depois São Paulo (2009), Rio de Janeiro (2012), Belo Horizonte (2016) e Viçosa-MG (2018). Em seguida, é fundamental lembrar ainda os Simpósios de História do Pensamento Geográfico organizados na Universidade Federal de Uberlândia por Rita Souza, fundamentalmente naqueles anos em que não houve encontros nacionais. Por fim, não menos importante, passaram a se realizar no Brasil eventos que reuniam pesquisadores internacionais, resultado de um certo reconhecimento da expressividade, em quantidade e qualidade, das pesquisas e dos pesquisadores que atuam com história da geografia no Brasil.

Paralelamente, no desenrolar da produção da história da Geografia global, a Comissão de História da Geografia da União Geográfica Internacional também passou por transformações que sinalizaram a incorporação ou alargamento de um pluralismo metodológico ratificando a linha seguida por esse terceiro grupo de autores. A comissão que se chamava História do Pensamento Geográfico passou a se chamar Comissão de História da Geografia. Com essa mudança, sinalizava-se uma saída de um campo exclusivamente epistemológico, para um campo epistemológico, de práticas, de técnicas, de políticas, de objetos, ou seja, uma história da geografia inserida numa visão larga da cultura material e intelectual científica. Também em linhas paralelas, desenvolveram-se no campo da história da ciência abordagens apoiadas no *spatial turn*, ou seja, um movimento historiográfico inserido nas viradas culturais, linguísticas, pós estruturalistas, humanistas, abordagens antes periféricas em história da ciência que passaram a ser vistas como estruturadoras das ideias. Entre dimensões estruturadoras do pensamento, pode-se considerar o espaço, mesmo que isso cause certo incômodo e estranhamento epistemológico (LIVINGSTONE, 2004). Este livro insere-se nessa possibilidade de desenvolver novas metodologias, partindo da ideia do pluralismo metodológico como estado atual do processo de produção de história da geografia e chamando os autores a pensarem a questão espacial não apenas como pano de fundo, mas com uma certa centralidade.

O livro é também fruto de um colóquio organizado em abril de 2017 na Universidade de São Paulo, nos quadros de um pós-doutoramento financiado pela CAPES, desenvolvido no Departamento de Geografia da Universidade de São Paulo por um dos autores, Larissa Alves de Lira, sob supervisão de Manoel Fernandes e em íntimo contato com o grupo GECA (Grupos de Estudos do Capital) do qual Rildo Borges Duarte é um dos membros fundadores. Assim, tem o objetivo de debater o papel do espaço na configuração de novas abordagens em história da geografia feita no Brasil. Ao mesmo tempo, um dos seus resultados indiretos é a constatação que, em se tratando de geografia, a abordagem espacial já aparecia em muitas produções pioneiras da história da geografia feita no Brasil, como as que foram produzidas anteriormente por Antonio Carlos Roberto de Moraes. Acreditamos que a temática deste livro se situe em um dos lugares de vanguarda das abordagens metodológicas que estão a pulular em um campo internacional de produção histórica e historiográfica.

O livro pode ser divido em alguns eixos de abordagens inseridos na ideia de se produzir geografias da ciência. Um primeiro eixo pode ser denominado "Novas fronteiras epistemológicas da geografia e cartografia, *spatial turn*, geo-história e histórias situadas" em que estão situados os trabalhos de Pascal Clerc, Fernanda Padovesi, Larissa Alves de Lira e Tiago Almeida. Esses trabalhos apresentam linhas teóricas em história espacial, geografia das ciências, das cartografias e geo-história dos saberes. Tiago Almeida, um historiador, avalia o impacto dessas novas histórias sobre a historiografia da história da ciência clássica.

Um segundo eixo de abordagem pode ser denominado "História da Geografia na geografia histórica do capitalismo", eixo de pesquisa definido por Manoel Fernandes de Sousa Neto e partilhado por um grupo de pesquisadores interessados na relação centro-periferia, nas novas fronteiras de pensamento político em história da geografia e na própria rotação teórica implicada em uma escrita materialista da história da ciência. Aqui, a geografia histórica está em franco diálogo com a história da geografia, demonstrando que todos os atores produtores de territórios são também produtores de discursos. Nesse eixo, estariam situados os trabalhos do próprio Manoel Fernandes, Raimundo Jucier, Rildo Borges Duarte e Paulo Godoy.

Um outro eixo de abordagem pode ser denominado "Formação territorial, história da geografia e ideologias geográficas" em que os pesquisadores Carlo Eugênio Nogueira e Paulo Bomfim demonstram o pioneirismo e a atualidade do conceito de "ideologias geográficas" na produção da história da geografia como uma certa maneira de produzir uma geografia das ciências e da Geografia. Em seguida, os autores Alexandre Silva e Carlos Geraldino introduzem aos leitores como a história da geografia física começa a ser tratada como uma hibridização de métodos clássicos e novos métodos. Esse grupo de trabalho nós denominamos "Introduções às histórias da geografia física". Por fim, o trabalho de Jesus Moraes atenta para a importância da pluralidade de fontes para a pluralidade de história e de método, eixo de abordagem chamado aqui de "Novas fontes para muitas outras histórias" e nos incita, de alguma maneira, a pensar uma agenda de pesquisa.

Após esse mergulho pela história da própria disciplina com um olhar geográfico, as perguntas que ficam são: poderiam os geógrafos no Brasil propor uma nova agenda de pesquisa para a história da ciência? Esses e outros trabalhos incitariam os leitores a pensar a especificidade do olhar geográfico para a produção de histórias, mas também, a própria especificidade do olhar do Sul? Nos incita a pensar também uma especificidade da história da geografia feita no Brasil, e até uma especificidade do lugar do Brasil no sistema da ciência-mundo? A geografia brasileira possui um ponto de vista particular para epistemologia da Geografia? A formação socio-espacial brasileira tem algo a revelar sobre essa especificidade? A geografia feita no Brasil precisou construir um estilo que lhe é próprio? No cruzamento dessas questões repousa o debate deste livro.

Finalmente, gostaríamos agradecer a todos àqueles que ajudaram na construção do Seminário de Geografia da Ciências, dos Saberes, e da História da Geografia, bem como na construção deste livro. Esse agradecimento repousa principalmente aos estudantes, pesquisadores e professores envolvidos com o GECA (Grupo de Estudos do Capital), que tomaram esta tarefa de construção do seminário e do livro como um processo envolvente de contribuição à ciência geográfica e de aprimoramento de suas próprias formações. O agradecimento também deve endereçar-se a todos os pesquisadores e estudantes Jéssica Correa, Fernando Molnar, Wilma Lucena, Rogério Bezerra e Martinho Milani. O agradecimento também deve endereçar-se a todos os professores de Geografia do Departamento de Geografia da USP e do Programa de Pós-Graduação em Geografia Humana, sob coordenação da Professora Glória da Anunciação Alves à época do seminário e agora sob a coordenação do professor César Ricardo Simoni Santos, que tornaram possível a realização do evento e o financiamento deste livro. Por fim, à CAPES, Coordenação de Aperfeiçoamento de Pessoal de Nível Superior, que foi mais uma vez fundamental para estimular a produção e divulgação da pesquisa no Brasil.

Larissa Alves de Lira
Manoel Fernandes de Sousa Neto
Rildo Borges Duarte

Bibliografia

AB'SÁBER, Aziz N.; CHRISTOFOLETTI, Antônio. Geociências. In: FERRI, Mário; MOTOYAMA, Shozo (Orgs.). *História das ciências no Brasil*. São Paulo: EDUSP, 1980.

ANDRADE, Manuel C. de. *Geografia, ciência da sociedade: uma introdução à análise do pensamento geográfico*. São Paulo: Atlas, 1992.

ANSELMO, Rita C. M. S. *Geografia e geopolítica na formação nacional brasileira: Everardo Adolpho Backheuser*. Tese (Doutorado). Instituto de Geociências e Ciências Exatas, Universidade Estadual Paulista Júlio de Mesquita Filho, Rio Claro, 2000.

ANTUNES, Charles da F. *A Associação dos Geógrafos Brasileiros (AGB) - origens, ideias e transformações: notas de uma história*. Tese (Doutorado). Departamento de Geografia, Universidade Federal Fluminense, Rio de Janeiro, 2008.

ARANHA, Patrícia M. *Geografia como profissão: campo, auto-representação e historiografia (1934-1955)*. Tese (Doutorado em História Social). Instituto de História, Universidade Federal do Rio de Janeiro, Rio de Janeiro, 2017.

ASSIS, Raimundo Jucier Sousa de. *A iminência da subordinação aos Estados Unidos: A afirmação do Brasil como periferia do capitalismo na exposição universal de Chicago*. Tese (Doutorado em

Geografia Humana). Faculdade de Filosofia, Letras e Ciências Humanas, Universidade de São Paulo, São Paulo, 2016.

BERNARDES, Nilo. O pensamento geográfico tradicional. *Revista Brasileira de Geografia*. Rio de Janeiro, n.44, v.3, pp.391-413, jul./set. 1982.

_____. A influência estrangeira no desenvolvimento da Geografia no Brasil. *Revista Brasileira de Geografia*. Rio de Janeiro, n.44, v.3, p.519-527, jul./set. 1982.

BOMFIM, Paulo R. de A. *A ostentação estatística: um projeto geopolítico para o território nacional: estado e planejamento no período pós-64*. Tese (Doutorado em Geografia Humana). Faculdade de Filosofia, Letras e Ciências Humanas, Universidade de São Paulo, São Paulo, 2007.

BRAY, Silvio C. O pensamento e o método na obra de Pierre Monbeig - análise dos trabalhos publicados no Brasil nas décadas de 30 e 40. *Revista de Geografia*, São Paulo, v.2, p.84, 1983.

BOURDIEU, Pierre. Le champ scientifique. *Actes de la recherche en sciences sociales*. Paris, vol 2, n. 2.2-3, p. 88-104, 1976.

CAMARGO, Alexandre. de P. R. A Revista Brasileira de Geografia e a organização do campo geográfico no Brasil (1939-1980). *Revista Brasileira de História da Ciência*, Rio de Janeiro, v. 2, n. 1, 2009, p. 23-39.

CARDOSO, Luciene P. C. *O lugar da geografia brasileira: A Sociedade de Geografia do Rio de Janeiro entre 1883 e 1945*. São Paulo: Annablume, 2013.

CIVALI, Leonardo. *Pensamento Geográfico e Saber Médico: História, Ciência e Imigração no Brasil da Segunda Metade do Século XIX (1850-1903)*. Tese (Doutorado em Geografia). Departamento de Geografia, Universidade Federal do Rio de Janeiro, Rio de Janeiro, 2009.

CHRISTOFOLETTI, Antônio. (Org.). *Perspectivas da geografia*. São Paulo: Difel, 1982.

CLAUDINO, Guilherme dos S. *Raízes e constelações do saber geográfico acadêmico brasileiro: o conhecer e o pensar na condição de nervura*. Tese (Doutorado). Departamento de Geografia, Universidade Estadual Paulista Júlio de Mesquita Filho, Presidente Prudente, 2019.

CONCEIÇÃO, Alexandrina L.; HEIDEMANN, Heinz D. *Às margens do Beberibe e do Capibaribe: a crítica de Tobias Barreto nos meandros da geografia*. Universidade de São Paulo, São Paulo, 2001.

CONTEL, Fabio B. As divisões regionais do IBGE no século XX (1942, 1970 e 1990). *Terra Brasilis* (Nova Série), Online, n.3, 2014. Disponível em: <http://journals.openedition.org/terrabrasilis/990>. Acesso em: 11/03/2020.

CARLOS, Ana F. A. *Espaço-Tempo na metrópole*. São Paulo: Contexto, 2001.

CARVALHO, Marcos B. Geografia e complexidade. *Scripta Nova (Revista Electrónica de Geografía y Ciencias Sociales)*, Barcelona, v.34, p.1-43, 1999. Disponível em: <http://www.ub.edu/geocrit/sn-34.htm>. Acesso em: 11/03/2020.

CASTRO, Iná E.; GOMES, Paulo. C.; Correa, Roberto. L.. (Orgs.). *Geografia: Conceitos e Temas*. Rio de Janeiro: Editora Bertrand Brasil, 1995.

DUARTE, Rildo B. *Incógnitas Geográficas: Francisco Bhering e as questões territoriais brasileiras no início do século XX*. São Paulo: Alameda, 2013.

EVANGELISTA, Helio de A. Os debates recentes da Geografia: o futuro da disciplina. *Revista FEUDUC/CEPEA*. Rio de Janeiro, n.1, pp.44-63, ago. 1999.

GODOY, Paulo R. T. *História do pensamento geográfico e epistemologia em geografia*. São Paulo: Cultura Acadêmica, 2010.

(Coleção PROPG Digital - UNESP). Disponível em: <http://hdl.handle.net/11449/109157>. Acesso em: 11/03/2020.

GOMES, P. C. C. *Geografia e modernidade*. Rio de Janeiro: Bertrand Brasil, 2005.

GRIMM, Flavia C. A. *A trajetória epistemológica de Milton Santos a partir da centralidade da técnica, dos diálogos com a economia política e da cidadania como práxis*. Tese (Doutorado em Geografia Humana). Faculdade de Filosofia, Letras e Ciências Humanas, Universidade de São Paulo, São Paulo, 2012.

HAESBAERT, Rogério; PEREIRA, Sérgio N.; RIBEIRO, G. (orgs.). *Vidal, Vidais: textos de Geografia Humana, Regional e Política*. Rio de Janeiro, Bertrand Brasil, 2012.

HARTSHORNE, Richard. *Propósitos e natureza da Geografia*. São Paulo: HUCITEC/EDUSP, 1978.

IORIO, Gustavo S. *Segurança nacional, desenvolvimento e geopolítica: a institucionalização do Ministério do Interior no Brasil (1964-1969)*. Tese (Doutorado em Geografia). Departamento de Geografia, Universidade Federal do Rio de Janeiro, Rio de Janeiro, 2015.

LAMEGO, Mariana A. *Práticas e representações da geografia quantitativa no Brasil: a formação de uma caricatura*. Tese (Doutorado em Geografia). Departamento de Geografia, Universidade Federal do Rio de Janeiro, Rio de Janeiro, 2010.

LEMOS, Amélia I. G.; GALVANI, Emerson (Orgs.). *Geografia, Tradições e Perspectivas. A presença de Pierre Monbeig*. 1. ed. Sãop Paulo: CLACSO e Expressão Popular ltda., 2009.

LENCIONE, Sandra. *Região e Geografia*. São Paulo: EDUSP, 1999.

LIRA, Larissa A. de. Fernand Braudel e Vidal de La Blache : Geohistória e História da Geografia, *Confins* (Online), n.2, 2008. Disponível em:< http://journals.openedition.org/confins/2592>. Acesso em: 1103/2020.

_____. O Mediterrâneo de Vidal de la Blache: o primeiro esboço do método geográfico. São Paulo: Alameda, FAPESP, 2013.

_____. Pierre Monbeig e a formação da geografia no Brasil: uma geo-história dos saberes. São Paulo: Alameda, FAPESP, 2017.

LIVINGSTONE, David. N. *Putting Science in its Place: Geographies of Scientific Knowledge*. London, Chicago: The University of Chicago Press, 2004.

MAIA, Eduardo J. P. *A Geografia escolar na Província de Minas Gerais no período de 1854 a 1889*. Tese (Doutorado). Faculdade de Educação, Universidade Federal de Minas Gerais, Belo Horizonte, 2014.

MACHADO, Lia O. Origens do Pensamento Geográfico no Brasil: meio tropical, espaços vazios e a idéia de ordem. In: CASTRO, Iná E.; GOMES, Paulo. C.; Correa, Roberto. L. (Orgs.). *Geografia: Conceitos e Temas*. Rio de Janeiro: Editora Bertrand Brasil, 1995, p. 309-353.

MACHADO, Mônica S. *A construção da Geografia Universitária no Rio de Janeiro*. Rio de Janeiro: Apicuri, 2009.

MARTINS, Élvio R. Pensamento geográfico é geografia em pensamento. In: ANTONELLO, Ideni T.; CUNHA, Fabio C. A. da.; ELY, Deise F.; KATUTA, Ângela M.; PAULINO, Eliane T. (Orgs.). *Geografia e Mídia Impressas*. Londrina: Moriá, 2009. p. 13-36.

MARTINS, Marco T. *História do pensamento geográfico: formação territorial do Brasil à luz dos projetos territoriais do Exército (1889-1930)*. Tese (Doutorado em Geografia). Universidade Federal de Uberlândia, Uberlândia, 2017.

MARY, Cristina. P. *Geografias Pátrias: Brasil e Portugal – 1875–1889*. Niterói: Editora da Universidade Federal Fluminense, 2010.

MONTEIRO, Carlos. A. F. A. *Geografia no Brasil (1934-1977): avaliação e tendências*. São Paulo: IGEOG/USP, 1980.

MORAES, Antônio C. R. *Geografia: pequena história crítica*. São Paulo: HUCITEC, 1982.

_____. Geografia, História e História da Geografia, *Terra Brasilis* (Online), n.2, 2000. Disponível em:<http://journals.openedition.org/terrabrasilis/319>. Acesso em: 11/03/2020.

MOREIRA, Ruy. *O pensamento geográfico brasileiro*. V. 1-3. São Paulo: Contexto, 2010.

NOGUEIRA, Carlo. E. *O lugar da fronteira na geografia de Pierre Monbeig*. Tese (Doutorado em Geografia Humana). Faculdade de Filosofia, Letras e Ciências Humanas, Universidade de São Paulo, São Paulo, 2013.

NOVAES, André R. *Fronteiras Mapeadas: Geografia Imaginativa das Fronteiras Sul-Americanas na cartografia da imprensa Brasileira*. Tese (Doutorado em Geografia). Departamento de Geografia, Universidade Federal do Rio de Janeiro, Rio de Janeiro, 2010.

PALACIOS, David A. R. *A Nueva Geografía de Colombia de Francisco Javier Vergara y Velasco*. Tese (Doutorado em Geografia Humana). Faculdade de Filosofia, Letras e Ciências Humanas, Universidade de São Paulo, São Paulo, 2015.

PEDROSA, Breno V. *Entre as ruínas do muro: a história da geografia crítica sob a ótica da ideia de estrutura*. Tese (Doutorado em Geografia Humana). Faculdade de Filosofia, Letras e Ciências Humanas, Universidade de São Paulo, São Paulo, 2013.

PENHA, Eli A. *A criação do IBGE no contexto de centralização política do Estado Novo*. Rio de Janeiro: Fundação Instituto Brasileiro de Geografia e Estatística, 1993.

PEREIRA, José V. da C. A Geografia no Brasil. In: AZEVEDO, Fernando (Org.). *As Ciências no Brasil*. V.1. São Paulo: Edições Melhoramentos, 1957.

PEREIRA, Sérgio N. *Sociedade de Geografia do Rio de Janeiro: Origens, obsessões e conflitos (1883-1944)*. Tese (Doutorado em Geografia Humana). Universidade de São Paulo, São Paulo, 2002.

_____. Obsessões geográficas: viagens, conflitos e saberes no âmbito da Sociedade de Geografia do Rio de Janeiro. *Revista da Sociedade Brasileira de História da Ciência*. v. 3, p. 112-124, 2005.

PETRONE, Pasquale. Geografia Humana. In: FERRI, Mário.; MOTOYAMA, Shozo. (Orgs.). *História das ciências no Brasil*. São Paulo: EDUSP, p.303-330, 1980.

RAIMUNDO, Sílvia L. Terra conquistada. *Terra Brasilis* (Online). n.2, 2000. Disponível em:<:http://journals.openedition.org/terrabrasilis/303>. Acesso em: 11/03/2020.

_____. Bandeirantismo e identidade nacional. *Terra Brasilis* (Online). n.6, 2004. Disponível em< http://journals.openedition.org/terrabrasilis/375>. Acesso em: 11/03/2020.

RIBEIRO, Guilherme. *Espaço, tempo e epistemologia no século XX: a geografia na obra de Fernand Braudel*. Tese (Doutorado). Departamento de Geografia, Universidade Federal Fluminense, Niterói, 2008.

RIBEIRO, Letícia P. Evolucionismo, Darwinismo e neo-Lamarckismo: Matrizes do Pensamento Geográfico. In: *I Encontro Nacional de História do Pensamento Geográfico*, 1999, Rio Claro. Anais I Encontro Nacional de História do Pensamento Geográfico. Rio Claro: UNESP, 1999. v. 3.

ROCHA, Genylton. O. R. Uma Breve História da Formação do Professor de Geografia no Brasil. *Terra Livre*. São Paulo, v. 15, p. 129-144, 2000.

SANTOS, Alexandre H. da S. *Organizando a Terra: Nicolas Desmarest e o verbete Geografia Física na Enciclopédia de Diderot e D'Alembert*. Dissertação (Mestrado em Geografia

Humana). Faculdade de Filosofia, Letras e Ciências Humanas, Universidade de São Paulo, São Paulo, 2018.

SANTOS, César S. Pierre Monbeig e o vacilo de uma tradição nos trópicos. *Confins* (Online). n.26, 2016. Disponível em:<http://journals.openedition.org/confins/10724>. Acesso em: 11/03/2020.

SANTOS, Milton. *Por uma Geografia Nova*. São Paulo: HUCITEC, 1978.

STRAFORINI, Rafael. *Ensinar Geografia: o desafio da totalidade-mundo nas séries iniciais*. São Paulo: Annablume, 2004.

SILVA, Maria E. F. da. *O Nordeste nos Livros Didáticos de Geografia (1905-1950)*. Dissertação (Mestrado em Geografia Humana). Faculdade de Filosofia, Letras e Ciências Humanas, Universidade de São Paulo, São Paulo, 2012.

SOUSA NETO, Manoel F. de. Geografia nos trópicos: história dos náufragos de uma Jangada de Pedra? *Terra Livre*. São Paulo, v. 17, p. 119-138, 2001.

_____. *Planos para o Império: os planos de viação do Segundo Reinado (1869-1889)*. 1. ed. São Paulo: Alameda Casa Editorial, 2012.

_____. *Um Geógrafo do Poder no Império do Brasil*. Rio de Janeiro: Consequência Editora, 2018.

SOUSA, André N.; VAZ, Caroline B. N. *A Geografia no alvorecer da República: contribuições à história da ciência geográfica no Brasil*. Salvador: EDUFBA, 2019.

SPOSITO, Eliseu S. *Geografia e filosofia: contribuição para o ensino do pensamento geográfico*. São Paulo: Editora da UNESP, 2004.

VERDI, Elida F. *Produção geográfica e ruptura crítica: A geografia uspiana entre 1964 e 1985*. Dissertação (Mestrado em Geografia Humana). Faculdade de Filosofia, Letras e Ciências Humanas, Universidade de São Paulo, São Paulo, 2016.

VITTE, Antônio C. *Contribuições à História e a Epistemologia da Geografia*. Rio de Janeiro: Bertrand Brasil, 2007.

VLACH, Vânia. *A propósito do ensino de Geografia: em questão, o nacionalismo patriótico*. Dissertação (Mestrado em Geografia Humana). Faculdade de Filosofia, Letras e Ciências Humanas, Universidade de São Paulo, São Paulo, 1988.

ZUSMAN, Perla B. *Sociedades geográficas na promoção do saber ao respeito do território: estratégias políticas e acadêmicas das instituições geográficas na Argentina (1879-1942) e no Brasil (1838-1945)*. Tese (Doutorado). Programa de Pós-Graduação em Integração da América Latina, Universidade de São Paulo, São Paulo, 1996.

A história espacial dos saberes: qual o interesse para a pesquisa em epistemologia da geografia?[1]

Pascal Clerc[2]
Tradução: Larissa Alves de Lira

Imaginemos uma situação. Estamos no Brasil e eu sou um pesquisador francês. Um pesquisador francês que vem falar de epistemologia da geografia a estudantes e pesquisadores brasileiros. Venho aqui com minhas referências. Minha cultura científica foi construída essencialmente na França e em contato com pesquisadores franceses. Essas referências, como vocês verão, são essencialmente francófonas e um pouco anglófonas. Eu gostaria de fazer um paralelo com as referências de vocês. Acredito que haverá pontos em comum, bem como diferenças ligadas a universos intelectuais específicos. Entre aquilo que nos separa, há duas línguas, que nos colocam riscos de incompreensão.

Imaginemos outra situação. Eu sou um pesquisador em história e epistemologia da geografia. Se esse domínio da geografia não é o mais conhecido, ele tem, porém, uma dimensão internacional. Com efeito, no seio da União Geográfica Internacional existe

---

[1] Este texto é uma transcrição da conferência de encerramento do evento Geografia das Ciências, dos saberes e da História da Geografia, realizado em abril de 2017 na Universidade de São Paulo.

[2] Professeur des Universités da Universidade de Cergy-Pontoise, França. Professor associado ao laboratório EHGO, Epistemologia e História da Geografia, Panthéon-Sorbonne.

uma comissão nomeada de "História da Geografia". Ela reúne pesquisadores de diferentes países, principalmente brasileiros (alguns dos quais estão aqui), argentinos, franceses, espanhóis, italianos, ingleses e alemães. É, portanto, principalmente uma rede que liga a Europa e a América Latina. No curso dos últimos anos, nós nos encontramos em Manchester, no Rio de Janeiro, em Pequim e novamente no Rio de Janeiro.

Por fim, uma última situação imaginada. Na França, fui por muito tempo um pesquisador que estava às margens. Quero dizer que, espacialmente, estava ligado à periferia de um espaço intelectual bastante centralizado (cerca de 40% dos pesquisadores franceses trabalham na região parisiense). Esta situação espacial teve efeitos sobre meu quotidiano de pesquisador.

Por que falar de tudo isso? Simplesmente porque as ciências e os saberes não fazem parte de um mundo puro, ideal, mas são afetados, submetidos, modificados, determinados às vezes, por contingências diversas. As questões espaciais fazem parte dessas contingências. As ciências e os saberes se constroem em espaços, fazendo referência por vezes a outros espaços; ciências e saberes circulam com livros e intelectuais, e, hoje, pela internet; ideias são debatidas em colóquios, onde se encontram intelectuais de diversas culturas que vêm de lugares diferentes.

O objetivo desta conferência é de abordar de maneira enfática a questão dos espaços e da espacialidade e tentar discernir como esse ponto de vista nos traz a possibilidade de melhor compreender a história das ciências e dos saberes. Trata-se, portanto, de fazer uma geografia da história da geografia.

Tudo é espacial

Deixemos de lado por um instante a questão das ciências e dos saberes para abordar uma questão mais geral: tudo que é social está intimamente ligado ao espacial. Nós vivemos em espaços. Nossas existências são espaciais. O geógrafo Michel Lussault (2007) nota que (*eu cito*) "é impossível pensar as sociedades sem levar em conta a dimensão espacial" (p. 8). De uma maneira diferente, mais sensível, mais ligado ao indivíduo do que ao coletivo, Éric Dardel insiste no ponto de vista da geograficidade da experiência humana. Existe uma primeira "geografia" do indivíduo, ou seja, "lá onde ele está", ele está inscrito em um lugar.

Dito de outra maneira, nós somos todos seres espaciais. O espaço é um componente da vida. Desde o nosso nascimento até a morte, da manhã até a noite, temos que negociar com os espaços para trabalhar, nos alimentar, ter relações sociais ou amorosas, nos distrair... Por quais razões aquilo que diz respeito às ideias, ao conhecimento, aos saberes, às ciências, deveria manter-se distante das questões espaciais?

Pensar aqui ou lá

Assim, a questão espacial no campo específico que é a história das ciências, dos saberes e das ideias, repousa sobre um princípio idêntico àquele que eu acabo de anunciar: os lugares e os espaços participam do que são as ciências, os saberes e as ideias.

Antes de abordar o que são os coletivos, as redes de pesquisadores, ou as instituições, analisemos as inscrições espaciais na escala do indivíduo. Nossos pensamentos, nossas ideias, nossas produções científicas são localizadas. Isso significa simplesmente que quando pensamos em algo, pensamos sempre de algum lugar.

Na escala do indivíduo, o que significa ter uma atividade intelectual em um lugar ou em outro? Em 2004, a socióloga Nicole Lapierre escreveu um livro cujo título é desorientador: *Pensons ailleurs* [Pensemos em outro lugar]. Esse título, emprestado de Montaigne, associa o pensamento à uma dimensão espacial: de fora, de um outro lugar. Habitualmente, o pensamento é qualificado pela sua eficácia, sua lógica, seu desenvolvimento, mas ele não é localizado. Pouco interessa o fato de que o pensamento se desenvolve sempre em algum lugar. Não diríamos "eu penso em Berlim", ou "eu penso no Brasil", porque não damos valor ao fato que o lugar de onde pensamos participa desse pensamento. Porém, o que mostra Lapierre através de seus retratos de artistas e de intelectuais é que a posição no espaço é também um ponto de vista (o lugar de onde vemos), que muda e interfere nesse ponto de vista (a maneira de pensar). A autora acrescenta que é importante mudar de lugar se se quer mudar o ponto de vista, para deslocar as ideais. Se a proposição de Lapierre é em parte metafórica, ela diz respeito também ao deslocamento físico. A autora toma como exemplo o escritor austríaco e judeu Stefan Zweig, que fugiu da Europa e se instalou no Brasil. Durante seu exílio em Petrópolis, ele trabalhou em uma biografia de Montaigne, pois, durante o período de afastamento da França, sentiu-se próximo de um autor francês que se encontra também em relativa distância do seu mundo. O exílio brasileiro foi decisivo para que Zweig escolhesse trabalhar sobre Montaigne? Talvez não, mas certamente a situação espacial modificou sua maneira de pensar sobre esse autor e facilitou o seu trabalho.

Outro exemplo: em outubro de 1976, um jovem antropólogo desembarca em um mundo que lhe é desconhecido, próximo à fronteira do Equador com o Peru. É o mundo dos Achuar, uma tribo da alta Amazônia. Em um primeiro momento, sem compreender nada ou quase nada do que se passa diante dos seus olhos, ele se lembra de um conselho que Claude Lévi-Strauss lhe deu antes de sua partida para viagem: "deixe-se levar pelo terreno". Assim, observando a vida quotidiana, anotando em seu caderno cuidadosamente todo o desenrolar dessas atitudes cotidianas, ele começa a compreender progressivamente a cosmogonia dos Achuar e seus estilos de vida radicalmente diferentes do mundo ocidental. Enfim, como resultados dessas pesquisas, Philippe Descola lança seu belo livro *Les lances du crépuscule* (1993), onde esse antropólogo dá continuidade à demonstração de Lapierre. O tempo vivido com os Achuar permitiu-lhe reexaminar as categorias intelectuais forjadas no Ocidente que antes lhe pareciam "naturais". É desse estranhamento que ele trata em sua vasta obra teórica, *Par-delà nature et culture* (2005), na qual faz uma apresentação das grandes ontologias e das diferentes modalidades da relação Natureza-Cultura.

Esse "deslocamento", ou, "desenraizamento", em francês, "dé--paysement", essa tomada de distância de seu meio familiar permitiu-lhe observar outro modelo da relação natureza e cultura, entendendo o modelo ocidental como um dentre outros. Contribuiu, assim, para desconstruir o que parecia evidente, para fazer uma reflexão sobre o que se configurava impensável, um impensável que o impedia de pensar. Foi descobrindo que as plantas possuíam uma alma, que as pedras não são exatamente pedras, que os macacos podiam ser "cunhados" dos humanos, o pesquisador foi levado a reconsiderar sua maneira de pensar. É nesse outro lugar espacial do pensamento que ele pôde fazer um retorno às suas próprias concepções. Descola fala frequentemente da distância. Uma distância que separa duas coisas, quer dizer, a separação de duas culturas. É nesse distanciamento onde que se elaborou a construção de um novo pensamento.

Pensar com os outros

Paralelamente aos efeitos da "descentração" sobre a maneira de pensar de cada indivíduo, é necessário observar as questões espaciais no âmbito dos coletivos intelectuais: as redes de pesquisadores, os colóquios, os encontros informais, as instituições de pesquisa, as bibliotecas, os museus, os arquivos...

Voltemos a Descola. Certamente, ele não teria publicado seus grandes trabalhos, não teria se tornado titular de uma cátedra no *Collège de France*, enfim, não teria se tornado um pesquisador de referência no que concerne ao entendimento das diferentes relações entre natureza e cultura, se ele tivesse ficado entre os Achuar. Esse é o paradoxo da "descentração" do trabalho intelectual: pensar em outro lugar permite reconsiderar os saberes inconscientemente naturalizados, mas se esse saber não é confrontado a outros, discutido, prolongado, contestado, é provável que o benefício inicial da tomada de distância se reduza. As trocas intelectuais e as instituições materiais ou imateriais de recepção [das ideias] são indispensáveis: não foi na floresta amazônica onde Descola pôde encontrar essa possibilidade de trocas. Um intelectual tem necessidade de estar em um meio propício para construir seus saberes e os difundir. Foi necessário a Descola retornar a Paris para continuar seu trabalho.

Um campo de pesquisa no seio da história e da epistemologia das ciências e dos saberes

Essas observações justificam o desenvolvimento de uma abordagem espacial da história das ciências e dos saberes. Mas, antes de abordar esse ponto, relembremos o fato que as abordagens espaciais no campo do conhecimento são relativamente antigas. O que efetivamente mudou é o status do espaço, as virtudes heurísticas a que lhe atribuímos. O espaço apenas se torna um fator agente com as viradas epistemológicas dos anos de 1970.

Podemos falar, em harmonia com meu colega de laboratório Jean-Marc Besse, da "emergência de um 'paradigma espacial'" (2010, p. 217), para o conjunto das questões ligadas às ciências sociais; outros falam de uma "virada espacial" (*spacial turn*).

Essas evoluções estão certamente ligadas às evoluções da Geografia que amarram estreitamente a questão social com a questão espacial.

Retomemos por ora a questão específica dos saberes e das ciências. A história espacial dos saberes e das ciências é um campo de pesquisa autônomo, sobretudo no mundo anglo-saxão, pelo menos desde 1980. Alguns autores, como Nicolas Rupke veem o desenvolvimento desse campo como essencial para a história das ciências e dos saberes. Rupke fala de uma "virada espacial na história das ciências" (2011, p 439). Para ele, essa virada espacial representa muito mais que a adoção de um método espacial e de conceitos geográficos para fazer a história das ciências e dos saberes. Ele coloca em xeque uma abordagem epistemológica baseada na autonomia da racionalidade das ciências, em benefício de sua compreensão como fenômeno social e como prática dos autores. A abordagem espacial nos conduz a prestar atenção aos lugares materiais e simbólicos, aos autores, à circulação das ideias e dos objetos científicos, aos vetores de divulgação dos saberes... a abordagem espacial participa da denúncia do mito de que "a ciência seja em si um objeto determinado por qualquer outra contingência [que não a de construção do conhecimento]" (Glassner, 2007, p. 917). A abordagem clássica em história das ciências por muito tempo privilegiou a existência de paradigmas fechados e coerentes que só são postos em questão quando da emergência de outros paradigmas, utilizando, portanto, uma abordagem vertical que coloca acento sobre os grandes discursos. Mesmo se Thomas Kuhn, o célebre historiador e filósofo das ciências, se defenda dessa crítica em *A estrutura das revoluções científicas* (1970), podemos pensar que sua teoria participa desse modelo. Com a abordagem espacial, damos preferência à horizontalidade das relações em comparação à verticalidade e à sucessão paradigmática. Essa horizontalidade permite apreender um paradigma em suas relações com o meio (um pouco à maneira de Foucault) e, portanto, em parte de maneira espacial. Assim, essa abordagem participa da "desidealização" dos saberes e das ciências. Passamos de um pensamento científico à uma prática científica, de um pensamento geográfico à uma prática geográfica, como propõe Marie-Claire Robic (2017). Essa prática nos remete, os historiadores da ciência, aos espaços físicos e à maneira como os saberes são construídos, à maneira como eles circulam ou não, às questões bastante concretas, bastante práticas, bastante cotidianas, como Bruno Latour demonstra notavelmente em seus questionários sobre as práticas científicas de quatro pesquisadores na Amazônia (1996a).

Essa virada espacial compete aos geógrafos, o que pode fazer da geografia das ciências e dos saberes um de seus campos de pesquisa. É nesse sentido que trabalham notavelmente David Livingstone e Charles Withers, geógrafos e historiadores da geografia, que publicaram inúmeros trabalhos que colocam a questão da espacialidade das ciências e das correntes de pensamento (geografia da ciência) no centro de suas reflexões, o que ainda está longe de ser o caso da França por enquanto. Eles tomam para si ferramentas conceituais da geografia e da cartografia.

Em um estudo consagrado ao Iluminismo, *Placing the Enlightenment* (2007), Withers constata um interesse antigo e recorrente da história da ciência por toda uma série de questões que se colocou sobre os saberes (o quê? Quando? Por quê?). E ele se impressiona que a questão relativa ao lugar (onde?) tenha sido tão pouco tratada. Porém, a temática do Iluminismo é geográfica e é situada: falamos da "França das Luzes", mas Withers constata que atenção reduzida é dirigida à uma geograficidade, ao menos até o fim do século XX. Em um texto publicado em 2009, ele afirma existir hoje uma emergência de uma tomada de consciência importante sobre o lugar: "The fact that the nature of science is conditionned by place, is *produced through place* as practice rather than simply *in place* is of greater signifiance." (p. 653) [O fato de que a natureza da ciência é condicionada pelos lugares, é produzida *através* dos lugares como uma prática mais do que simplesmente *no* lugar, é uma ideia de grande importância]. O trabalho de Withers consiste então em estudar a dimensão espacial das Luzes, adotando um projeto de interpretação na mesma medida em que os espaços e os lugares sejam um meio de compreensão. Ele fala do "poder dos espaços" (p. 9) e acrescenta que "diferentes lugares produzem diferentes tipos de conhecimento" (p. 9).

Os conceitos geográficos

Eu gostaria agora de abordar mais precisamente a questão dos conceitos geográficos mobilizados nesses trabalhos. Em sua obra consagrada ao Iluminismo, Withers aborda a questão espacial de três maneiras:

- O estudo dos lugares e dos espaços na criação a na recepção das Luzes nas escalas local, nacional e internacional.

- O estado da arte do conhecimento e da representação material do mundo durante as Luzes.

- Mais especificamente, o estado da arte dos saberes geográficos durante o Iluminismo.

Com esta tripla abordagem, Withers mobiliza diferentes conceitos espaciais: os lugares e/ou os espaços de produção e de recepção dos saberes, as dinâmicas através das modalidades da difusão dos saberes e as vias de circulação e dos saberes e dos intelectuais. É efetivamente uma análise geográfica de que se trata.

Para resumir, podemos dizer que as aproximações espaciais em história das ciências estudam principalmente: de uma parte, os lugares e os espaços do saber, bem como a circulação dos saberes; de outra parte, as representações do mundo associadas a esses saberes.

Vou agora examinar alguns conceitos geográficos mobilizados. Em primeiro momento, o conceito de lugar. Certos lugares são propícios à produção e à recepção dos saberes pelas facilidades materiais e/ou imateriais que eles oferecem: bibliotecas, laboratórios, museus, jardins botânicos, lugares de encontros informais (cafés, pubs, restaurantes...), lugares de conferências e de exposições, lugares de publicação de revistas, de edição de livros ou de jornais são, entre outros, fatores favoráveis à produção dos saberes quaisquer que eles sejam. Na configuração da prática científica, esses lugares têm uma importância variável, e os papéis que eles jogam são específicos: o laboratório como lugar de produção do saber, o café como lugar de confrontação de ideias, o museu como lugar de exposição.

Esses lugares de produção e de difusão do saber estão em conexão com outros lugares do mesmo tipo, situados em geral nas cidades. Antonella Romano e Stéphane Van Damme estudaram as grandes cidades como "centros de saberes" (Van Damme, 2005a e 2005b; Romano e Van Damme, 2008), como espaços propícios à produção dos saberes em relação à multiplicidade e à diversidade dos dispositivos de produção, de exposição e de difusão disponíveis, com uma concentração de lugares que permitem aos intelectuais e aos saberes prosperar: universidades, laboratórios de pesquisas, editores, jornais e revistas, colóquios, exposições, associações...

De seu lado, Bruno Latour propôs a noção de "centro de cálculo" em *Le pouvoir des bibliothèques. La mémoire des livres dans la culture occidentale* (1996b). A partir do exemplo da biblioteca, ele qualifica os lugares que serão os nós de uma rede, os lugares que serão ao mesmo tempo receptáculos, distribuidores, transformadores e des bifurcações, no seio dos quais entram e saem os materiais (como os livros), informações e saberes. Essa circulação revela ao mesmo tempo uma amplificação (passar de uma informação localizada a um conhecimento valorizado mais largamente) e uma redução (passar de um conjunto de informações a alguns saberes essenciais).

Um exemplo de lugar central e de centro de cálculo na história da geografia vidaliana é o imóvel do editor Armand Colin, perto do jardim de Luxemburgo em Paris. É lá que se encontram os principais geógrafos franceses do começo do século XX: Paul Vidal de la Blache, Lucien Gallois, Albert Demangeon, Emmanuel de Martonne... é lá que eles organizam a publicação dos *Annales de Géographie* e a Geografia Universal. Eles trazem e reúnem informações recolhidas no terreno para difundi-las, reforçando a transição paradigmática de que fazem parte. Estamos no coração de Paris, no Quartier Latin (o bairro intelectual de Paris), bem próximo da Sorbonne, onde também se localizam o Instituto de Geografia do Sorbonne e a Escola Normal Superior.

Tudo isso traz à tona um outro conceito central da geografia que é o de distância. Os "centros de saber" funcionam pela característica de proximidade entre diferentes lugares. Peter Burke (2012) insiste no papel da proximidade dos lugares na produção das ideias, o que significa também uma proximidade entre os intelectuais e que facilita a circulação dos saberes.

Eu gostaria de apresentar rapidamente um exemplo ligado à esta questão da distância. Na França, em Lyon do fim do século XIX, funciona uma rede bastante eficaz de produção e difusão dos saberes coloniais colocados a serviço (também bastante eficazmente) do projeto francês de colonização. Entre as razões que permitem explicar essa eficiência esta o "centro de saber", à qual se acrescenta outras razões de ordem espacial: os lugares e os homens de poder e da ciência estão no coração da cidade reunidos em um estreito espaço. Esses espaços que nós chamamos de "quase ilha de Lyon", é o coração da cidade, entre o Rône e o Sône. É lá que esses homens vivem, trabalham e inevitavelmente se encontram.

Alguns lugares são dignos de nota:

- A Câmara de Comércio (um centro de cálculo), com suas salas de reunião, um museu, uma biblioteca, salas de conferência.

-A Sociedade de Geografia, com uma biblioteca e uma sala de reuniões.

- O café Casati, onde no interior dos salões do primeiro andar se encontram os membros da Sociedade de Economia Política e de mais maneira mais informal, a maior parte dos atores desse mundo.

- Os escritórios dos chefes de empresas (e membros da Câmara de Comércio).

-A prefeitura (sede do poder político).

Entre todos esses lugares, as distâncias são muito curtas. Alguns minutos de caminhada já são suficientes para circular entre eles. Podemos considerar que esses atores estão em situação de copresença. Eles se cruzam nas ruas, encontram-se em um ou outro lugar, as ideias circulam, sem intermediários nem atrasos.

Todos esses lugares, colocados em relação, desenham uma rede. Uma rede que permite estudar as circulações e as relações entre os lugares ; elas dão também uma ideia da mistura dos campos do saber. Por exemplo, as redes que se desenham em torno das sociedades de geografia desde o fim do século XIX reúnem lugares de natureza diferentes (câmaras de comércio, biblioteca, casernas militares) que mostram o hibridismo dos saberes que lá são construídos e a diversidade dos atores que são seus membros.

O tamanho da rede é uma questão importante. Para definir a extensão espacial de uma maneira de pensar o campo científico, Jean-Marc Besse fala de um "espaço de objetividade" (2010, p. 216). É um espaço no seio do qual um "estilo científico" (podemos dizer também um paradigma) é pertinente. O espaço atinge seus limites quando os saberes que lá circulam entram em concorrência com outros saberes que repousam sobre outros referentes, outras normas, outros valores. Essa configuração remete também à importância e à influência do paradigma, de uma corrente de pensamento, de uma escola, de um coletivo intelectual. Isso pode medir-se por uma escala de referência: uma escola nacional, um paradigma regional... Algumas redes são de maior extensão, como aquela que eu mencionei na introdução: a rede de historiadores de geografia da União Geográfica Internacional. Essa rede de grande dimensão é interessante para se analisar: ela é pertinente porque reúne pesquisadores de diferentes países e de diferentes culturas, mas lhe falta eficácia, pois é restrita a duas regiões do mundo e reúne ainda pouco pesquisadores. Como em todas as redes pouco extensas, coloca-se o problema da circulação e da distância (distância e custo, sobretudo) e da tradução (no sentido propriamente figurado entre culturas diferentes). Há, portanto, um equilíbrio a encontrar entre a concentração (que facilita as interações) e da escala de ação (que internacionaliza as ideias).

A análise das dinâmicas espaciais do saber impõe considerar de uma parte a circulação dos saberes e dos intelectuais no seu sentido mais "material" e, de outra parte, o papel da produção e da recepção dos saberes.

Bastante concretamente, podemos mobilizar conceitos clássicos da geografia das mobilidades: o peso de certos lugares de saber, a importância dos fluxos, a velocidade da circulação, a distância entre os lugares, a forma de saber que circula (revistas, livros, relatórios, conferência, artigos digitais), o meio de transporte. O processo e as formas de difusão devem ser examinados. Podemos trazer para análise também as noções clássicas da geografia, aquelas utilizadas notavelmente em epidemiologia para prever a progressão de uma doença. O impacto das comunicações instantâneas e o acesso às informações científicas digitais transformam as comunicações entre os cientistas e podem reconfigurar (de maneira complexa) os espaços de saber.

Ainda mais importante, sem dúvida, é o fato de que um saber, uma ideia, uma ciência não seja um objeto "puro", descolado de seu contexto de produção e de recepção. O que se passa quando um saber circula? Como ele é transportado e reelaborado no curso da passagem de um lugar para outro? Como ele é reconstruído, uma vez que é integrado em um domínio diferente daquele em que ele foi produzido? Em uma reflexão sobre a desconstrução e sobre a "desidealização" das ideias, Pierre Bourdieu mostra em *Les conditions sociales de la circulation internationale des idées* (2002) que a circulação deve ser analisada seriamente. As ideias que circulam são suscetíveis de reinterpretação, sobretudo no movimento de mudança do contexto nacional. Aquilo que deixa seu "campo de produção" não é a mesma coisa daquilo que chega a um "campo de recepção". Por exemplo, quando uma ideia que é produzida em um meio intelectual e chega a uma empresa, ou quando uma ideia é produzida em uma esfera intelectual de determinado "estilo científico" e é recepcionado em outro, muita coisa pode mudar.

Colocar no espaço os saberes geográficos

Esse breve estado da arte apenas nos aponta a riqueza heurística de uma abordagem dos saberes percebidos através de suas espacialidades. Mostra também a importância dos conceitos geográficos para essas análises.

Todavia, é necessário abordar uma questão problemática para os historiadores da geografia. O essencial de trabalhos em história espacial dos saberes concerne as ciências ditas "exatas". No mundo anglófono, são em particular as ciências da vida e da terra que servem de suporte aos trabalhos de uma "geografia da ciência", em continuidade aos trabalhos de pesquisa de David Livingstone (2003) e de Livingstone e Charles Withers (2011). A referência frequente ao laboratório, sublinhada por Livingstone (2003), ilustra essa concentração sobre alguns domínios em particular, em detrimento das ciências humanas e sociais. Mas, mais curiosamente ainda, os saberes geográficos são muito pouco estudados [pela via da geografia] por pesquisadores que são, porém, geógrafos. Faz-se muito frequentemente, principalmente no mundo anglófono, uma geografia das ciências exatas e naturais, mas muito pouco uma geografia da Geografia. Curiosamente, os epistemológos e historiadores da geografia, na França pelo menos, mobilizam de preferência ferramentas da história e da filosofia mais do que as próprias ferramentas dos geógrafos. Por que, uma vez que são os mais bem colocados para o fazer, os geógrafos, franceses notavelmente, não mobilizam as ferramentas e conceitos espaciais, suas ferramentas, seus conceitos, para estudar a história de sua disciplina? Por que os geógrafos se tornam primeiro historiadores para estudar a história da geografia?

Eu não tenho uma resposta a essas perguntas, mas essa "geografia sem geógrafos" (Besse, 2010, p. 221) é cientificamente de se lamentar.

Conclusão

A geografia é um dos campos do conhecimento no seio dos quais as abordagens espaciais têm sido menos mobilizadas. Esse paradoxo é ainda mais surpreendente uma vez que os geógrafos deveriam ser aqueles que mais dominam abordagens espaciais. Assim, os epistemólogos da geografia são geógrafos quando eles estudam a história da física ou da botânica, mas se tornaram historiadores quando se trata de trabalho sobre sua própria ciência.

Espero ter convencido vocês do interesse dessas abordagens, eu gostaria de reivindicar então uma epistemologia da Geografia feita por geógrafos e com abordagens geográficas.

Bibliografia

BAILLY, Jean-Christophe. *Le Dépaysement*. Voyages en France. Paris: Seuil, 2011.

BESSE, Jean-Marc, Le lieu en histoire des sciences. Hypothèses pour une approche spatiale du savoir géographique au XVIe siècle, *Mélanges de l'Ecole française de Rome: Italie et Méditerranée (MEFRIM)*, t. 116, 2, 2004, p. 401-422.

BESSE, Jean-Marc, Approches spatiales dans l'histoire des sciences et des arts, *L'Espace géographique*, 39 (3), 2010, p. 211-224.

BESSE, Jean-Marc, CLERC, Pascal, ROBIC, Marie-Claire. "Qu'est-ce que le spatial turn?", *Revue d'histoire des sciences humaines* n°30, 2017, p. 207-238.

BOURDIEU, Pierre, "Les conditions sociales de la circulation internationale des idées", *Actes de la recherche en sciences sociales*, vol. 145, n°1, 2002, p. 3-8.

BURKE, Peter. A social history of Knowledge II. *From the Encyclopedia to Wikipedia*, Polity Press, 2002.

CLERC, Pascal, *Les espaces du géographique. Acteurs locaux et savoirs coloniaux à Lyon des années 1850 à l'entre-deux-guerres*, Paris: Habilitation à diriger des recherches, 2013.

DAARDEL, Éric, [1952], *L'homme et la terre*. Paris: Éditions du CTHS, 1990.

DESCOLA, Philippe, *Les lances du crépuscule. Relations Jivaros, haute Amazonie*, Paris: Plon, 1993.

DESCOLA, Philippe, *Par-delà nature et culture*. Paris: Gallimard, "Bibliothèque des sciences humaines", 2005.

FOUCAULT, Michel. *Surveiller et punir*. Paris: Gallimard, 1995.

GLASSNER, Jean-Jacques, "Les échelles du savoir", In: JACON, CHRISTIAN. *Lieux de savoir 1. Espaces et communautés*, 2007, p. 917-923.

JACOB, Christian (dir.). *Lieux de savoir. Espaces et communautés*. Paris: Albin Michel, 2007.

JULLIEN, François, L'écart et l'entre. Leçon inaugurale de la Chaire sur l'altérité. Paris: Galilée, 2012.

KUHN, Thomas S. [1983]. La structure des révolutions scientifiques. Paris: Flammarion,1970.

LAPIERRE, Nicole. Pensons ailleurs. Paris: Stock, 2004.

LATOUR, Bruno. "Le 'pédofil' de Boa Vista – montage photo-philosophique". In: LATOUR, Bruno, Petites leçons de sociologie des sciences. Paris: La Découverte/Le Seuil, 1996a, p. 171-225.

LATOUR, Bruno, "Ces réseaux que la raison ignore: laboratoires, bibliothèques, collections". In: JACOB, Christian, BARATIN, Marc, Le pouvoir des bibliothèques. La mémoire des livres dans la culture occidentale, Paris: Albin Michel, 1996b,pp.23-46.

LEVY, Jacques. Le tournant géographique. Sur la dimension géographique de la fonction politique. Paris: Belin, 1999.

LIVINGSTONE, David N. "The spaces of knowledge: contributions towards a historical geography of science", Environment and Planning D. Society and Space, 1995, p. 13-42.

LIVINGSTONE, David N. Putting science in its place. Geographies of scientific knowledge, Chicago: The University of Chicago Press, 2003.

LIVINGSTONE, David N. "Science, text and space: thoughts on the geography of reading", Transactions of the Institute of British Geographers, NS 30, 2005, p. 391-401.

LIVINGSTONE, David N., WITHERS, Charles J. (ed.), Geography and Enlightenment, Chicago: The University of Chicago Press,1999.

LIVINGSTONE, David N., WITHERS, Charles J. (ed.), Geography of Nineteenth-Century Science. Chicago: The University of Chicago Press, 2011.

LUSSAULT, Michel, *L'homme spatial. La construction sociale de l'espace humain*, Paris: Seuil, 2007.

MÜLLER, Bertrand, "Les Lieux du savoir: un entretien avec Christian Jacob", *Genèses*, 76, 2009, p. 116-136.

ROMANO Antonella et VAN DAMME, Stéphane. Sciences et villes-mondes, XVIᵉ – XVIIIᵉ siècles. *Revue d'histoire moderne et contemporaine*, n°55/2, 2008, p. 7-18.

RUPKE, Nicolas. Afterword. Putting the Geography of Science in its Place. In: LIVINGSTONE, David N., WITHERS, Charles W.J. (ed.), *Geography of Nineteenth-Century Science*.Chicago: The University of Chicago Press, 2011, p. 439-454.

VAN DAMME, Stéphane, *Paris, capitale philosophique. De la Fronde à la Révolution*. Paris: Odile Jacob, 2005a.

VAN DAMME, Stéphane, "Les sciences humaines à l'épreuve de la ville: les enjeux d'une archéologie des savoirs urbains (XVIᵉ-XXᵉ siècles)", *Revue d'histoire des sciences humaines*, n°12, 2005b, p. 3-15.

WITHERS, Charles W.J., *Placing the Enlightenment: Thinking Geographically about the Age of Reason*, Chicago: The University of Chicago Press, 2007.

WITHERS, Charles W.J. "Place and the 'Spatial Turn' in Geography and in History", *Journal of the History of Ideas*, 70 (4), 2009, p. 637-658.

Para uma historiografia epistemológica[1]

Tiago Santos Almeida[2]

No quadro geral das preocupações que marcaram as ciências humanas e sociais nas duas últimas décadas do século XX, destaca-se, ao menos para os historiadores daquelas ciências, a emergência e consolidação de uma nova compreensão das relações entre historiografia e epistemologia. O historiador François Hartog chamou esse momento de "tentação da epistemologia", quando historiadores, mas também cientistas políticos, sociólogos, antropólogos e geógrafos passaram a questionar seu ofício não apenas do ponto de vista metodológico, mas também pelas perguntas fundamentais acerca dos pressupostos teóricos que sustentam seus discursos. Esses investigadores retomaram o questionamento sobre quais são

---

[1] Esse texto é uma versão adaptada do programa de pesquisa elaborado como parte das minhas atividades junto ao Grupo de Pesquisa EPISTAS-THAI – Epistemologia e História Comparada das Ciências Humanas (UFF/CNPq), e que serviu de base para o projeto de pesquisa "Para uma historiografia epistemológica: práticas, categorias e virtudes epistêmicas", desenvolvido junto ao Programa de Pós-Graduação em História da Universidade Federal de Goiás, com bolsa do Programa Nacional de Pós-Doutorado (PNPD), da CAPES.

[2] Professor colaborador, pós doutorando PNPD/CAPES, Programa de Pós-Graduação em História, Universidade Federal de Goiânia (UFG).

os critérios que marcam a correção das análises científicas, quais são os valores que sustentam as preocupações dos autores, o que está em jogo para eles e seus pares quando escrevem e que revelam o significado mais substantivo dos textos. Vê-se que essa nova atitude intelectual, essa "tentação da epistemologia", pode ser entendida como uma virada crítica, a necessidade de pensar as regras que regem o campo ou disciplina em que cada investigador se localiza.

No caso da história, essa virada crítica, perceptível também a partir dos anos 1980, impulsionou a emergência de um novo domínio de reflexão dos historiadores sobre a própria história: a chamada Historiografia. Autores como Jacques Revel, Roger Chartier, Gérard Noiriel e mesmo Hartog entenderam esse novo momento como um momento de crise, pois os historiadores passaram a colocar em dúvida a própria capacidade explicativa da história, a sua capacidade de conferir inteligibilidade aos processos e às coisas. Assim, ao contrário do entusiasmo da crítica epistemológica que marcou a primeira metade do século XX pela ideia fundamental de revigorar e expor os critérios de racionalidade de cada disciplina, a virada reflexiva das décadas finais do século XX tem um tom mais contido, mais sóbrio, menos confiante nos discursos científicos em geral.

Para Hartog, os historiadores teriam operado uma verdadeira aproximação entre epistemologia e historiografia, "como se uma chamasse a outra, completando, corrigindo, ou nuançando seus conteúdos e contornos".[3] Epistemologia e historiografia passaram, então, a ser associadas pelos historiadores como se eles quisessem realizar uma espécie de conjunção, visando "não uma epistemologia 'dura' (muito distante), nem uma história da história 'plana' (muito internalista), mas uma abordagem atenta aos conceitos e

---

3   HARTOG, "La tentation de l'épistémologie?", p. 81-82 (retomado em HARTOG, François. *Évidence de l'histoire*. Paris: Gallimard, 2005, p. 286-293).

aos contextos, às noções e às circunstâncias, sempre mais cuidadosa com suas articulações, preocupada com a cognição e com a historicização". Em resumo, Hartog continua, "algo como uma *epistemologia histórica* ou uma *historiografia epistemológica*".[4]

Argumentei, em outro lugar,[5] que foi essa preocupação que fez com que os historiadores da história voltassem sua atenção para a história das ciências, disciplina que, por conta da mútua intussuscepção com a epistemologia, fomentou um bom número de problemas na teoria e na metodologia da história, como a relação entre ideias, discursos e contextos, além de certas noções – como "ruptura" e "paradigma" – e questões ligadas à temporalidade e à escrita da história, como internalismo *versus* externalismo, anacronismo *versus* história do presente, continuidade *versus* descontinuidade etc. Mas a pergunta "É possível escrever a história da história como história da ciência?" precisou ser naturalmente complementada por outra: "Qual *tipo* de história da ciência?". Na França, certamente por conta de uma longa tradição nessa linha de investigação, os historiadores que passaram a se interessar pela prática historiográfica (a história que se volta para si mesma) foram cada vez mais atraídos pela história intelectual da própria disciplina, assim como havia acontecido, pelo menos desde Gaston Bachelard e Alexandre Koyré, com os historiadores da astronomia, da química, da biologia etc. Quando Hartog, atualmente um dos principais representantes dessa história intelectual da história, fala que os historiadores passaram a praticar uma "epistemologia histórica ou uma histo-

---

4   *Idem*. Grifos nossos.

5   ALMEIDA, Tiago Santos; IEGELSKI, Francine. "História das Ciências, Teoria da História, História Intelectual", p. 13-14. In: DASTON, Lorraine. *Historicidade e objetividade*. Org. Tiago Santos Almeida. Trad. Derley M. Alves; Francine Iegelski. São Paulo: Liber Ars, 2017, *Apresentação*. (Coleção Epistemologia Histórica).

riografia epistemológica", ele certamente tem em mente uma das mais conhecidas tradições historiográficas francesas, a *épistémologie historique*, frequentemente associada aos nomes de Bachelard, Georges Canguilhem e, em certa medida, Michel Foucault. Mas não devemos desconsiderar a possibilidade de que Hartog também tivesse em mente outro projeto historiográfico, que, naquele momento, começava a ser desenvolvido fora da França.

Aquela avaliação de Hartog sobre a aproximação entre historiografia e epistemologia foi feita pouco depois da realização, sob sua coordenação, em parceria com Roger Guesnerie, de um seminário na *École des Hautes Études en Sciences Sociales*, em 1996, intitulado "Études sur les sciences, Études sur les techniques". O objetivo desse encontro, dizem seus organizadores, era ouvir de alguns especialistas em história das ciências e das técnicas quais seriam os pontos mais vivos dos debates em curso naquelas disciplinas. Participaram do seminário cerca de trinta pesquisadores, entre palestrantes e debatedores, incluindo nomes bastante conhecidos no Brasil, como Dominique Pestre, Fernando Gil, Roger Chartier, Bruno Latour e Yves Cohen. Atravessando todas as falas, duas ideias eram recorrentes: a "crise" da história das ciências e das técnicas (particularmente na França), mas também a sua "recomposição", agora a partir de uma "reconfiguração" dos problemas tradicionalmente abordados. Os títulos das mesas, como "História intelectual e sociologia das ciências", "Cognição, tradições científicas e culturas", "Epistemologia e história social" ou "Técnica e cultura material", dão pistas dos novos elementos dessa configuração. Foi na mesa "História da objetividade científica" que Lorraine Daston apresentou de modo sistemático o "programa historiográfico" que chamou de *epistemologia histórica*, naquela ocasião, ainda considerado um programa "muito jovem e que ainda não deu provas suficientes de que possa ser qualificado como uma escola".

Daston não ignorava o inusitado da situação: "tenho consciência de que o termo '*épistémologie historique*' recebeu no passado uma significação bem diferente em francês, na continuidade do trabalho de Bachelard", adiantou-se. Por isso, manteve o termo *historical epistemology*, em inglês, seguindo a denominação que esse programa recebeu nos círculos anglófonos ou germanófonos:

> Aquilo que eu entendo por *historical epistemology* é a história das categorias que estruturam nosso pensamento, que modelam nossa concepção da argumentação e da prova, que organizam nossas práticas, que certificam nossas formas de explicação e que dotam cada uma dessas atividades de uma significação simbólica e de um valor afetivo. Essa epistemologia histórica pode (e, de fato, ela deve) reenviar a uma história das ideias e das práticas, tanto quanto à história das significações e dos valores que constituem as economias morais das ciências. Mas ela põe questões de tipo diferente: (...) não o julgamento histórico segundo o qual tal ou tal disciplina atingiu a objetividade e, caso sim, quando e como, mas antes uma exploração histórica das múltiplas significações e manifestações científicas da objetividade.[6]

No Brasil, apesar do seu reconhecimento entre os historiadores das ciências, Bachelard e Canguilhem, não obstante a relevância de suas obras para a formação do cenário filosófico francês na segunda metade do século XX, nunca penetraram o inconsciente teórico-metodológico dos historiadores em geral, nem mesmo daqueles dedicados à historiografia – ao menos não diretamente, pois

---

6   DASTON, "Uma história da objetividade científica", In: ___. *Historicidade e objetividade*. Org. Tiago Santos Almeida. Trad. Derley M. Alves; Francine Iegelski. São Paulo: Ed. Liber Ars, 2019, p. 71-72. (Coleção Epistemologia Histórica).

podemos considerar o impacto causado por alguns dos seus alunos que compartilhavam com eles certos axiomas metodológicos, sobretudo Michel Foucault. Essa situação é, sem dúvida, decorrente do fato de que as duas principais tradições historiográficas francesas do século passado – a epistemologia histórica e os *Annales* – só abriram um diálogo sistemático a partir de meados da década de 70. Segundo Roger Chartier, no artigo "Histoire intellectuelle et histoire des mentalités. Trajectoires et questions", publicado em 1983 num número especial da *Revue de synthèse* dedicado ao problema das relações entre "História das ciências e mentalidades", a desconsideração dos historiadores das mentalidades franceses pelos trabalhos de Bachelard, Canguilhem e também de Alexandre Koyré foi carregada de consequências: "de fato, ela privou os historiadores franceses de todo um conjunto de conceitos suscetíveis de colocá-los em guarda contra as certezas demasiado ásperas obtidas por meio da investigação estatística". Ainda segundo Chartier, esses conceitos teriam permitido aos historiadores "substituir a descrição não articulada dos produtos culturais ou dos conteúdos de pensamento de um tempo (como faz o estudo quantitativo) pela compreensão das relações que existem, em um dado momento, entre os diferentes campos intelectuais".[7]

Também a aproximação da historiografia com os trabalhos de Daston, entre nós, ainda é um pouco tímida, com notáveis exceções, e foi muitas vezes realizada de modo indireto, por exemplo, através dos trabalhos de Herman Paul. O resultado mais visível dessa recepção parcial ou mediada é o fato de que certos objetos, digamos, historiográficos foram retidos das linhas de investigação abertas por Daston, mas não como parte de uma epistemologia

---

7 CHARTIER, "Histoire intellectuelle et histoire des mentalités. Trajectoires et questions", p. 295.

histórica das ciências humanas ou de uma "historiografia epistemológica". Assim, os historiadores que seguiram por esse caminho, encontraram nas referências aos trabalhos de Daston um grande número de temas que poderiam ser utilizados na exploração dos diferentes correlatos da ideia de "história como ciência": a imparcialidade como virtude epistêmica dos historiadores do século XVIII; a economia moral da revolução metodológica da historiografia no século XIX; a *persona* do historiador etc. Mas não resta dúvida de que a principal contribuição dos trabalhos de Lorraine Daston para os historiadores da história é aquilo que permite afirmar, se não uma herança direta, pelo menos um "*ar de família*" (expressão de Jean-François Braunstein) entre a epistemologia histórica desenvolvida em Berlim e aquela mais antiga, de origem francesa: a confirmação da possibilidade de uma epistemologia em ato, ou seja, não um tribunal que determinará se a história atingiu ou não a objetividade e, caso sim, quando e como, mas uma exploração histórica das múltiplas significações e manifestações da objetividade em história. Afinal, para citar Hartog mais uma vez, os historiadores aprenderam que "a objetividade não é separável das formas de objetivação".[8]

Já na obra de Bachelard, o "método" se destacava entre os objetos de interesse da investigação histórico-epistemológica sobre a relação entre historicidade e objetividade do conhecimento científico. Pelo menos desde os primeiros comentários ao Discours de la méthode, de Descartes, já no século XVII, o método se constituiu como um objeto específico da investigação filosófica a partir de uma promoção – que Canguilhem chamou de "arbitrária" – do método pela "extensão ilimitada de seus domínios de validade".[9] Ou seja, para

---

8   *Ibidem*, p. 81.

9   CANGUILHEM, "L'évolution du concept de méthode de Claude Bernard à Gaston Bachelard", p. 165.

que o método se constituísse como problema filosófico, foi necessário que ele passasse a ser compreendido como algo exterior e mesmo independente em relação à própria pesquisa científica, dizendo respeito às regras do espírito, da Razão, do sujeito e outras figuras correlatas sobre as quais a filosofia proclamou sua autoridade. Foi por isso que a Física, tendo alcançado no imaginário dos filósofos um inabalável patamar científico através do método experimental, logo se converteu na ciência por excelência, aquela que deveria servir de modelo e de medida de julgamento para todas as outras.

Na virada do século XVIII para o XIX, o método já era compreendido, pelos próprios cientistas, como algo que se aplica a um campo da experiência, sendo, portanto, elaborado fora dele. Assim, por exemplo, nos diz Canguilhem, o pressuposto fundamental do grande livro de Claude Bernard, sua Introduction à l'étude de la médecine expérimentale, de 1865, é que "existe em todas as ciências experimentais uma identidade do modo de raciocínio, e que a diferença dos objetos de aplicação, corpos brutos ou seres vivos, introduz diferenças apenas na complexidade e dificuldades de investigação".[10] Ainda segundo Canguilhem, coube a Bachelard a realização de uma mutação conceitual e epistemológica na nossa compreensão histórica do "método", na continuidade do projeto de informar e corrigir a filosofia a partir da atenção à prática efetiva dos cientistas e ao desenvolvimento histórico das ciências particulares. Bachelard não apenas ignora, mas rejeita com veemência aquela ideia de Claude Bernard – que, vale dizer, ele encontrou em Comte – segundo a qual "existe um método positivo ou experimental constituído de princípios gerais, do qual apenas a aplicação é diversificada em função da natureza dos problemas a resolver".[11]

---

10 Ibidem, p. 166.

11 Ibidem, p. 167.

O que Bachelard propõe, ao invés disso, é uma ideia de método indissociável dos objetos e tarefas específicos de cada ramo do saber, como desdobramento da tese de que são as ciências que mobilizam e provocam as mutações no espírito: "Os métodos científicos (...) não são o resumo dos hábitos adquiridos na longa prática de uma ciência", escreveu em A filosofia do não.[12] Ou, ainda mais direto, em O novo espírito científico: "Os conceitos, os métodos, tudo é função do domínio da experiência; todo o pensamento científico deve mudar diante de uma experiência nova; um discurso do método científico será sempre um discurso de circunstância, ele não descreverá uma constituição definitiva do espírito científico".[13]

Essa crítica histórico-epistemológica do método se tornou um tema importante dos trabalhos recentes no campo da historiografia. Isso porque, durante décadas, os historiadores da história escreveram a constituição científica da sua disciplina como uma narrativa das suas aquisições metodológicas. Até algumas décadas atrás, não era difícil encontrar, nos manuais de método ou de introdução aos estudos históricos um elemento comum aos livros de introdução às ciências naturais dos séculos XVIII e XIX: uma apresentação e talvez o primeiro capítulo sobre o "passado da ciência", seu lento acúmulo de conhecimentos e variações sutis no objeto ou método, e, em seguida, a demarcação do estatuto de cientificidade da disciplina. Ou seja, o problema da objetividade em História consistia em entender como a História veio a se tornar uma ciência objetiva, preocupação que deveríamos encontrar, pelo menos em germe, já na sua "origem". Assim, éramos levados até a Grécia Antiga para aprender que suas maiores contribuições para a História foram, justamente, a determinação de um objeto e um método. O objeto da História são as "ações

---

12 BACHELARD, A filosofia do não, p. 144.
13 BACHELARD, O novo espírito científico, p 14.

realizadas pelos homens", passando a explicação mítica para o segundo plano. E, para o conhecimento dessas ações realizadas pelos homens, Heródoto, mas sobretudo Tucídides já defendiam, diziam os manuais, uma investigação sistemática dos fatos precisos. Logo aprendemos que o auge da historiografia grega foi Políbio, cuja obra demonstraria a tensão da História com a sua forma narrativa: sua história das conquistas do Império Romano assumia, para o historiador moderno, ares de um manifesto contra a sujeição da verdade histórica a efeitos literários.

O restante dessa narrativa era para mostrar como o amadurecimento dessas preocupações com o objeto, o método e a forma da exposição historiográfica – demonstrado, por exemplo, pelo começo da utilização, nos séculos XV e XVI, de testemunhos não-escritos, como as descobertas arqueológicas, ou pelo surgimento, no século XVII, das chamadas ciências auxiliares, como a Diplomática, de Mabillon –, nos conduziu, nos séculos seguintes, à preocupação com o estatuto de cientificidade para a história, supostamente alcançado no século XIX, quando passamos a reconhecer a configuração de uma prática fundamentalmente semelhante a que fazemos hoje, mas determinada por certa visão, derivada da divulgação da ciência experimental moderna, acerca da natureza do método para se atingir o conhecimento científico. Nesse momento, era como se a história passasse a ter a estrutura clássica de toda disciplina científica: deve possuir uma *teoria* e um *método* que permite o conhecimento de seu objeto através de uma prática específica. É essa estrutura que vai surgir no século XIX, ou, pelo menos, é essa estrutura que os historiadores passaram a reivindicar para a História e que marcaria ao mesmo tempo a continuidade das intenções e a ruptura com a prática historiográfica dos Antigos – momento que marca, também, a institucionalização da História nas universidades, pois será preciso uma formação específica para fazer aquela engrenagem funcionar.

Compreendida dessa forma, a ideia de história da historiografia dava razão, quase um século atrás, ao diagnóstico de Marc Bloch, em *Apologia da história*:

> Pois a história não é apenas uma ciência em marcha. É também uma ciência na infância: como todas aquelas que têm por objeto o espírito humano, esse temporão no campo do conhecimento racional. Ou, para dizer melhor, velha sob a forma embrionária da narrativa, de há muito apinhada de ficções, há mais tempo ainda colada aos acontecimentos mais imediatamente apreensíveis, ela permanece, como empreendimento racional de análise, jovem. Tem dificuldades para penetrar, enfim, no subterrâneo dos fatos de superfície, para rejeitar, depois das seduções da lenda ou da retórica, os venenos, atualmente mais perigosos, da rotina erudita e do empirismo, disfarçados em senso comum. Ela ainda não ultrapassou, quanto a alguns dos problemas essenciais de seu método, os primeiros passos.[14]

O que a historiografia epistemológica propõe como alternativa representa, na opinião de Canguilhem (ele falava especificamente da "arqueologia das ciências humanas" proposta por Foucault em *As palavras e as coisas*), uma forma de historicização radical, pois resolve o problema da relação entre a objetividade e a historicidade da prática historiográfica a partir da historicização da própria objetividade em História. Nessa perspectiva, para Canguilhem, a história do que chamamos de "progressos" de uma ciência passa a ser a história da passagem de um valor a outro, isto é, de um valor de objetividade a outro, de um valor de verdade a outro. Quer dizer, a objetividade passa a ser entendida não como um fim a ser alcançado pelas ciências, mas como um modo coletivo de pensamento

---

14 BLOCH, *Apologia da história*, p. 47.

que, em uma determinada época, passou a estruturar as formas de enunciação e estabelecimento de provas para qualquer discurso com pretensão ao dizer verdadeiro. Esse modo coletivo de pensamento e o conjunto de valores, práticas e representações que o modelo dominante de ciência exigia dos historiadores precisava ser transmitido, daí o interesse da atual historiografia pelos manuais de estudos históricos ou, ainda, pelo modelo dos seminários, nascido nas universidades alemãs – particularmente em Berlim, graças a Ranke – e logo difundido por toda a Europa antes de chegar ao nosso continente.[15]

Essa reflexão é histórico-epistemológica não apenas porque seus objetos são aquelas categorias, práticas e conceitos indispensáveis ao conhecimento científico, mas também porque, ao mostrar a historicidade de uma categoria como "método", torna-se possível pensar de outra maneira a sua configuração epistemológica no interior de uma determinada prática. Num artigo recente,[16] tentei mostrar como Bachelard, tendo feito essa crítica histórico-epistemológica do conceito de método, buscou coloca-la a serviço da teoria da história das ciências, para introduzir a perspectiva da descontinuidade histórica. Em 1937, numa conferência diante da Société française de philosophie, Bachelard afirmou:

> "(...) só reencontramos a continuidade sob a condição de não procurá-la com precisão; em suma, sob a condição de supô-la". E conclui: "Diria que é por causa de uma espécie

---

15 Ver, por exemplo, OLIVEIRA, Itamar Freitas de. "Seminário e método entre historiadores que visitaram a Alemanha (1877 - 1909)". *Varia história*. 2017, vol.33, n.62, pp.491-521.

16 ALMEIDA, Tiago Santos. "Pensar o tempo para construir um método: a descontinuidade histórica em Gaston Bachelard". *Revista de Teoria da História - Journal of Theory of History*, v. 21, n. 1, p. 168 - 190, 1 ago. 2019.

de necessidade crítica, por precisarmos instituir um método, que se deve partir da hipótese da descontinuidade e da multiplicidade do tempo".[17]

Michel Foucault foi um dos primeiros a insistir sobre a importância metodológica da descontinuidade e da multiplicação das temporalidades na caracterização do estilo francês de historiografia das ciências. Em A arqueologia do saber, Foucault argumenta que Bachelard e Canguilhem remanejaram a história das ciências em relação a um determinado número de pontos essenciais, sendo o primeiro justamente o tema metodológico da "descontinuidade".[18] Não é que a descontinuidade não pudesse ser percebida empiricamente pelos historiadores, Foucault esclarece. Mas Bachelard alterou o seu estatuto. Foucault argumenta que, antes de Bachelard, a descontinuidade aparecia apenas como acidente, ou algo que deveria ser suprimido pelo historiador, que tinha a tarefa de reencontrar a unidade sob a dispersão temporal provocada, digamos, por uma descoberta. Com Bachelard, a descontinuidade deixou de ser um acontecimento aberrante e desafiador ao método histórico herdado do positivismo para tornar-se, ao mesmo tempo, uma operação deliberada do historiador e o resultado da sua descrição, ou seja, "ela é, ao mesmo tempo, instrumento e objeto de pesquisa, já que delimita o campo de uma análise da qual ela é o efeito".[19] Em outras palavras, trata-se da reprodução em historiografia, daquela dinâmica sobre a relação entre o saber, seu objeto e o método correspondente.

Podemos reconhecer que ainda havia, na obra de Bachelard, o recurso a uma personagem bastante kantiana, a Razão, mas que

---

17 BACHELARD, "A continuidade e a multiplicidade temporais", p. 340-341;
18 FOUCAULT, A arqueologia do saber, p. 18.
19 FOUCAULT, "Sobre a arqueologia das ciências. Resposta ao Círculo de Epistemologia", p. 84-85

já estava ausente na obra daquele que é frequentemente apontado como seu herdeiro intelectual. Ao longo da década de 1940 e até meados da década seguinte, a partir da aproximação com a história das ideias, Canguilhem se dedicou à elaboração de uma técnica histórica própria para a investigação das ciências da vida e da medicina. Nesse percurso, Canguilhem deu forma a uma problematização das permanências entre história das ideias e história das ciências, contrariando a imagem vulgar que identifica a epistemologia histórica a uma história dos cataclismos científicos. A história das ideias e a história dos conceitos científicos, tal como apresentadas por Canguilhem, servem, antes, a um projeto de multiplicação das temporalidades na história das ciências – entre elas, a do tempo descontínuo –, de acordo com as exigências dos objetos específicos selecionados pelo historiador. Assim, falando especificamente sobre o estatuto da descontinuidade em Canguilhem, Foucault pondera que, retomando esse tema elaborado por Bachelard,

> a identificação das descontinuidades não é, para ele [Canguilhem], nem um postulado, nem um resultado; é, antes, uma 'maneira de fazer', um procedimento que se integrou à história das ciências, porque é requisitado pelo próprio objeto do qual deve tratar.[20]

Tal remanejamento, diz Foucault, foi responsável por uma verdadeira "mutação epistemológica na história", a partir do seu entrecruzamento com as diferentes concepções de temporalidade dos objetos históricos dos *Annales*. Esse diagnóstico, vale lembrar, é feito de maneira preliminar, nas primeiras páginas de *A arqueologia do saber*, "para revelar os princípios e as consequências de uma transformação

---

20 FOUCAULT, "A vida: a experiência e a ciência", p. 358-359.

autóctone em vias de se realizar no domínio do saber histórico".[21] Assim, incluía seu trabalho na continuidade dessa transformação, e fazia do seu livro um exercício de "método de análise histórica".[22] Esse é um tema caro para a epistemologia histórica, em seus diferentes matizes. Jean-François Braunstein, reconhecido comentador do estilo francês de historiografia das ciências, diz perceber nas obras de Canguilhem e Daston "o mesmo gênero de problemática", e que tanto na França quanto na Alemanha, "trata-se de ver como noções meta-teóricas, meta-epistemológicas (...) são noções que têm uma história".[23] Podemos perceber no elogio de Daston a Foucault sinais daquele "ar de família" entre seus dois projetos historiográficos, marcados pela historicização de certas categorias do pensamento e da ciência moderna frequentemente consideradas sem história. Segundo Daston, na obra de Foucault, que, ela faz questão de dizer, "foi treinado pelo historiador da ciência francês Georges Canguilhem", tópicos como "prova, experiência e objetividade, que os historiadores haviam previamente atribuído às contemplações atemporais dos filósofos, de repente pareciam adequados para uma abordagem histórica", afirmou. Além disso, ela continua, "o modo foucauldiano de investigação histórica dessas abstrações etéreas era minuciosamente concreto, combinando-se com a nova consciência disciplinar dos historiadores da ciência". Eram, enfim, "uma leitura atenta, um escavação arquivística e uma investigação minuciosa sobre práticas específicas, não argumentos filosóficos ou análises sociológicas, que forneceriam a história in-

---

21 FOUCAULT, *A arqueologia do saber*, p. 17.
22 *Ibidem*, p. 18.
23 ALMEIDA e CAMOLEZI, "Entretien avec Jean-François Braunstein", p. 161.

visível de objetos que haviam se tornado inevitáveis, fornecendo a evidência para a história do auto-evidente".[24]

O que se espera de uma historiografia epistemológica é justamente esse interesse por aquilo que se apresenta como evidente no discurso historiográfico. Já há algum tempo os historiadores se interessam, por exemplo, por noções como *fato*, *fonte* ou *documento*, mas é preciso levar em conta a perturbação que a aproximação entre historiografia e epistemologia causou na relação que se acreditava estabelecida entre os métodos e os objetos da História, e que diz respeito ao problema das relações entre objetividade e subjetividade na determinação do que constitui um *fato histórico*. Nisso, o trabalho de Daston tem se provado particularmente útil, pois, embora privilegie categorias mais comuns às ciências ditas naturais, como observação ou experimentação, trouxe para o centro do debate esses valores ou "virtudes epistêmicas" que foram compartilhados tanto por aquelas ciências quanto pela História, a exemplo da imparcialidade e da objetividade.

"As mais acirradas disputas do século XIX sobre imparcialidade histórica", Daston afirmou, "envolveram historiadores franceses e alemães que, tão frequente quanto os encontros entre os povos germânicos e os romanos nos tempos antigos e medievais, acusavam um ao outro de lutar as batalhas de hoje com munição da história de ontem".[25] Tratando do debate entre Fustel de Coulanges e Theodor Mommse acerca da nacionalidade dos habitantes da Alsácia-Lorena no despertar da Guerra FrancoPrussiana, Daston indicou a necessidade de uma mudança na compreensão tradicional daquela relação entre teoria, método e objeto na História.

---

24 DASTON, "Science Studies e História da Ciência", p. 121.
25 DASTON, "Objetividade e imparcialidade: virtudes epistêmicas nas Humanidades", p. 130.

Para ela, sendo a História um saber perspectivo, seus objetos (os fatos históricos) não são primeiros em relação a um método que apenas depois seria desenvolvido pelos historiadores para estudá--los. Contra esse culto do fato, Daston afirma que só é reconhecido como objeto da história aquilo que os historiadores já legitimaram por meio de um método, sobre o qual repousaria sua pretensão de objetividade, uma virtude epistêmica que não se confundia com a imparcialidade: era possível, diziam aqueles historiadores no século XIX, escrever uma história cientificamente objetiva e ao mesmo tempo útil aos interesses nacionais. Isso explica porque tantos livros de história política no século XIX começavam por uma história do método, cuja conclusão serviria de justificativa para os instrumentos mobilizados para aquela construção histórica específica, atestando, assim, a sua objetividade. Por isso, essa relação criadora entre método e objeto, afirma Daston, deve ser analisada no interior daquilo que chamou de economia moral: "não apenas a ciência tem o que chamarei de economia moral (na verdade, várias); estas economias morais são ademais constitutivas dos aspectos considerados comumente (e, penso eu, corretamente) mais característicos da ciência como modo de conhecimento".[26]

Pensando num exemplo próprio à historiografia brasileira, essas considerações poderiam ter eliminado uma antiga controvérsia que diz respeito à emergência de uma "verdadeira ciência da história" no Brasil: o debate inaugurado pela afirmação de que o advento da História-ciência no país teria como marco fundador a criação das primeiras universidades na década de 1930 – notadamente a USP, mas também a UDF, extinta pelo Estado Novo. Um quadro comparativo para entender o significado da revisão – realizada desde ao menos a década de 1980 por historiadores como

---

26 DASTON, "A economia moral da ciência", p. 38

Manuel Salgado Guimarães e Ricardo Benzaquen de Araújo – daquele preconceito acerca da produção historiográfica brasileira do século XIX e início do XX poderia ser traçado em relação à historiografia das ciências no Brasil. Maria Amélia Mascarenhas Dantes, por exemplo, constatou que, nos anos 1950, seguindo uma tendência distribuída pela América Latina, a historiografia das ciências possuía um enfoque eurocêntrico, pois, em vez de escrever a história das ciências no Brasil, tinha como objeto a história da ciência europeia no Brasil.[27] O livro brasileiro mais significativo daquele período foi As ciências no Brasil, editado por Fernando de Azevedo em 1955, no qual diversos cientistas de universidades brasileiras apresentavam o desenvolvimento histórico das suas respectivas áreas científicas. A conclusão a que chegaram esses autores não é muito diferente da que predominou durante algum tempo acerca da historiografia brasileira: a atividade de pesquisa científica só havia se instalado no país a partir da criação das universidades, nos anos 1930 (a única exceção era a medicina, e, ainda assim, tal exceção se devia ao fato de que a Medicina é considerada, naquele livro, uma ciência aplicada).

Foi apenas nos anos 1980 que os historiadores das ciências passaram a fazer a crítica daquela concepção anacrônica, que não permitia tratar como conhecimento verdadeiro a produção na qual a ciência contemporânea não pudesse se reconhecer. A partir desse momento, os historiadores passaram a valorizar centros documentais e espaços de pesquisa até então desprivilegiados em relação às universidades, como os museus, jardins botânicos, associações profissionais, academias e gabinetes e – poderíamos dizer,

---

27   Cf. DANTES, Maria Amélia Mascarenhas et al. "Sciences in Brazil: an overview from 1870-1920". In: KRAUSE, Décio; VIDEIRA, Antonio. *Brazilian Studies in Philosophy and History of Science*. Londres/Nova York: Springer, 2011. - (Boston Studies in the Philosophy of Science).

para uma história da ciência da história – os Institutos Históricos e Geográficos. Falamos no plural, porque, além desse interesse pelos espaços de pesquisa no período Imperial, a nova historiografia também passou a valorizar as historiografias regionais, com ênfase na produção de historiadores associados aos Institutos dos diferentes estados, tratando de assuntos locais. Vale dizer que, segundo Jean-François Braunstein, essa atenção ao local, que fez da geografia um problema teórico para os historiadores das ciências, é uma conquista da epistemologia histórica. Bachelard fez da "razão" um produto do desenvolvimento científico, uma ideia que se manteve ativa através da exploração das racionalidades específicas das diferentes ciências realizada por autores como Canguilhem, Foucault, até os trabalhos recentes de Daston, e que ajudaria a compor aquele "ar de família" entre esses autores. Na medida em que o desenvolvimento da razão "só é compreendido através do desenvolvimento das ciências", diz Braunstein, "uma consequência dessa visão é que as diferentes formas de razão são dependentes de condições históricas ou geográficas".[28]

Esse renovado interesse dos historiadores brasileiros, a partir dos anos 1980, por autores que trataram da história do Brasil desde o século XIX fez diminuir a forte oposição que se costumava estabelecer entre a produção dos Institutos Históricos e Geográficos (como se fosse pré-científica) e das universidades (dita, enfim, científica) a partir dos anos 1930. Assim, através de uma historiografia epistemologicamente orientada, interessada tanto pelas práticas e categorias epistemológicas (fato, fonte, documento, evidência, testemunho, método, crítica etc.) quanto pelas virtudes epistêmicas (imparcialidade, objetividade, utilidade etc.), é possível mostrar que, se se pretende demarcar uma linha divisória entre a

---

28   BRAUNSTEIN, "Historical epistemology, old and new", p. 39.

história produzida no século XIX, no âmbito do Instituto Histórico e Geográfico Brasileiro, e aquela que passa a ser produzida nas universidades a partir dos anos 1930, certamente o critério não deve ser buscado na concretização quase teleológica de determinada compreensão de objetividade científica. Antes, essa mudança dos espaços de institucionalização da história, dos espaços de atuação do historiador profissional, nos convida a pensar uma história das formas de objetivação da escrita da história no e do país.

Creio que esse tipo de investigação histórico-epistemológica sobre as práticas, categorias e virtudes epistêmicas, desenvolvido no quadro das investigações sobre as ciências da natureza e que já se consolidou no campo da chamada "história da historiografia" pode se mostrar bastante frutífero para as outras ciências humanas, incluindo, claro, a geografia. Foi essa possibilidade que, recentemente, impulsionou a reunião de um grupo de pesquisadores, vindos de diferentes áreas do conhecimento, interessados em fazer uma "epistemologia e história comparada das ciências humanas". Sem ignorar a especialização que marca o quadro geral das nossas ciências, os pesquisadores do Grupo EPISTASTHAI (UFF/CNPq), coordenados por Francine Iegelski (UFF) e Maurício de Carvalho Ramos (USP), entendem que a epistemologia histórica e a história comparada das ciências humanas permitem a construção de programas de trabalho comuns a pesquisadores vindos de diferentes áreas. Assim, propõem uma investigação fundamentalmente interdisciplinar sobre os principais debates, conceitos, categorias, virtudes epistêmicas e protocolos intelectuais que, ao longo do século XX e até o momento atual, conformaram o campo das ciências humanas, suas economias morais, seus objetos e seus ideais e práticas de racionalidade. Para evitar, antes de concluir, que essa abordagem seja confundida com uma espécie de relativismo, é importante dizer que estamos de acordo tanto com Canguilhem quanto Daston, que sempre manifestaram seu aturdimento diante "dessa ideia estranha, mas difundida, de que historicizar equivale a invalidar"[29]. Em vez disso, a conclusão dos dois é que é justamente por se constituir historicamente que tal prática e tal ciência podem ser reconhecidas como objetivamente válidas.

Bibliografia

ALMEIDA, Tiago Santos. "Pensar o tempo para construir um método: a descontinuidade histórica em Gaston Bachelard". *Revista de Teoria da História - Journal of Theory of History*, v. 21, n. 1, p. 168 - 190, 1 ago. 2019.

ALMEIDA, Tiago Santos; IEGELSKI, Francine. "História das Ciências, Teoria da História, História Intelectual", p. 13-14. In: DASTON, Lorraine. *Historicidade e objetividade*. Org. Tiago Santos Almeida. Trad. Derley M. Alves; Francine Iegelski. São Paulo: Liber Ars, 2017, *Apresentação*. (Coleção Epistemologia Histórica).

BACHELARD, Gaston. "A continuidade e a multiplicidade temporais" [Trad. de Fábio Ferreira de Almeida]. In: SALOMON, Marlon (org.). *Heterocronias – Estudos sobre a multiplicidade dos tempos históricos*. Goiânia: Edições Ricochete, 2018, p. 337-365.

BACHELARD, Gaston. *A filosofia do não*. Trad. Remberto F. Kuhnen. São Paulo: Ed. Abril, 1974a. (Coleção Os Pensadores).

BACHELARD, Gaston. *O novo espírito científico*. Trad. Remberto F. Kuhnen. São Paulo: Ed. Abril, 1974. (Coleção Os Pensadores).

BLOCH, Marc. *Apologia da História ou O Ofício de Historiador*. Edição anotada por Étienne Bloch. Trad. André Telles. Rio de Janeiro: Jorge Zahar Editores, 2001.

BRAUNSTEIN, Jean-François. "Historical Epistemology, old and new". In: SCHMIDGEN, Henning. *Epistemology and History*.

---

29 DASTON, "Uma história da objetividade científica", p. 27.

From Bachelard and Canguilhem to Today's History of Science. Berlim: Max-Planck-Institut für Wissenschaftsgeschichte, 2012. (Preprint 434).

BRAUNSTEIN, Jean-François; ALMEIDA, Tiago Santos; CAMOLEZI, Marcos. "Entrevista com Jean-François Braunstein". *Intelligere*, São Paulo, v. 2, n. 1, p. 156-171, maio de 2016.

CANGUILHEM, Georges. "L'évolution du concept de méthode de Claude Bernard à Gaston Bachelard". In: _____. *Études d'histoire et de philosophie des sciences* : concernant les vivants et la vie. 2ª ed. aum. Paris: Librairie Philosophique J. Vrin, 2002a. (Problemes & Controverses).

CHARTIER, Roger. "Histoire intellectuelle et histoire des mentalités. Trajectoires et questions". In: *Revue de Synthèse*. Journée "Histoire des sciences et mentalités", num. 111-112, t. CIV, jul.--dez. 1983. Paris: Centre International de Synthèse.

DANTES, Maria Amélia Mascarenhas et al. "Sciences in Brazil: an overview from 1870-1920". In: KRAUSE, Décio; VIDEIRA, Antonio. *Brazilian Studies in Philosophy and History of Science*. Londres/Nova York: Springer, 2011. (Boston Studies in the Philosophy of Science).

DASTON, Lorraine. "A economia moral da ciência"; "Objetividade e imparcialidade: virtudes epistêmicas nas Humanidades"; "*Science Studies* e História da Ciência"; "Uma história da objetividade científica". In: _____. *Historicidade e objetividade*. Org. Tiago Santos Almeida. Trad. Derley M. Alves; Francine Iegelski. São Paulo: Liber Ars, 2017, *Apresentação*. (Coleção Epistemologia Histórica).

FOUCAULT, Michel. "A vida: a experiência e a ciência". In: _____. *Ditos & Escritos II. Arqueologia das ciências e história dos sistemas de pensamento*. Trad. Elisa Monteiro. Rio de Janeiro: Forense Universitária, 2005a.

FOUCAULT, Michel. "Sobre a arqueologia das ciências. Resposta ao Círculo de Epistemologia". In: _____. *Ditos & Escritos II. Arqueologia das ciências e história dos sistemas de pensamento.* Trad. Elisa Monteiro. Rio de Janeiro: Forense Universitária, 2005b.

FOUCAULT, Michel. *A arqueologia do saber.* Trad. Luiz Felipe Baeta Neves. 3ª. ed. Rio de Janeiro: Forense Universitária, 1987. (Campo Teórico).

HARTOG, François. *Évidence de l'histoire.* Paris: Gallimard, 2005.

OLIVEIRA, Itamar Freitas de. "Seminário e método entre historiadores que visitaram a Alemanha (1877 - 1909)". *Varia história.* 2017, vol.33, n.62, p. 491-521.

Uma avaliação da cartografia geográfica brasileira: a ausência de reflexão teórica

Fernanda Padovesi Fonseca[1]

A chamada do *I Seminário Internacional de Geografia da Ciência e dos Saberes e História da Geografia* orienta que pensemos a cartografia na história da ciência e na história da geografia a partir de um enfoque local. A partir dessa indicação alguns questionamentos podem ser formulados, de início, para conduzir reflexões e discussões que consideramos pertinentes. A primeira delas é: qual seria o olhar da comunidade geográfica brasileira sobre essa história, tanto da cartografia na história da ciência quanto na história da geografia?

Outros questionamentos se desdobram daí: por exemplo, há a questão de qual seria o peso de um pensar cartográfico que carregaria as marcas de seu lugar de produção. Importante notar que não podemos deixar passar sem comentar que *lugar* é uma realidade geográfica (espacial) conceituada na geografia que não coincide com o senso comum e nem com a conotação linguista convencional quando lugar pode ser, a depender do contexto, sinônimo de nacional e de regional. Essas são escalas das realidades espaciais que vão além do lugar. Esse último refere-se, por sua vez, ao espaço que participa do conjunto das relações sociais que cabe no cotidiano, numa jornada, de uma dada constituição social. A

---

1 Professora doutora da Universidade de São Paulo.

melhor caracterização de lugar coincide com a ideia de cidade, por exemplo. No entanto, nesse artigo vamos admitir a ideia de *lugar* vinculada à ideia de *geografia brasileira*, isso porque não é extravagante reconhecer que uma disciplina fortemente institucionalizada no sistema universitário e que, desde os anos 1940, realiza diversos encontros nacionais entre seus participantes sem lacunas temporais e que cada vez mais se integra em razão de novas facilidades de relações, pode ser vista como um lugar específico, mesmo que se perceba variações regionais em suas práticas, mas que francamente não chegam a ser relevantes.

Assim, tendo o lugar que referencia nossos questionamentos, sigamos: haveria particularidades nesse pensar cartográfico? E ainda, como individualizar esse pensamento local num momento em que a circulação das ideias e das informações é tão intensa, como no início do século XXI? Afinal, as trocas de informações científicas podem se dar atualmente de forma praticamente instantânea, com o acesso imediato que temos às revistas científicas internacionais publicadas no meio digital. Aliás, mesmo antes dessa inédita exponenciabilidade de informações disponíveis nesse meio, já não era fácil isolar as contribuições locais no âmbito da produção de conhecimentos científicos, pois estamos diante de uma prática que se define antes de tudo por ser relacional. E também, é importante notar que essas novas possibilidades de circulação do conhecimento dizem respeito a novas condições espaciais que estão se estruturando, como a *hiperespacialidade*, denominação utilizada pelo geógrafo Michel Lussault, que implicam inflexões no próprio sentido de lugar e na lógica das relações interescalares e interespaciais de uma maneira geral.[2]

---

2   Michel Lussault: "Por 'hiperespacialidade', eu designo o papel inédito e crucial da conectividade, da sistematização da possibilidade de conexão: como se passa de um site da Internet a outro, e depois a um outro ainda,

Esse mesmo questionamento poderia ser expresso de outro modo: haveria uma identidade teórica (de um pensar) constituída que caracterize uma cartografia geográfica brasileira? Essa última questão nos coloca diante da possibilidade da existência ou não de uma cartografia geográfica[3] nacional.

Procurando, agora, trabalhar com tais questionamentos, começamos pela descrição de uma realidade que pode gerar certa perturbação: a cartografia, e mais amplamente o estudo das linguagens e nesse espectro a linguagem visual, tem sido compreendida recentemente como parte relevante do movimento de renovação da geografia. Porém, essa compreensão não se refere à geografia brasileira, e sim a escolas internacionais dessa ciência. A geografia brasileira no seu movimento de renovação teria negligenciado no seu processo de crítica a questão das linguagens e da cartografia, como afirma Ruy Moreira, que é categórico ao afirmar em um artigo que faz o balanço de 10 anos da renovação da geografia num texto originalmente escrito em 1988: "O fato é que a renovação

---

ad libitum por meio de hiperlinks, pode-se ligar todo espaço a outro, e depois a um outro ainda através de instrumentos de hiperligação comunicacional – um smartfhone, um computador pessoal, um GPS, um terminal qualquer, etc. Eis aqui um novo princípio organizador da espacialização das sociedades, que infunde pouco a pouco o menor compartimento da vida das pessoas e dos grupos. Eu retomo (...) uma intuição de François Ascher que definia nossas sociedades, metaforicamente, como 'hipertextuais'; elas são na verdade, literalmente, 'hiperespaciais', algo que nós começamos, justamente, a tomar consciência." (L'Avènement du monde, 2013, p. 154-155, tradução nossa)

3   Empresto aqui uma boa conceituação de cartografia geográfica feita por Gisele Girardi (2011, p. 238): "conjunto de práticas, técnicas, teorias interessadas em fazer com que a cartografia dê língua às geografias produzidas na academia e dialogue com a produção conceitual em Geografia (criando tensionamentos, colaborando no desenvolvimento)".

da linguagem da representação cartográfica fica inexplicavelmente fora do debate do conceito de espaço" (2000, p. 42). E coloca a questão: "como falar do empírico em novo molde na geografia, sem a linguagem de representação cartográfica correspondente ao novo conceito de espaço?" (Op. cit., p. 41).

E tudo isso, ao mesmo tempo em que no cenário internacional prosperava a ideia de um *visual turn* nas ciências humanas, com incidência relevante na expressão dos mapas. O *visual turn* é movido por questões como

> 1. a naturalização na utilização das imagens, geralmente compelidas à uma função ilustrativa, 2. o lugar conferido à visão na própria produção do conhecimento geográfico (Cosgrove, 2008), e 3. abriu as portas à análise dos efeitos que as imagens têm nas nossas experiências espaciais. Tal virada trouxe questões às geografias produzidas no Brasil (Cazetta & Oliveira Jr., 2013; Gomes, 2014) e na Argentina (Lois & Hollman, 2013). (HOLMANN e FONSECA, 2018)

Algumas questões são levantadas por André Reyes Novaes (2011, p.7), a partir do alerta para o que Gillian Rose[4] em 2003 descrevia como "falta de reflexão sistemática sobre o "visual" na disciplina", a partir da avaliação de imagens em materiais didáticos. Alertas como esse também eram feitos nos anos 1990. Jean-Paul Bord, no colóquio 30 anos da Semiologia Gráfica ocorrido em 1997, fala na necessidade de se criar um campo de cartografia

---

4   ROSE, Gillian. On the need to ask how, exactly, is geography "Visual"? Antipode, v. 35(2), p. 212–221. 2003. Traduzido em: ROSE, Gillian. Sobre a necessidade de se perguntar de que forma, exatamente, a geografia é visual? Espaço e Cultura, p. 197-206, dez. 2013. Disponível em: <https://www.e-publicacoes.uerj.br/index.php/espacoecultura/article/view/8473/6283>. Acesso em: 04 fev. 2019.

teórica, pois considerava que as discussões existentes eram insuficientes e da necessidade da cartografia discutir sua epistemologia na escola francesa de geografia. Quer dizer, a situação não era tão melhor no âmbito da geografia anglo-saxã e francesa, mas tem evidentemente prosperado, em boa medida pela tomada de consciência dessa paralisia inexplicável da reflexão sobre a cartografia. Provavelmente não podemos afirmar o mesmo no que diz respeito à geografia brasileira, embora essa falta de reflexão ocorra em duas situações diferentes. A primeira situação que queríamos assinalar se refere às práticas da geografia clássica (que inclui de uma maneira mais "orgânica" a geografia física e/ou da natureza) que tinham e têm[5] na cartografia um recurso sempre presente na exposição de sua produção. No entanto, trata-se de uma cartografia autônoma que já traz em si, de forma rígida, uma concepção de espaço, que está naturalizada, e que se mostra, por meio dos seus adeptos e praticantes, bem refratária a qualquer reflexão que questione seus fundamentos. Mesmo os novos aparatos tecnológicos providos no meio digital não têm o condão de abalar essa condição. A segunda situação, deriva dessa primeira: diante da rigidez da cartografia praticada historicamente no interior da geografia e sua forte identificação às práticas da geografia clássica, a cartografia terminou sendo deixada de lado no empenho de renovação crítica da geografia e no empenho de dar-lhe novos contornos teóricos, em especial, para a conceituação do espaço, como afirmou Ruy Moreira em citação anterior. E mesmo uma vertente que também expressa uma dada renovação da geografia, a denominada no Brasil, geografia quantitativa, que fazia uso de mapas,

---

5 As práticas da assim denominada geografia clássica se mantêm de forma considerável no interior da disciplina, embora agora conviva com os novos preceitos de uma renovação radical da geografia no que diz respeito ao novo estatuto de ciência social e principalmente quanto aos pressupostos teóricos.

serviu também para que a renovação da geografia crítica rejeitasse a cartografia, diante de um modelo de geografia que foi fortemente criticado. No caso, Mariana Lamego (2009) fala da "maldição da geografia quantitativa" brasileira. Logo, a geografia chamada de crítica no Brasil, simplesmente abandonou o mapa (FONSECA, 2004). Ora, nada mais afeito à geografia que o mapa! Acreditamos que podemos falar numa crise da geografia brasileira em relação ao mapa no momento do movimento da geografia crítica (final dos anos 1970 e 1980). Perdeu-se, nesse momento, a oportunidade de incluir nesse processo a construção de uma *cartografia geográfica crítica*, se quisermos acompanhar a terminologia consagrada no movimento e até nossos dias, essa lacuna permanece aberta em nossas elaborações.

Esse é um olhar para o cenário brasileiro, é uma marca local, que não necessariamente se repetiu em outras realidades da ciência geográfica. Assim, fiquemos por enquanto com a seguinte percepção: uma marca local/nacional da cartografia que se pratica no interior da geografia brasileira é uma ausência: *a falta de uma reflexão consistente*. Estão ausentes as discussões sobre a epistemologia da cartografia e suas relações com as teorias da linguagem, e principalmente, as reflexões sobre as relações cartografia e geografia, relações essas que estão automatizadas e isentas de crítica.

A contextualização reflexiva da cartografia na geografia

Não parece, a princípio, razoável caracterizar alguma coisa, uma prática disciplinar e científica, pelo que ela não é, pelo que ela não realiza. No entanto, insistimos que o que a geografia brasileira não realiza em relação à cartografia é de fato o mais marcante, o que pode ser demonstrado tanto no caso da repetição sem questionamento de velhas práticas e até mesmo com o uso reduzido da cartografia nas pesquisas de geografia no Brasil que reivindicam o status de renovação crítica. O que vamos mostrar é que em diversos momentos nos quais a cartografia foi objeto de novas contribuições relevantes, que lentamente foram construindo uma nova contextualização reflexiva na cartografia, a geografia (e a cartografia) no Brasil esteve mais ou menos alheia a isso.

Como já foi dito, essa nova reflexão está em desenvolvimento em outras escolas que também estão engajadas na renovação crítica da geografia, e, embora devamos admitir a existência de várias correntes nesse âmbito, nenhuma delas teria motivos teóricos e epistemológicos, a princípio, para negligenciar a cartografia e as linguagens visuais de um modo geral. Vamos explorar um pouco qual o contexto de reflexões para a cartografia brasileira que estamos reivindicando. Como a geografia, de um modo geral, discute atualmente as suas linguagens? Como se dá a discussão do mapa, posto que ele é linguagem visual?

Nos cenários anglo-saxão e francês a cartografia vem sendo reinterpretada a partir de novas posturas teórico-metodológicas de grande produtividade que cada vez mais se vinculam à teorização maior sobre o espaço como objeto de estudo da geografia. Porém, tais contribuições ou não chegam por aqui ou são muito mal recepcionadas. Um bom termômetro é o ensino da cartografia no nível superior que se mantém rígido e, muitas vezes, ministrado por docentes sem formação na geografia e, despreocupados com uma teorização da cartografia que se vincule à ciência geográfica que ela serve como linguagem.

Aqui vale um retrospecto. Para efeito da narrativa estabelecemos algumas fases. Na primeira fase, recuamos para os anos 1950. Nessa, ainda não se expressava a vinculação teórica entre geografia e a cartografia, mas já se indicava preocupações de adicionar mais rigor na elaboração cartográfica, especialmente no que diz respeito à linguagem. No cenário internacional o ano de 1952 aparece como uma data chave na reflexão técnico/teórica sobre os mapas, com a publicação nos Estados Unidos do livro de Arthur H. Robinson, *The Look of Maps*, e na França com a publicação da primeira "pesquisa gráfica" de Jacques Bertin na obra coordenada pelo sociólogo Chombart de Lauwe.[6] Essas contribuições pioneiras estiveram na origem de duas áreas de desenvolvimento designadas respectivamente como *map design* e *semiologia gráfica*. Apesar de ambas compartilharem algumas preocupações comuns, já que introduzem o leitor no processo de comunicação cartográfica e enfatizam os elementos gráficos do mapa e sua eficácia, as trocas entre a tradição anglo-saxônica resultante do trabalho de Robinson e a pesquisa francesa em torno dos preceitos de Jacques Bertin foram limitadas. O grande tratado *Semiologia Gráfica*[7] de Jacques Bertin publicado em 1967, não encontrou eco significativo entre os cartógrafos americanos. Gilles Palsky (2012) considera que essa relativa ignorância recíproca – além das prováveis barreiras linguísticas e da tradução tardia do trabalho de Bertin em inglês –, deve-se ao fato que essas duas correntes apresentam diferenças fundamentais, que reforçam sua incomunicabilidade mútua. Estamos nos referindo a essas duas correntes (o *design de mapas* e a *semiologia gráfica*) na medida em que elas poderiam ter mais eco no Brasil e nas discussões entorno de uma cartografia geográfica. Por outro lado,

---

6   CHOMBART DE LAUWE, Paul H. (Dir.) *Paris et l'agglomération parisienne*. Paris: P.U.F., 1952. (1º volume – L´espace social dans une grande cité e 2º volume – Méthodes de recherches pour l´étude d´une grande cité).

7   Jacques Bertin apresenta uma elaboração consistente de uma linguagem para a cartografia temática baseada na percepção comum de todas as pessoas (universal), com a identificação das variáveis da imagem e das variáveis de separação. Os mapas que fazem uso da semiologia gráfica vão projetar sua capacidade de comunicação para além do meio dos especialistas o que democratiza a comunicação cartográfica. (FONSECA, 2016).

essas obras foram mobilizadas no contexto da produção científica denominada no Brasil de "cartografia escolar". Ali teremos a produção de Maria Elena Simielli em diálogo com a obra de Robinson[8] e Regina Araújo de Almeida[9] na estruturação de proposta de cartografia tátil com base na semiologia gráfica, por exemplo. Em nosso país a obra fundante de Bertin nunca foi traduzida, o que é lamentável, e o acesso às suas elaborações foi principalmente por meio de manuais de divulgação, cujo destaque é a leitura da semiologia gráfica realizada por Marcello Martinelli e sua produção no ensino de cartografia temática.[10]

Mesmo assim, a irradiação da semiologia gráfica no âmbito acadêmico foi irregular e reduzida, o que se manifesta em equívocos presentes nos mapas ainda elaborados por aqui, que já foram solucionados, de certa forma, pelos cuidados com a linguagem em cenários externos.[11] Vale assinalar que a semiologia gráfica permanece muito relevante para a cartografia contemporânea, desde que as regras expostas há mais de 50 anos estejam sujeitas a uma rea-

---

8 Em especial a produção deste autor em conjunto com Barbara Bartz Petchenik.

9 A cartografia tátil e o deficiente visual: uma avaliação das etapas de produção e uso do mapa. São Paulo, FFLCH/USP, 1993. Tese (Doutorado em Geografia).

10 A exemplo de *Curso de cartografia temática*. São Paulo: Contexto, 1991; *Gráficos e mapas: construa-os você mesmo*. São Paulo: Moderna, 1998; *Cartografia temática: caderno de mapas*. São Paulo: Edusp, 2016, dentre outras publicações.

11 Apesar de Jean-Paul Bord considerar que "as regras postas pela Semiologia gráfica parecem pouco seguidas hoje" em texto de sua fala "Jacques Bertin et les geographes. Point de vue d'un géographe-cartographe" no Proceedings of the 25th International Cartographic Conference de Paris, França, julho de 2011. Disponível em: https://icaci.org/files/documents/ICC_proceedings/ICC2011/.

valiação crítica e que elas sejam submetidas a um diálogo com as novas teorizações de uma geografia que se renova, disposição que a seu tempo Bertin manifestou em relação a todas as ciências que a cartografia poderia servir.

Numa segunda fase, marcada por teorizações que vinculam os efeitos dos saberes nas formações sociais – portanto mais vinculadas às ciências sociais, houve também um movimento grande, externo à cartografia brasileira e que não a influenciou o suficiente, de crítica à *naturalização do mapa*. Muito importante, por sinal, visto que a rigidez de nossa cartografia se deve a essa condição de objeto irrefletido típico daqueles que estão naturalizados. O texto paradigmático e fundante é o *Deconstructing the map* de John Brian Harley, de 1989.[12] Esse artigo teve muita influência nos domínios da cartografia crítica e da história da cartografia e de modo mais geral, no domínio da geografia humana anglo-saxã.[13] No curso posterior à sua publicação esse ensaio e os trabalhos conexos foram abundantemente citados pelos pesquisadores de diversas disciplinas das ciências sociais, tornando-se assim referência importante para as pessoas que buscavam teorizar sobre a política espacial dos mapas. Graças a essa repercussão o artigo adquiriu o *status* de um cânone na área e é considerado como um dos clássicos da teoria da cartografia crítica, a despeito de se reconhecer nele lacunas teóricas e epistemológicas (ROSE-RETWOOD, 2015). Tamanha importância e repercussão teve essa elaboração condensada num breve artigo que, 25 anos após, deu ensejo a uma publicação espe-

---

12 Publicado originalmente na revista *Cartographica* 26, nº 2:1–20, 1989.

13 *Deconstructing the map* é um dos textos escolhidos pelos editores John A. Agnew, David N. Livingstone, e Alisdair Rogers da coletânea *Human Geography*: An Essential Anthology. Cambridge: Blackwell, 1996. Teremos as traduções deste texto em coletâneas compostas com outros textos de Harley em francês em 1995 e em espanhol em 2005.

cial da mesma revista *Cartographica*[14] cujo objeto era a reavaliação desse artigo. Vários textos, também muito importantes, foram escritos rediscutindo a desconstrução do mapa realizada por Harley. A atualidade desse texto pode ser comprovada no gráfico de suas citações, com tendência ainda crescente nestes 25 anos, organizado por Matthew Edney (2015, p. 10). E reforça o argumento da questão da naturalização do mapa e sua necessária desconstrução. Edney (2017, p. 211) diz que "mapas têm sido intensamente naturalizados no interior de nossa sociedade; eles são objetos naturais", já num texto de 1996,[15] oportunamente traduzido em português. Pois bem, o *Deconstructing the map* e tampouco os artigos relativos ao seu vigésimo quinto aniversário, foram traduzidos no interior da geografia e da cartografia no Brasil. Isso mais que sugere a pouca significância que tais reflexões, voltadas às questões teóricas com relação às construções cartográficas, tinham ainda no Brasil nessa fase. Por isso, são raras as vezes que se encontra alguma pesquisa que tenha conhecido e citado Harley. Dentre os poucos exemplos teremos Gisele Girardi, uma precursora na mobilização das ideias de Harley no Brasil, a partir de sua dissertação de mestrado,[16] onde faz essa ponte teórica nos anos 1990. Em sua argumentação, define os mapas como meios de expressão ou de apreensão da realidade social, e diz que a "leitura crítica dos mapas" permite ao mesmo tempo uma "leitura da sociedade". Assim, encara os mapas como "produções culturais de discursos sobre o território" citando Brian

---

14 Dossiê: Deconstructing the map: 25 years on. Revista Cartographica, número 50, ano 2015, publicada pela University of Toronto Press, com textos de Martin Dodge & Chris Perkins; Jeremy Crampton & Matthew W. Wilson e Matthew H. Edney, entre outros.

15 EDNEY, Matthew. *Teoria e história da cartografia*. Espaço e Cultura, p. 209-220, dez. 2017.

16 "A cartografia e os mitos: ensaio de leitura de mapa" de 1997.

Harley. (FONSECA, 2004, p. 75). Ainda dentre estes poucos exemplos há a produção de Jörn Seemann,[17] que articula o mapa no contexto da geografia cultural e Regina Araújo de Almeida.[18]

Só bem recentemente os trabalhos de Harley aparecem nas bibliografias dos cursos superiores de cartografia no interior da geografia. Apenas dois textos breves estão traduzidos para o português, o que francamente não faz jus a obra dele: um na revista O Correio da UNESCO de 1991[19] e outro, bem mais tardio, na Revista Confins em 2009.[20] Na verdade, o seu pensamento passou a ser mais divulgado em razão da edição mexicana[21] que passou a circular no nosso meio acadêmico.[22] E o mesmo não se deu, por exemplo, com o meio acadêmico francês que traduziu[23] e estabele-

---

17 Com uma discussão iniciada nos anos 2000, a exemplo do artigo "Cartografias culturais na Geografia Cultural: entre mapas da cultura e a cultura dos mapas" de 2001.

18 Os geógrafos citados são professores universitários e as ideias de Harley assim foram disseminadas em seus cursos de cartografia no Brasil. Mas não deixam de ser exemplos pontuais.

19 HARLEY, John Brian. A nova história da cartografia. *O Correio da UNESCO* (Mapas e cartógrafos), Brasil, ano 19, n. 8, ago. 1991, p. 4-9.

20 HARLEY, John Brian "Mapas, saber e poder", *Confins* [Online], 5 | 2009. Traduzido por Mônica Balestrin Nunes. Disponível em: http://confins.revues.org/index5724.html

21 HARLEY, John Brian. La nueva naturaleza de los mapas. Cidade do México: Fondo de Cultura Economica, 2005.

22 Apesar de Matthew Edney afirmar da importância do "Desconstruindo" para pesquisadores da América do Sul (EDNEY, 2015, P. 9). É sabido que este autor tem grande penetração entre os pesquisadores de cartografia histórica, muitos deles são historiadores.

23 GOULD, Peter; BAILLY, Antoine (Org.) Le pouvoir des cartes: Brian Harley et la cartographie. Paris: Anthropos, 1995. Nesta coletânea foram traduzidos 5 artigos de Harley, dentre eles o "Desconstruindo", além de

ceu um diálogo frutífero com as elaborações de Harley. O impacto dessa tradução pode ser observado no livro resultante do colóquio *Cartographie, géographie et sciences sociales* realizado em 2000[24] onde Jean-Paul Bord,[25] no texto introdutório às instigantes contribuições ocorridas no evento, utiliza as ideias de Harley para embasar os questionamentos e os direcionamentos de como mapa seria ali concebido.[26] Outro exemplo significativo é aquele de Colette Cauvin, Francisco Escobar e Aziz Serradj que, ao construir o objeto daquela obra constituída em 5 volumes, se utilizam da inclusiva definição de mapa de Harley: "representação gráfica que facilita a compreensão espacial dos objetos, conceitos, condições, processos e fatos do mundo humano" (HARLEY, 2001, p. 7).[27] E esse caráter inclusivo da concepção de mapa percorre esses cinco belos livros.

O curioso do inacreditável alheamento da geografia brasileira (e da cartografia) sobre as elaborações desse autor é que não

---

apresentação dos organizadores e um texto de Peter Gould onde apresenta discussões geradas por textos de Harley em "Une prédisposition à la controverse".

24 BORD, Jean-Paul; BADUEL, Pierre Robert (Dir.). *Les cartes de la connaissance*. Paris: Karthala, 2004.

25 BORD, Jean-Paul. La carte et la construction des savoirs en géographie et dans les sciences sociales. In: Jean-Paul Bord et Pierre Robert Baduel (Dir.). *Les cartes de la connaissance*. Paris: Karthala, 2004. p: 17-35

26 "Ce qui est attaqué ici, comme le souligne B. Harley (1995), c'est un modèle scientifique standard du savoir et de la connaissance". (BORD, 2004, p. 27).

27 "Les cartes sont des représentations graphiques propres à faciliter la compréhension spatiale des objets, concepts, conditions, processus ou événements de l'univers humain." Em citação de Harley na página 56 do primeiro volume da coleção, no capítulo 2: "La cartographie, une discipline de transformations". In: CAUVIN, Colette; ESCOBAR, Francisco; SERRADJ, Aziz. Cartographie thématique 1: une nouvelle démarche. Paris : Lavoisier/Hermes, 2007.

deixou de haver contato da geografia brasileira com diversos autores da geografia anglo-saxã que também se renovava (geografia pós-moderna). Autores como Doreen Massey, Edward Soja, Derek Gregory e tantos outros foram lidos e até mesmo traduzidos no Brasil, mas mesmo Harley sendo um autor que não era estranho a esse contexto de renovação da geografia ele permaneceu marginalizado na geografia (e cartografia) brasileira. E é difícil entender por que esse autor foi tão pouco atrativo, visto que seus referenciais teóricos, comuns aos da geografia pós-moderna (Michel Foucault e Jacques Derrida, por exemplo) estavam no final do século XX adquirindo grande prestígio nas ciências sociais brasileiras. Talvez, como hipótese, esteja aqui um indicativo de que naturalizamos mesmo o fato de que cartografia é técnica neutra sobre a qual não se teoriza, e com essa naturalização cega, rejeitamos até a desconstrução do mapa (portanto, sua desnaturalização) feita por Harley.

Como não poderia deixar de ser, Harley não é um marco isolado. Ele pertenceu a um contexto que se desdobrou e muitas obras relevantes sobre a cartografia conectadas às discussões da geografia que foram produzidas na sequência. Devem ser lembrados Mark Monmonier e seu já clássico *How to lie with maps*[28] e várias outras obras relevantes, Denis Cosgrove com trabalhos da importância como o *Apollo's Eye: a cartographic genealogy of the Earth in the Western Imagination,*[29] por exemplo.[30] Esses autores, e outros que poderiam ser lembrados têm algo em comum com o contexto da

---

28 Que tem uma tradução francesa quase que simultânea: MONMONIER, Mark. *Comment faire mentir les cartes*: du mauvais usage de la Géographie. Paris: Flammarion, 1993.

29 Johns Hopkins University Press, Baltimore, MD, 2001

30 Alguns textos de Denis Cosgrove ligados em especial à geografia cultural foram traduzidos e publicados em obras organizadas por Roberto Lobato Correa e Zeny Rosendahl (CORRÊA, 2011).

cartografia brasileira: não foram traduzidas e permanecem precariamente conhecidos por aqui.[31] Se ampliarmos o arco de observação desse período para outras escolas de geografia, como a francesa, por exemplo, outras elaborações e discussões com as quais poderíamos travar um diálogo produtivo foram, a rigor, ignoradas.

Novas premissas de uma discussão sobre a cartografia e o mapa na geografia

A terceira fase que assinalamos é o nosso momento. Nele se identifica novas premissas, que nos parecem centrais, e que estão em debate na geografia e na cartografia, mas de novo, com certo alheamento da cartografia geográfica brasileira. Quais as premissas para a reflexão sobre os mapas hoje? Foram selecionadas cinco (5) premissas. Elas representam novas possibilidades teórico-metodológicas de reinterpretação e confecção tanto dos mapas do passado, como as de representações contemporâneas.

Antes de listarmos e comentarmos as premissas há um pressuposto fundamental que permeia todas as reflexões. Ele é simples de ser enunciado e vem sendo incorporado nas práticas da geografia há vários anos, embora ainda de forma bastante desigual e desencontrada. Esse pressuposto permite uma desconstrução do mapa convencional para além de John Brian Harley e uma reconstrução que abre novos horizontes e acrescenta novos repertórios de conhecimento para a geografia e as ciências sociais em geral, a partir da cartografia. O espaço é uma realidade que pode ser apreendida como algo relativo, o que difere da visão clássica que enxerga no espaço uma

---

31 Esse desconforto do não acesso a uma discussão importante é apresentado por Ed Dahl, ao fazer referência ao debate do papel da teoria na história da cartografia, que "deve ser acessível para todos que desejem participar, independente da língua" (NOVAES; DAHL, 2007, p. 206).

realidade absoluta. Visão essa tributária da física newtoniana para a qual o espaço é definido "pela geometria, portanto, homogêneo, sem distinções qualitativas entre alto, baixo, frente, atrás, longe, perto. É um espaço onde todos os pontos são reversíveis ou equivalentes, de modo que não há 'lugares naturais' qualitativamente diferenciados" (OLIVA, 2016, p. 23). A geografia levou muito tempo para aceitar a ideia de um espaço relativo, que nega a existência de um espaço em si, uma realidade preexistente, intangível e impossível de ser produzido pelo humano. E aqui parte do óbvio: só é possível, em termos teóricos, referir-se a um espaço social se ele for uma construção social sendo operado e operando no conjunto social. Não é o espaço da natureza, com o qual a geografia e a cartografia se identificaram historicamente, cujo maior paradoxo é a insistência em expressar o espaço geográfico/social como espaço da natureza, como uma base natural. Daí a prevalência no espaço cartográfico da preocupação em manter a extensão e a geometria euclidiana (sua melhor tradução) como algo inafastável da cartografia. Contudo, a extensão é composta por distâncias que em geral não são pertinentes às relações que produzem e se desenvolvem nos espaços fabricados pelos grupos sociais. As lógicas que constituem os espaços sociais são complexas e resultam em várias percepções desses espaços. Dito isso, podemos partir para identificar a primeira premissa, diretamente derivada do fundamento aqui tratado:

1. **Todo mapa contém e pressupõe uma concepção de espaço** mesmo que produzida ou utilizada de forma inconsciente pelo seu elaborador.[32] E, sempre se trata de uma concepção entre ou-

---

32 Essa premissa está explicitada no texto "Visões de Mundo" de Patrick Poncet, com tradução na Revista Confins de Ludmila Girardi e Paulo Fernando Meliani. O texto faz parte do livro dirigido por Jacques Lévy, *L´Invention du Monde*: Une Géographie de la mondialisation de 2008.

tras possíveis. Ora, esse entendimento é um grande avanço, pois nada mais rígido e paralisante na discussão sobre cartografia do que a percepção cristalizada que espaço é evidência natural, um axioma indiscutível. Esse entendimento entronizou uma dada versão do espaço da natureza sustentada na geometria euclidiana. Vamos exemplificar de início com dois mapas antigos:[33] o *Mosaico de Madaba* (Figura 1) e o *Manuscrito de Al-histalhry* (Figura 2). São duas *representações não-euclidianas* do espaço. O Mosaico de Madaba data do séc. VI d. C. e é um piso de uma igreja bizantina na Jordânia da época do imperador Justiniano. Sua função era orientar a peregrinação à Terra Santa. Teria originalmente 22 metros x 7 metros. Nesse mapa a primazia não é da *extensão* de um dado território. Ele representa principalmente o espaço habitado. Cidades e vilas da época (cerca de 150) aparecem com realismo, desenharam-se, inclusive, os monumentos. No coração do mapa está a Jerusalém pré-islâmica, com sua muralha e seus portões. A diversidade das escalas de redução no mosaico reflete as prioridades do mapa. O diâmetro da cidade de Jerusalém (cerca de dois quilômetros na época), espaço complexo e denso, é tão extenso no mapa quanto a distância que a liga a cidade ao mar Morto, que é de vinte quilômetros. Não é, evidentemente, uma imperícia, como ingenuamente se poderia achar, mas uma representação que destaca dimensionalmente os objetos mais significativos, sub-representando os "espaços vazios". Por sua vez, o manuscrito *de Al-histalhry* é de cinco (5) séculos depois, e representa a primeira região da Terra a se urbanizar: a Mesopotâmia. Trata-se de uma representação reticular (logo, outra concepção de espaço, claramente social), uma rede de localidades (vilas e cidades) com suas conexões, especial-

---

33 Esse exercício é feito por Emmanuelle Tricoire na publicação *La carte, enjeu contemporain* de 2003.

mente hidrovias. Ele é orientado a leste e há uma hierarquia urbana. Não tem representação dos campos, logo da extensão. Lembra-nos um mapa de metrô, a exemplo do mapa de Harry Beck. A intenção do cartógrafo foi privilegiar as redes ao invés de territórios. Há também mapas contemporâneos que mostram como a representação das extensões pode ser inadequada. É muito comum que mapas de eleições que distribuem o voto não mostrem, paradoxalmente, quem ganhou ou perdeu a eleição. Essa situação ocorre, pois, em geral, o voto está expresso sobre o fundo de mapa territorial, sobre a extensão. O peso visual da extensão territorial é que vai criar o maior diálogo com o observador, e não as menores extensões, que eventualmente possuem as maiores concentrações populacionais e mais votos. Emmanuelle Tricoire (LÉVY; PONCET; TRICOIRE, 2003, p. 56-67) mostra uma constância do tipo de voto observada na maior parte do território francês que ela chamou de "ovo frito": o centro denso possui um tipo de voto e a periferia possui outro. Essa diferença constante evoca um impacto visual maior nas periferias do que no centro, pois sua extensão territorial é maior do que aquela dos centros urbanos, que por sua vez são mais densos e populosos que as periferias. A questão das grandes densidades populacionais (o peso da população) ser uma dificuldade expressiva na representação nos mapas coropléticos se mostra um desafio de linguagem, mas seguramente a saída passa pela construção de outro espaço cartográfico que dialogue melhor, nesse caso, com o espaço da realidade social que quer se compreender. Jacques Lévy e Luc Guillemot (2012) fizeram uma proposta cartográfica para as eleições de 2012 nos EUA empregando uma anamorfose, cuja métrica era o tamanho da população nas unidades amostrais mapeadas nos EUA.[34] Desse modo, observa-se de fato quem ganhou as eleições e *onde*.

---

34 Jacques Lévy e Luc Guillemot. L'espace-Obama.

2. Considerar que os elementos constituintes dos mapas: escala, projeção, métrica (fundo do mapa) e semiologia ainda permanecem naturalizados em parte e que as escolhas realizadas para produzir os mapas não são evidentes e técnicas, tampouco neutras. Essas escolhas têm consequências que ultrapassam a dimensão técnica. Por exemplo, as escolhas relativas para a composição do *fundo do mapa* (escala, projeção e métrica) podem resultar num constante replicar da representação do espaço da natureza, sacrificando assim a realidade social que quer se representar. Ao invés de se encontrar as melhores formas de representar e narrar visualmente uma dinâmica e/ou fenômeno social, o que termina se fazendo é uma redução ou adaptação do fenômeno ao fundo do mapa cristalizado que não se questiona.

3. **As imagens, e entre elas o mapa, participam da produção de nossa compreensão de mundo**, pois não restam mais dúvidas que o mundo não é só constituído por um mundo externo a nós, mas também pelas representações desse mundo. A versão ingênua e naturalizada que uma imagem/representação do mundo é apenas um espelho do mundo, não se sustenta, algo que é expresso de forma muito perspicaz e até irônica pelo filósofo construtivista Hilary Putnam:[35] "O espírito e o mundo constroem, conjuntamente, o espírito e o mundo". Na mesma linha se manifesta o linguista Luiz Antônio Marcuschi (2002, p. 50, grifos do autor), "mais que um **retrato**, a língua é um **trato** da realidade", o que também diz respeito ao mapa, posto que mapa é linguagem. Quer dizer: as imagens, os mapas têm efeito construtivo, produzem visões de mundo, isso a despeito da consciência ou não dos seus elaboradores ou leitores. Hoje há quem diga que o papel das imagens no mundo contempo-

---

35 Muito interessado nesse tema o filósofo estadunidense desenvolveu várias ideias no seu *Representation and Reality*, 1988.

râneo é crescente, no que diz respeito à produção de conhecimentos, inclusive, os científicos. Jean-Marc Besse (2017) argumenta que essa força das imagens e do mapa está relacionada à chamada virada espacial, que introduz o espaço como um novo "paradigma" epistemológico das humanidades. O espaço se apresenta como uma ferramenta heurística, como instrumento de leitura e interpretação dos mais diversos fenômenos (históricos, econômicos, sociais, literários etc.), e nesse âmbito a cartografia tem aparecido como um recurso relevante, como uma operadora investigativa, visto que a elaboração de mapas está cada vez mais associada aos avanços teóricos sobre a dimensão espacial das sociedades contemporâneas.

4. **O mapa e as imagens têm que ser polo consistente de discurso,** visto que se ele participa da construção da compreensão do mundo, ele é um comunicante autônomo (FONSECA, 2004, p. 207). Ele diz algo diferente da linguagem verbal sequencial que se encarna no texto. Não compreender essa força da imagem, no caso o mapa, corresponderá à sua subutilização. É isso que acontece quando ele é reduzido a uma ilustração da linguagem verbal. No entanto, mesmo nessa condição ele está comunicando autonomamente e mais do que se supõe, só que nesse caso fora do controle e da consciência de quem o está usando, o que a esta altura não mais se justifica.

5. **É cada vez mais evidente que os produtos cartográficos não são apenas representações do espaço, já que eles próprios são elementos operacionais da própria produção desse espaço.** Essa é uma postura que está além da visão de representação, por exemplo, do semiólogo Louis Marin[36] que adota uma definição clássica, pois, para ele, a representação seria a presença de algo que está ausente. É difícil sustentar que mapa funcionaria como substituto, num dado momento, do espaço representado. O mapa é outra presen-

---

36 MARIN, Louis. *Des pouvoirs de l'image*: Gloses. Paris: Le Seuil, 1993.

ça, é outra realidade que dialoga com a realidade que o inspirou. Como os mapas são igualmente espaços, é justo que ele seja percebido como um acréscimo de espaço social, como mais um espaço social produzido. (LUSSAULT, 2003)

Considerações finais

A implementação desse quadro reflexivo que pensamos ser produtivo para a cartografia brasileira, encontra dificuldades semelhantes, embora em menor monta, que noutros momentos outras elaborações também encontraram. Obras importantes de autores de escolas internacionais permanecem não sendo traduzidas e isso pesa bastante no diálogo com elaborações que estão se desenvolvendo. No entanto, há avanços, visto que em alguns cursos de geografia os itens bibliográficos indicados na retrospectiva como ausentes em nosso cenário, assim como bibliografia contemporânea, estão cada vez mais presentes como referências e resultando em um conjunto expressivo de aulas, assim como inspirando grupos de estudos interessados e que também têm se empenhado na tradução de textos importantes.[37] Já se pode apontar um número crescente de pesquisas que parte de algumas das premissas aqui assinaladas como critério epistemológico e metodológico.[38]

Há por outro lado, certo entendimento de que a cartografia brasileira se mantém atualizada e que o trabalho com essas reflexões hoje seriam dispensáveis em razão dos avanços tecnológicos

---

37 A exemplo do Grupo de Pesquisa POESI – Política Espacial das Imagens Cartográficas.

38 Um exemplo recente e bem sucedido é a tese de doutoramento de Eliane Kuvasney: *A representação da cidade de São Paulo nos albores do século XX. Os mapas como operadores na construção da cidade espraiada*, de 2017. Como o próprio título indica, a pesquisa buscou analisar se os mapas teriam capacidade de agir "com desempenho" no espaço geográfico.

que beneficiam a produção de mapas. Não parece pertinente, pois todas as fragilidades teóricas, especialmente aquelas relacionadas à inconsciência sobre a naturalização do espaço, podem permanecer ocultas e operando negativamente sob a cega euforia com a tecnologia. Há muita discussão sobre isso. A euforia se manifesta quando se considera que no suporte digital pode se apresentar o mundo e suas relações de forma mais dinâmica, renovando-se com constância e velozmente as informações, algo que nem de longe se poderia fazer com o mapa no papel. Mas, pode-se retrucar que a consistência das fontes, nesse caso, será bem mais difícil de ser verificada e por vezes referenciada. E, francamente, há coisas mais interessantes de se fazer em cartografia com esses novos recursos do que simples atualizações. Que tal pensar como esses novos recursos digitais podem contribuir para traçarmos a cartografia da hiperespacialidade, uma nova ordem espacial como mencionamos antes, que esses próprios recursos engendram. No entanto, o maior problema é que a experiência tem mostrado que mapas na plataforma digital têm replicado acriticamente o modelo cristalizado de espaço natural aqui problematizado, o que convenhamos representa mais um pé no passado, do que no futuro como a euforia tecnológica quer fazer crer.

Partindo do exemplo dos mapas nas plataformas digitais é de se notar a profusão de mapas que "inundam" nossas vistas, pois eles hoje ultrapassaram o ambiente escolar e as áreas especializadas e multiplicam seus suportes. Não estamos apenas nos referindo aos costumeiros mapas que guiam nossos deslocamentos, mas também à fartura de mapas nos meios de informação: nos impressos, nas mídias eletrônicas e na televisão. Considerando esse cenário múltiplo, Jacques Lévy (2003, p. 1) afirma a existência do que ele designou triplo paradoxo gerado pela multiplicidade de mapas em nosso cotidiano. Segundo ele: 1. Tais mapas interessariam cada vez menos aos leitores; 2. Haveria um distanciamento cada vez maior entre os mapas dos especialistas e os mapas populares; e 3. Haveria um afastamento cada vez maior entre os mapas necessários para compreender o mundo de hoje e aqueles que estão à nossa volta. Assim, para o autor, não é nada óbvio que essa fartura de mapas seja algo capaz de dialogar bem com a pluralidade de situações e com a complexidade do mundo e que essa profusão consiga contribuir no entendimento das espacialidades que são constituídas em nossa realidade contemporânea (FONSECA, 2014). Se de fato esse triplo paradoxo percebido pelo autor tem sentido, devemos aprofundar mais a reflexão sobre o papel operacional dos mapas, na produção da compreensão do mundo e na própria produção de novos espaços, porque talvez estejamos vivendo uma crise na recepção dessa profusão de mapas que torna muito mais ininteligível seu papel nas sociedades contemporâneas.

Figura 1: Mosaico de Madaba, século VI

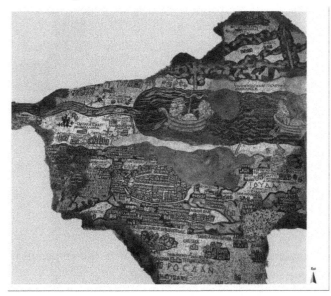

Fonte: LÉVY; PONCET; TRICOIRE, 2003, p. 19.

Figura 2: Manuscrito *de Al-histalhry*, século XI

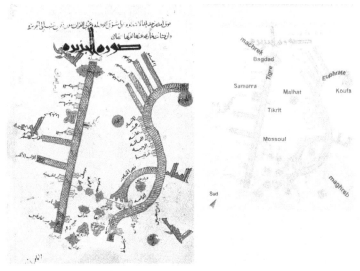

Fonte: LÉVY; PONCET; TRICOIRE, 2003, p. 19.

Bibliografia

BESSE, Jean-Marc. Cartes sur places. In: BESSE, Jean-Marc; TIBERGHEIN, Gilles. *Opérations cartographiques*. Paris: Actes Sud, 2017, p. 39-51.

BORD, Jean-Paul. La carte et la construction des savoirs en géographie et dans les sciences sociales. In: Jean-Paul Bord et Pierre Robert Baduel (Dir.). *Les cartes de la connaissance*. Paris: Karthala, 2004, p. 17-35

CAUVIN, Colette; ESCOBAR, Francisco; SERRADJ, Aziz. *Carto--graphie thématique*. Paris: Lavoisier/Hermes, 2007/2008. 5 volumes.

CAZETTA, Valéria; OLIVEIRA Jr., Wenceslao (Orgs.). *Grafias do espaço*. Imagens da educação geográfica contemporânea. São Paulo: Alínea Editora, 2013.

CORRÊA, Roberto Lobato. Denis Cosgrove – a paisagem e as imagens. *Espaço e Cultura*, n. 29, p. 7-21, jun. 2011. Disponível em: <https://www.e-publicacoes.uerj.br/index.php/espacoecultura/article/view/3528/2454>. Acesso em: 06 fev. 2019.

COSGROVE, Denis. *Geography & Vision*. Seeing, Imagining and Representing the World. London: I.B. Tauris, 2008.

EDNEY, Matthew. Teoria e história da cartografia. *Espaço e Cultura*, p. 209-220, dez. 2017. Disponível em: <https://www.e-publicacoes.uerj.br/index.php/espacoecultura/article/view/31761/22489>. Acesso em: 03 fev. 2019.

EDNEY, Matthew. Cartography and Its Discontents. Deconstructing the map: 25 years on. *Cartographica* 50:1, 2015, p. 9–13 6 Toronto: University of Toronto Press.

FONSECA, Fernanda Padovesi. Mapa temático In: FERNANDES, José Alberto Rio; TRIGAL, Lorenzo Lopéz; SPOSITO, Eliseu Savério. *Dicionário de Geografia Aplicada*. Terminologia da análise, do planeamento e da gestão do território. 1ª ed. Porto, Portugal : Porto Editora, 2016, p. 302-303.

FONSECA, Fernanda Padovesi. A cartografia no ensino: os desafios do mapa da globalização. *Revista do Departamento de Geografia*, n. spe, p. 141-154, 5 ago. 2014. Disponível em: http://www.revistas.usp.br/rdg/article/view/85551. Acesso em: 03 fev. 2019.

FONSECA, Fernanda Padovesi. *A inflexibilidade do espaço cartográfico, uma questão para a Geografia*: análise das discussões sobre o papel da Cartografia. São Paulo, Tese (Doutorado em Geografia Física), Faculdade de Filosofia, Letras e Ciências Humanas, Universidade de São Paulo, 2004.

GIRARDI, Gisele. Apontamentos para uma cartografia da Cartografia Geográfica Brasileira. *Revista da ANPEGE*, v. 7, n. 1, número especial, p. 237-250, out. 2011.

GIRARDI, Gisele. Cartografia geográfica: reflexões e contribuições. *Boletim Paulista de Geografia*, v. 87, p. 45-66, 2007.

GIRARDI, Gisele. Leitura de mitos em mapas: um caminho para repensar as relações entre Geografia e Cartografia. *Geografares* (Vitória), Vitória, v. 1, p. 41-50, 2000. Disponível em: http://periodicos.ufes.br/geografares/article/view/1162

GIRARDI, Gisele. *A cartografia e os mitos*: ensaios de leitura de mapas. São Paulo, Dissertação (Mestrado em Geografia Física), Faculdade de Filosofia, Letras e Ciências Humanas, Universidade de São Paulo, 1997.

HARLEY, John Brian. Mapas, saber e poder. *Confins* [Online], 5 | 2009. Traduzido por Mônica Balestrin Nunes. Disponível em: http://confins.revues.org/index5724.html

HARLEY, John Brian. Hacia una deconstrucción del mapa. In: *La Nueva Naturaleza de los mapas:* Ensayos sobre la história de la cartografia. México: Fondo de Cultura Económica, 2005. p. 185-207.

HARLEY, John Brian. Déconstruire la carte. In : GOULD, Peter; BAILLY, Antoine (Org.) *Le pouvoir des cartes*: Brian Harley et la cartographie. Paris: Anthropos, 1995, p. 61-85.

HARLEY, John Brian. A nova história da cartografia. *O Correio da UNESCO* (Mapas e cartógrafos), Brasil, ano 19, n. 8, ago. 1991, p. 4-9.

HOLLMAN, Verónica; FONSECA, Fernanda Padovesi. A potência da arte para pensar o espaço: um ensaio sobre a abordagem de mapas artísticos In: LENCIONI, Sandra; ZUSMAN, Perla (Orgs.) *Processos territoriais contemporâneos Argentina e Brasil*: Ideias em circulação. 1ª ed. Rio de Janeiro: Consequência, 2018, p. 163-182.

KUVASNEY, Eliane. *A representação da cidade de São Paulo nos albores do século XX*: os mapas como operadores na construção da cidade espraiada. 2017. Tese (Doutorado em Geografia

Humana) - Faculdade de Filosofia, Letras e Ciências Humanas, Universidade de São Paulo, São Paulo, 2017.

LAMEGO, Mariana. É a geografia quantitativa maldita, afinal. Proposições para uma análise. In: XII Encontro de Geógrafos da América Latina, 2009, Montevidéu. *Anais do XII Encontro de Geógrafos da América Latina*, 2009.

LÉVY, Jacques; GUILLEMOT, Luc. L'espace-Obama. *EspacesTemps. net*, 2012. Disponível em: https://www.espacestemps.net/en/articles/lespace-obama-2/ Acesso em: 04 fev. 2019.

LÉVY, Jacques (Dir.) *L'Invention du Monde*: Une Géographie de la mondialisation. Paris: Sciences Po. Les Presses, 2008.

LÉVY, Jacques; PONCET, Patrick; TRICOIRE, Emmanuelle. La carte, enjeu contemporain. Paris, Dossier nº 8036, *Documentation photographique*, La Documentation Française, 2003.

LOIS, Carla & HOLLMAN, Verónica. *Geografía y cultura visual*. Los usos de las imágenes en las reflexones sobre el espacio. Rosario: Prohistoria, 2013.

LUSSAULT, Michel. *L'Avènement du monde*. Paris: Éditions du Seuil, 2013.

LUSSAULT, Michel. Image. In: LÉVY, Jacques; LUSSAULT, Michel (Org.). *Dictionnaire de la Géographie et de l'espace des sociétes*. Paris: Belin, 2003, p. 485-489.

MARCUSCHI, Luiz Antônio. Do código para a cognição : o processo referencial como atividade criativa. *Veredas*, revista de estudos linguisticos. Juiz de Fora, v. 6, n. 1, p. 43-62, 2002.

MONMONIER, Mark. *How to lie with maps*. Chicago/London: The University of Chicago Press, 1991.

MOREIRA, Ruy. Assim se passaram dez anos. (A Renovação da Geografia no Brasil no Período 1978-1988). *GEOgraphia*, Ano. II, n. 3, 2000, p. 27-49. Disponível em: http://periodicos.uff.br/geographia/article/view/13373/8573. Acesso em: 17/02/2018.

NOVAES, André Reyes; DAWL, Ed. Aspectos teóricos da história da cartografia: vinte anos depois. *Espaço e Cultura*, p. 205-206, dez. 2017. Disponível em: <https://www.e-publicacoes.uerj.br/index.php/espacoecultura/article/view/31759/22487>. Acesso em: 04 fev. 2019.

NOVAES, André Reyes. Uma geografia visual? Contribuições para o uso das imagens na difusão do conhecimento geográfico. *Espaço e Cultura*, n. 30, p. 6-18, dez. 2011. Disponível em: <https://www.e-publicacoes.uerj.br/index.php/espacoecultura/article/view/4949/3655>. Acesso em: 06 fev. 2019.

OLIVA, Jaime. Desnaturalizar o espaço e a natureza: caminho para alternativas cartográficas. In: AGUIAR, Lígia M. Brochado; SOUZA, Carla J. de Oliveira. (orgs.) *Conversações com a cartografia escolar*. São João Del-Rei: UFSJ, 2018, p. 17-40

PALSKY, Gilles. Map Design vs Sémiologie Graphique. Réflexions sur deux courants de la cartographie théorique. *CFC*. n. 212, 7-12, junho de 2012.

PONCET, Patrick. Visões do Mundo, *Confins* [Online], 18 | 2013, posto online no dia 21 julho 2013, consultado em 06 fevereiro 2019. Disponível em: http://journals.openedition.org/confins/8448.

ROSE-REDWOOD, Reuben. Introduction: The Limits to Deconstructing the Map. Deconstructing the map: 25 years on. *Cartographica* 50:1, 2015, p. 1-8, University of Toronto Press.

SEEMANN, Jörn. Cartografias culturais na Geografia Cultural: entre mapas da cultura e a cultura dos mapas. *Boletim Goiano de Geografia*, Goiânia, v. 21, n.2, p. 61-82, 2001.

A Geografia entre a ciência e a literatura: longa duração, mediações dos espaços nacionais, presença de Pierre Monbeig na Sorbonne, na Casa Velázquez e os seus primeiros anos no Brasil

Larissa Alves de Lira[1]

Pierre Monbeig foi um dos geógrafos franceses que ajudou a formar o Departamento de Geografia na Universidade de São Paulo e contribuiu para dar densidade teórica e institucional à Geografia Brasileira. Nasceu em Marissel, nos subúrbios de Beauvais, no departamento de Oise, França em 1908 (CLOUT, 2013, p. 54). Era originário de uma família modesta que galgara posições no espectro social tendo seus membros historicamente exercido profissões liberais e técnicas. Com efeito, a mãe de Monbeig teria desejado que ele se tornasse professor de inglês, por ter a possibilidade de complementar seu trabalho rotineiro com aulas particulares. Porém, uma vez tendo sido aceito na Sorbonne em 1924-1925,[2] Pierre Monbeig conhecera sua futura esposa Juliette Janet, originária de uma família com enraizamento intelectual. Esse encontro pode ter sido uma das peças-chaves para orientar Monbeig à carreira acadêmica.

Entre 1928 e 1930 (o ano exato é incerto), Monbeig enceta uma tese de doutorado em Geografia Humana das ilhas Baleares, na

---

1 Professora visitante na Universidade Federal de Minas Gerais (UFMG). Agradeço à FAPESP pelo financiamento da pesquisa que deu origem a este artigo.

2 A data de entrada de Monbeig na Sorbonne é incerta, mas corresponde provavelmente a esta data considerando a forma de entrada no ano letivo francês.

Espanha, sob orientação do geógrafo francês Albert Demangeon. Esse projeto fora interrompido pelo convite a ministrar aulas de História (o convite inicial era de História e não de Geografia) na Universidade de São Paulo em 1935, compondo uma missão científica e diplomática que ficara conhecida como "missão francesa".

Inicialmente, desejou manter seu tema de doutorado, que desenvolvia há pelo menos três anos, com estágio de dois anos na Casa Velásquez, instituição espanhola associada ao Instituto de Estudos Hispânicos com sede em Paris. Contudo, a eclosão da guerra civil espanhola tornou esse projeto impossível. Além disso, Pierre Monbeig teria encontrado uma solução para continuar sua carreira: teria desenvolvido um forte apego pelo Brasil (MONBEIG em entrevista a LAPOUGE, 1984) e foi sobre esse país que decidiu desenvolver sua tese de doutorado. A tese *Pionnieurs et Planteurs de São Paulo* será defendida em 1950 na Sorbonne após quase 11 anos de pesquisa e docência na Universidade de São Paulo.

O trabalho aqui apresentado centra sua análise na trajetória de Pierre Monbeig antes de chegar ao Brasil e no momento imediato em que elabora as suas primeiras ideias e posturas pedagógicas como pesquisador e professor no Brasil. A partir desse recorte, o objetivo é mostrar o efeito imediato do contexto histórico e espacial na atitude científica de Monbeig, influenciada pelas próprias exigências heurísticas do território brasileiro.

Cabe apresentar, porém, as raízes dessa abordagem. Este artigo é fruto de uma tese de doutorado defendida em janeiro de 2017 nos quadros de um convênio de dupla titulação entre a Universidade de São Paulo e a *École des Hautes Études en Sciences Sociales*, Paris, França. Naquela ocasião, defendemos, o que por ora ainda ocorre, que o geógrafo francês Pierre Monbeig fora um dos atores chaves da *formação* da geografia *no Brasil*. Na tese, além de apresentar a trajetória intelectual de Monbeig na liderança desse movimento de formação de escola, desenvolvemos um método chamado de geo-história dos saberes. Esse método partia das abordagens gerais do historiador Fernand Braudel sobre a pluralidade do tempo histórico, mas essa nova concepção de tempo ainda não tinha sido utilizada em trabalhos sobre história da ciência. Consiste em considerar, em linhas gerais, além da pluralidade do tempo, a importância dos espaços na formação das ideias.

Se, para conceber uma geo-história dos saberes, precisamos incorporar certa dose de determinação do geográfico sobre o social (ou o que poderia se qualificar de um neo-determinismo), um outro procedimento foi identificar quais eram os processos de longa duração (no plano das práticas e das ideias) que incidiram na geografia de Pierre Monbeig.

A partir da necessidade de identificar os processos de longa duração, tomamos como tarefa estar atentos ao que precedia à existência da construção da geografia de Monbeig no campo da Geografia, de forma a alargar a análise de sua trajetória, e tentar compreender os compromissos de continuidade que permaneceram ao longo de sua carreira e as opções de caminhos para algumas possíveis rupturas. Fazer este tipo alargamento de perspectiva para compreender a obra e vida de Monbeig era algo que não fora tentado pela historiografia da história da Geografia. Na ocasião do Seminário Geografia das ciências, dos saberes e da história da geografia, apresentamos o que considerávamos os princípios da geo-história dos saberes em termos teóricos. Ainda que o conteúdo dessa apresentação pudesse ser aperfeiçoado, decidimos para esta publicação por não reformular um texto que já tivera sido publicado, mas por fazer um exercício de apresentar *a aplicação* do método no processo de análise de uma trajetória.

A essas opções agregaram-se outros recortes: deixamos para uma outra ocasião a apresentação mais global de como essas longas durações incidiram, transformaram e foram transformadas no espaço brasileiro em toda a extensão da trajetória de Monbeig e decidimos nos dedicar neste artigo às análises de sua trajetória, a começar pelo período anterior ao desembarque no Brasil e quais foram os efeitos imediatos das transformações das longas durações da Geografia visto o deslocamento ao Brasil, associadas a seus primeiros projetos: sua passagem pela *licence* na Sorbonne, seus estudos espanhóis na Casa Velázquez e seus primeiros anos no Brasil conformam nossa periodização conjuntural e "acontecimental".

Nesse sentido, assumimos como um outro objetivo tentar responder qual era o estado da arte da Geografia francesa tal como Monbeig incorporou em seus anos de formação, conviveu com seus desdobramentos e a praticou em seus primeiros estudos profissionais, na França, na Espanha e no Brasil respectivamente. Com esse recorte no tempo da conjuntura e no tempo curto, revelam-se a importância das longas durações e do espaço. Assim, os anos vividos em Paris e na Espanha importam para compreender o futuro desenrolar da contribuição de Pierre Monbeig à formação da geografia brasileira.[3]

As longas durações: "*Stilus primus, doctrina ultimus*" (Buffon)

Há uma longa duração por trás da institucionalização da Geografia, ocorrida em fins do século XIX. Identificamos que a geografia acadêmica surgiu no interior de um lento processo de erosão dos valores literários, ou seja, da diminuição crescente da influência da literatura na forma de expressão e legitimação das ciências e, por consequência, evoluiu rumo à uma ciência mais planificadora e mais consciente de seu método (LIRA, 2017). O conflito entre a nova ciência e a literatura começou no Antigo Regime, no caso da França (Lepenies, 2006). Wolf Lepenies demonstra que "(...) a literatura e

---

3   Este artigo assinala algumas passagens da formação de Pierre Monbeig. Para uma análise detalhada, cf. LIRA, 2017.

a sociologia disputam a primazia de fornecer a orientação-chave da civilização moderna, o direito de ser a doutrina da vida apropriada à sociedade industrial" (p. 11). Essa tensão não se resume à Sociologia, aparecendo também nas ciências da natureza, como se pode observar no modo como se desenrolou a carreira do naturalista Georges-Louis Leclerc, conde de Buffon:

> Na interrupção da carreira de Buffon e na acolhida instável à sua *Histoire naturelle* pode-se acompanhar o processo pelo qual as ciências vão paulatinamente se distanciando da literatura, e como os valores tradicionais, que se poderia denominar literários, são excluídos do cânone do saber aceito" (p. 13).

A partir da caracterização de Lepenies, destacam-se algumas características e valores de um saber ora sustentado pelos antigos valores da literatura, ora sustentado pelos novos valores científicos. Segundo Lepenies, essas características foram evocadas em pontos de vistas e defesas que se contrapunham em controvérsias científicas ocorridas no cenário intelectual francês ao longo do século XIX e início do século XX, opondo os "literatos" e os "cientistas" em arenas públicas.

Tabela 1: Características de saberes com influência dos valores literários *versus* os valores científicos

Valores literários	Valores científicos
"Estilo"	"Obsessão pelo método"
"Descrição"	"Questões de classificação"
"Retórica brilhante"	"Terminologia precisa"
"Espírito"	Doutrina universal e "ensino especializado"
"Sensibilidade linguística"	"Ganho de precisão e objetividade"
"Ilusão do dogmatismo"	"Doutrina"
Invisibilidade metodológica	"Consciência metodológica"

Visões desinteressadas, vistas do alto	"Engajamento social"
Análise	"Aplicação", intervenção

Org: LIRA, 2018. Com base nas considerações de Lepenies, 2006. As aspas referem-se às suas expressões de Lepenies.

Assim, as longas durações são preenchidas por tensões que ajudam a explicar a evolução lenta que condiciona o ritmo dessa temporalidade. Não possuem uma evolução linear e nem estão livres de conflitos. Dois conjuntos potencialmente conflitantes enraizaram-se nas estruturas das mentalidades científicas europeias no século XIX. Ainda assim, disciplinas como a Geografia ofereceram soluções originais de conciliação ao conflito entre esses conjuntos de valores. Marie-Claire Robic utiliza uma célebre expressão para referir-se a Vidal de la Blache, (um dos patronos da geografia francesa e mestre indireto de Pierre Monbeig) como tendo praticado uma "epistemologia do misto" (ROBIC, 1991, 1996, 2006). A autora nos ajuda a pensar sobre como a Geografia se encaixava nesse contexto de tensões entre os valores literários e os valores científicos e que compõem uma de suas longas durações.

A geografia se situou, segundo Robic, entre a "descrição pura" e a "explicação" (1991, p. 59). Vidal de la Blache tentou estabelecer a geografia como uma espécie de passagem entre "o mundo da experiência e da razão científica" (1991, p. 59) e o mundo da sensibilidade, praticando, por um lado, uma "invisibilidade do paradigma" (ROBIC, 2006, p. 153) mas, por outro lado, experimentando cada vez mais uma "tentação à ação" (ROBIC, 1996). Reafirmando agora a mesma ideia em parceria com com Marie-Vic Ozouf Marignier, as autoras proferem uma caracterização que pode se associar à nossa abordagem: Vidal de la Blache "se apoia sob um método duplo" (OZOUF-MARIGNIER, ROBIC, 2008, p. xxx).

Além da longa duração, uma outra dimensão importante a se considerar é o processo de circulação dos saberes entre os espaços. Nesse sentido, consideramos que os espaços são filtros que enquadram os lentos processos e definem diferentes ritmos de transformação dessas longas durações no processo de circulação dos saberes. Em alguns espaços, as transformações estruturais são mais lentas do que em outros. As longas durações assumem talvez uma mesma direção, mas em ritmos diversos. Essa multi "ritmalidade" tem consequências maiores para a história. Baseamo-nos em princípios gerais que podem ser resumidos nas ideias seguintes: os espaços condicionam evoluções em ritmos específicos, mesmo que uma certa direção da tendência geral já pareça apontada, são filtros poderosos no processo de circulação dos saberes, e, ademais, podem formar um enquadramento estruturante em relação às outras dimensões da existência social (SOJA, 1993).

Esclarecidos esses pontos, antes de abordar mais propriamente a trajetória de Monbeig, caberia colocar uma derradeira contribuição no que tange ao método. O que impulsiona essa longa duração da Geografia? O que se movimenta na base do movimento da Geografia enquanto disciplina? Acreditamos que o processo subterrâneo que explica a lenta evolução dessa ciência (assim como provavelmente de outras, aliás) é a própria transformação dos espaços. Espaços que se transformam com o avanço dos mercados e das práticas econômicas, acabando por desconstruir realidades pré-modernas, concretizando as modernas e apontando para as pós-modernas. Realidades pré-modernas se destacavam por suas singularidades e eram mais bem expressas pela arte e pela literatura. Espaços econômicos padronizados, modernizados pelo avanço do capitalismo, são teoricamente mais representados pelos valores científicos dos modelos e das doutrinas. As realidades pós-modernas nos levariam ainda mais longe. Como toda base da geo-história de Braudel é a transformação dos espaços na estrutura da realidade social, não poderia ser diferente na geo-história dos saberes. Assim, essa metodologia se trata de uma tentativa, por fim, de praticar uma história da geografia junto com a geografia histórica da mundialização (GRATALOUP, 2010).

A formação de Pierre Monbeig na França (1925-1929)

Pela capa de lançamento do número 162 do periódico francês *Anneales de Géographie* de 1920, vê-se que a década de 20 possuí novos mestres, após a morte de Vidal de la Blache em 1918. Lucien Gallois, Emmanuel de Martonne e Albert Demangen comandam os *Annales de Géographie,* bem como as cátedras de Geografia da Sorbonne quando Pierre Monbeig compõe suas fileiras universitárias como estudante. Como esta etapa da trajetória de Pierre Monbeig revela as longas tensões da Geografia francesa? Esperamos abstrair desta etapa da trajetória de Monbeig as transformações pelas quais passava a disciplina nesse momento, e como aparecem as tensões de longa duração às quais a disciplina estaria sujeita na década de 1920.

Figura 1: Capa do número 162 do ano de
1920 dos Annales de Géographie

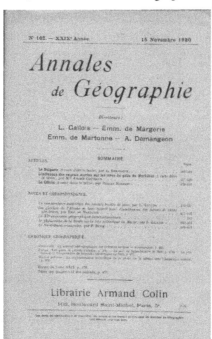

Com efeito, a geografia da década de 1920 estava no limiar de novos engajamentos. Após o fim da Primeira Guerra Mundial, muitos geógrafos utilizaram-se de uma *expertise* geográfica francesa para contribuir com o debate sobre as questões internacionais, principalmente no que toca às questões fronteiriças (GINSBOURGER, 2010). Porém, mesmo adotando uma linguagem de especialistas, o que os faz deixar de dialogar com o lado expressivo dessa tensão de longa duração entre ciência e literatura, o contexto é também de forte nacionalismo, ressaltando o gênio, os interesses particulares dos franceses frente aos conflitos mundiais e a importância de reafirmar o legado de uma tradição (literária) francesa na interpretação do mundo. A ideia de uma "nação francesa" foi alçada por Michelet com toda a expressividade impregnada na imagem de um *tableau*. Nesse sentido, o tropismo em direção à uma ciência (ou seja, uma forma de saber em si com maior tendência à aplicação do que a literatura) está permeado por tensões. Em termos de continuidades e rupturas, as tensões de longa duração passam por movimentos de avanços e recuos.

Um outro fato que marca a geração de Pierre Monbeig na Sorbonne é a entrada cada vez mais impactante da geografia econômica nos currículos dos ensinos secundários e superiores. Um geógrafo auxiliar do governo francês em questões internacionais, Fernand Maurette, foi mobilizado pela Primeira Guerra, participou da coleção Geografia Universal e foi um enérgico produtor de manuais para a geografia escolar e universitária. Fernand Maurette era um especialista em geografia econômica. Havia na geração de Monbeig a consciência de um certo topor por descrever realidades permanentes, mas também explicar um mundo que parecia novo. Os trabalhos de Fernand Maurette serão adotados por Pierre Monbeig nos programas de seus primeiros cursos da Universidade de São Paulo.

Figura 2: Capa do livro de Fernand Maurette, *Les Grands Marchés des Matières Premières*, publicado pela Armand Colin em 1922

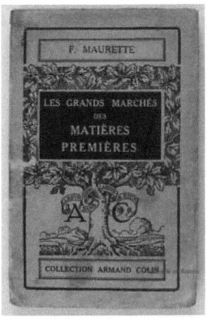

Com efeito, os fenômenos econômicos modernos eram vistos como os processos mais ativos de uma certa homogeneização do mundo com o avanço do capitalismo e, junto com ele, a acentuação da possibilidade de pensar o mundo com doutrinas e modelos científicos. Por esse motivo, explicar essas realidades por um discurso geográfico começa a ser mais uma vez um princípio de renovação epistemológica. Pierre Vilar, que fora aluno da Sorbonne na mesma época de Pierre Monbeig, faz um retrato do que era a formação da Geografia nesse contexto de renovação das relações políticas e econômicas:

> Mas é preciso dizer que até então as grandes questões que nós imaginávamos, de forma mais ou menos confusa, que

dominariam nosso século, só tinham sido colocadas através das lições dos nossos mestres geógrafos: demografia, migrações, colonização, polos de desenvolvimento industrial e urbano, transformações nos modos de produção agrícola, desenvolvimento energético e, ainda mais próximas da história viva que nós sentíamos palpitar, as crises do mundo britânico, o futuro dos grandes espaços americanos, o despertar das massas na Ásia, a emergência dos planos soviéticos. (VILAR, 1962, p. 12).

Contudo, se a Geografia pendia para as análises das grandes questões globais, os métodos restavam muitas vezes marcados pelos valores literários de observação e de descrição, sem apelo às doutrinas. Assim, ainda que disciplina se voltasse aos grandes problemas do presente, predominava o que Robic chamou de "invisibilidade do paradigma" e uma fraca apetência epistemológica (Robic, 2006, p. 153), características que compõem o quadro de características de uma geografia de viés literário. Novamente, observamos um jogo de tensões. Os currículos e as excursões eram expressões de uma forte resiliência dos valores literários:

Figura 3: Os estudantes da Sorbonne em trabalho de campo liderado por Albert Demangeon. Demangeon está de pé em um segundo plano, logo após aqueles que estão sentados, com um chapéu na mão. Pierre Monbeig está posicionado na extrema esquerda da foto. Foto cedida gentilmente por Denis Wolff, após ter sido encontrada nos arquivos pessoais de Albert Demangeon

As excursões de Geografia não eram jamais exclusivamente de Geografia Humana, mesmo aquelas conduzidas por Demangeon, pois, nestes tempos, um geógrafo humano podia ainda fazer geografia física sem dizer muitas bobagens. Elas consistiam em visitas de explorações agrícolas, análises de paisagens rurais, no terreno, visitas de usinas. Demangeon colocava questões para tentar nos treinar um pouco na arte das questões. Era essencialmente isso. Nem Demangeon, nem de Martonne se preocupavam em iniciar os estudantes na pesquisa. O gosto pela pesquisa vinha sozinho, e não era estimulado pelos professores (MONBEIG em entrevista a BATAILLON, 1991, p. 28).

Se a invisibilidade do paradigma estava presente nas excursões, o que era um forte sinal de sua impregnação literária, é surpreendente que, também no âmbito arquitetônico e de disposição dos institutos, aparece igualmente o conflito entre os valores literários e científicos. O Instituto de Geografia da Sorbonne é inaugurado em 1925 e começa a dar forma arquitetônica ao distanciamento da Geografia das disciplinas literárias. A Geografia aposta em um vôo autônomo em relação à uma antiga aliada, a História, esta por sua vez de forte impregnação literária. Diferentemente da História, a Geografia passa a representar uma cultura de explicação da modernidade, sendo que tal modernidade é vista como um contexto que chama a um maior engajamento dos intelectuais com as questões do presente, chamando-os a adotar uma postura mais ativa frente à realidade. Mas os valores literários resistem nas brechas de uma disciplina mais *aménagiste*. De fato, outro projeto que concorreu nas instâncias superiores da Universidade de Paris com o projeto de construção do Instituto de Geografia dos vidalianos e fora um laboratório proposto por Marcel Dubois. O projeto de Dubois encarnava uma geografia com valores científicos ainda mais pronunciados, e, de tal maneira, mais *aménagistes*, do que aquele que fora proposto por Emmanuel de Martonne, através do Instituto de Geografia.

> Desenvolvendo 'a geografia colonial', [cátedra] para a qual ele foi nomeado na Sorbonne, M. Dubois divergiu, contudo, em relação a seus camaradas 'normaliens' que se mantiveram próximos de Vidal de La Blache, Lucien Gallois, B. Auerbach, e ainda, Emmanuel de Martonne (…). A divergência concernia ao projeto, orientado por uns à uma disciplina da ação e por outros à uma ciência contemplativa (Robic, 1998; Soubeyran, 1998). Uma delas se dava em torno

da relação [da Geografia] com as Ciências Naturais: Dubois se recusa a uma aliança estreita com as Ciências Naturais, e, sobretudo, ao primado da Geologia" (ROBIC, 2001, p. 83).

Cabe lembrar que de Martonne manteve uma estreita relação da Geografia com as Letras. Dessa forma, sendo derrotado o projeto de Dubois, prevaleceu o projeto de construção de um Instituto de Geografia no interior da Faculdade de Letras dirigido pelo patrono da geomorfologia francesa.

A retomada das negociações [de construção de um Instituto de Geografia] ocorreu no começo de 1920, sob a presidência de P. Appell, que se tornara reitor, e que reuniu uma nova comissão em abril. Ele lembrou as linhas diretivas do projeto: 'a ideia dominante foi de fazerem cair os muros que separam as faculdades. No Instituto de Geografia, as Faculdades de Ciências e de Letras devem estarem juntas. Deve-se evitar uma divisão no ensino". (ROBIC, 2001a, p. 95.).

A tensão entre valores literários e científicos também se reafirma sob a expressão das hesitações da Geografia Humana. André Meyner caracteriza o período como uma tensão em torno de uma Geografia Humana Geral (com tendência metodológica à universalidade) e uma Geografia Humana Regional (com tendência metodológica ao entendimento da particularidade). Essa tensão entre valores, ademais, ajudaria a explicar a velha oposição entre a Geografia Geral e a Geografia Regional?

As hesitações da Geografia Humana. Existe uma Geografia Humana Geral? A Geografia Humana não desfruta então nem do mesmo prestígio nem do mesmo sucesso (...). Por quase cinquenta anos, nenhum autor conseguiu escrever um verdadeiro manual comparável ao manual de Geografia

Física 'de Martonne'. Sem essa base, o pesquisador iniciante tateia e cambaleia" (MEYNIER, 1969, p. 65-66).

Ocorre que, apesar dessas tensões e hesitações, a geografia francesa procurará não apenas o aprofundamento de sua institucionalização, como também a sua internacionalização e, a partir da década de 1930, mesma época em que Pierre Monbeig parte para Espanha para realizar sua tese de doutorado, não poupa esforços para explorar outros lugares além da França. Instalada essa vocação internacionalista, novas paisagens serão descobertas. Os geógrafos franceses não estudam apenas a França e tendem cada vez mais a estabelecer um quadro de comparação entre espaços considerados agora globais. Junto com o próprio deslocamento de Pierre Monbeig para a Espanha, este fenômeno intelectual de internacionalização implicará novos equilíbrios epistemológicos para Geografia frente às tensões de longa duração. Ver-se-á que com uma mesma disposição híbrida a Geografia dará continuidade às suas análises.

A passagem de Pierre Monbeig pela Espanha (1930-1932)

O Instituto de Estudos Hispânicos, instituição parisiense intimamente associada à Casa Velásquez, será inaugurado em 29 de maio de 1929 na capital. Nesse instituto, que Pierre Monbeig se associa, o geógrafo toma contato com a alta diplomacia. A inauguração do instituto contou com a presença de personagens que revela a magnitude do evento para a Universidade de Paris e para o governo francês. Estavam presentes personalidades como Gaston Doumergue, presidente da República, Pierre Marraud, ministro da Instrução Pública, Charléty, reitor da Universidade de Paris, Quiñones de Leon, embaixador da Espanha, Eusebio Diaz, reitor da Universidade de Barcelona, Martinenche, diretor do Instituto, além do geógrafo Emmanuel de Martonne (UNIVERSITÉ DE PARIS, 1929, p. 263).

Figura 4: Os alunos da turma de 1930 da Casa Velásquez. Fonte: Casa Velásquez, 2006, p. 43

Com efeito, a associação com a diplomacia foi fundamental para o processo de internacionalização da geografia francesa e Pierre Monbeig está totalmente inserido nesse novo contexto. Emmanuel de Martonne, diretor do Instituto de Geografia, não poupa esforços para enviar os alunos de doutorado do Instituto para estágios e trabalhos de campo no exterior, ao ponto de, entre 1920 e 1942/1945, as monografias e teses de regiões não metropolitanas (fora da França) estão um pouco atrás das monografias metropolitanas, com tendência de crescimento (tabela 1).

Tabela 1: Monografias não metropolitanas e monografias metropolitanas

	Monografias não metropolitanas			Monografias metropolitanas		
Período	1893-1913	1920-1942	1945-1969	1905-1917	1922-1945	1946-1966
Número de monografias	13	24	63	10	35	55

Fonte: CLOUT, 2011.

Ainda no que toca ao processo de internacionalização da disciplina, a geografia francesa assume nessa época, através da figura de Emmanuel de Martonne, a liderança nos altos quadros da União Geográfico Internacional. A partir dos congressos internacionais que essa associação realiza, observa-se a busca com comparar realidades distintas. Mas ainda é possível ler, nas entrelinhas da citação de Robic, uma situação da Geografia em que se depreende uma hesitante postura no que tange à construção de modelos universais da parte da geografia francesa:

> A realização desses dois momentos prova que as partes interessadas se empenham por chegar a um certo consenso. O congresso é, portanto, um desses 'centros de concentração' e, depois, de 'propagação' dos saberes para outros estudiosos, divulgadores, para o público, e também para os Estados. Afirmando pela formulação de questões o que é bom e útil, decidindo por resoluções ou moções, como numa convenção política, ele homogeneíza os interesses e saberes de procedência diversa". [grifos meus] (ROBIC, 2013).

Ao contrário, a geografia francesa não é, ou ainda não é, uma geografia aplicada e não promove a circulação de modelos estritamente formulados, mas faz circulação de *questões, enquetes, resolu-*

ções. Ela ainda reproduz a sua invisibilidade paradigmática e a sua fraca apetência por modelos.

Assim, seria de supor que essa internacionalização da disciplina faria pender a geografia para um discurso mais universalista, mais ligado aos valores científicos. Contudo, novamente, vemos um cenário de avanços e recuos, com resiliência dos valores literários. Em primeiro lugar, as estatísticas, a contagem, os processos de matematização, que contribuem ao discurso universalista, caminham em marcha lenta. Monbeig reclama frequentemente da ausência de censos e de estatísticas na Espanha, mesmo que conte por variadas vezes com o apoio dos números do *Office Comercial Français*, alguns guias de viagem, as revistas da Câmara de Comércio de Madrid e as publicações técnicas de confederações hidrográficas (FERRAS, 1991, p. 69). Ao contrário, faz-se ainda monografias descritivas e regionais. Pierre Monbeig vai encontrar na Espanha um geógrafo que se tornara célebre pelo esforço descritivo empreendido em sua monografia regional sobre a região espanhola dos Hurdes, Maurice Legendre, discípulo de Jean Brunhes. Albert Demangeon, o diretor de tese de Monbeig, reconhece o tamanho da sanha descritiva de Legendre, que praticamente revela-se como uma obra de arte e dedica muitas páginas a cada poucos metros quadrados da região de Hurdes, uma pequena região espanhola.

> Tamanho esforço por descrever tão pequena terra e tão pouca população pode oferecer bons frutos como que ganhando em profundida aquilo que não aparece em superfície. E, de fato, o autor conhece este país profundamente, pois ele o percorreu em todos os sentidos e também pois ele o ama como uma pequena pátria adotada de coração e de espírito. Seu livro não é somente um estudo de geografia humana, à maneira como ele apresenta na capa: é ainda e sobretudo um quadro de cor e de vida, que revela um talento de escrita (...) (DEMANGEON, 1928, p. 461).

Junto à utilização do recurso literário, o trabalho de Legendre também vai aguçar a utilização de um recurso que Pierre Monbeig fará abundante uso no Brasil e começa a ser utilizado cada vez mais por geógrafos: a máquina fotográfica. A foto produz um enorme ganho de objetividade, mas o enquadramento subjetivo, a intuição artística, à ela atribuída, será um estilo (fotográfico) que Pierre Monbeig vai preservar até o fim de sua carreira (MENDIBIL, 2006). Ao mesmo tempo, a paisagem da Espanha é de um país que passa por processos acelerados de modernização. Os Estados nacionais emergem como entidades modernizantes, mesmo aqueles situados nas margens da Europa, de forma que "(...), as *huertas* participam da atividade moderna (...) graças às obras de irrigação que se constituem em um belo empreendimento técnico (...) (MONBEIG, 1930, p. 606).

Assim como no caso do Instituto de Geografia, a Casa Velásquez não promove a separação entre cientistas e literatos e lá Pierre Monbeig vai conviver com eles e preparar o primeiro esboço de sua (primeira) tese.

> Foi assim, em uma Espanha conturbada, que os artistas pensionistas e os cientistas do ano letivo de 1930-1931 tomaram seus lugares: entre eles, Pierre Vilar, aluno, como Monbeig, de Albert Demangeon. Ele já fizera um estudo de reconhecimento de Barcelona, em 1927, com a ideia de pesquisar as particularidades da Catalunha, através da geografia industrial da região e do impacto econômico e social da eletrificação a partir do Ebro e de seus afluentes. Muito bem recebido por Legendre, poucos dias após os acontecimentos de Jaca, ele partiu em sua companhia, junto com o casal Monbeig e Gabrielle Berrogain, para passar o Natal em La Alberca, em Las Hurdes" (DELAUNAY, 1994, p. 256).

E é também nessa Espanha efervescente que Pierre Monbeig começa a se interessar por questões políticas, tais como as da

Reforma Agrária. Teria sentido vontade de migrar da geografia para perspectivas mais universalistas? "Sair não, mas tentar, sem conseguir resolver todas as lacunas em direção àquilo que se chamava na época de 'economia política'" (MONBEIG em entrevista a BATAILLON, 1991, p. 31). É nesse quadro de tensões epistemológicas e políticas que Pierre Monbeig acumulará experiência intelectual e de vida antes de orientar-se para desenvolver a pesquisa e a docência no Brasil. A geografia acadêmica francesa, que surgiu no interior de um lento processo de erosão dos valores literários e de diminuição crescente da influência da literatura na estruturação e legitimação das ciências, não vê irromper de seu interior, e de uma vez por todas, uma geografia aplicada, e em cada país, essas tensões tomam forma e ritmos de evolução diferentes e afetam também diferentemente o pesquisador.

Arriscaríamos dizer que na Espanha Pierre Monbeig teve contato com um ritmo de modernização dos espaços talvez ainda mais acelerado do que na França, mas também prenhe de maiores contradições e, portanto, de resiliências de paisagens pré-modernas junto com seu modo de explicação. Se na França Pierre Monbeig sente a forte sensação da resistência de paisagens pré-modernas, na Espanha, parece sentir um impulso mais pronunciado à ideia de modernização, *aménagement* e desenvolvimento de território. No Brasil, essas marcas aparecerão conjugadas, com um tropismo ainda mais pronunciado à uma geografia da colonização, que depois se tornará uma geografia do desenvolvimento, somado à forte sensação de acentuação de contradições entre as realidades pré-modernas e modernas. Todavia, Monbeig não irá jamais abandonar as lições de seus mestres sobre a importância de levar em consideração as resistências do passado na paisagem. Pierre Monbeig encontra um modo específico de explicar e descrever o Brasil, mesmo em lugar que tinha tudo para ser considerado um país com poucas marcas históricas, um "país novo", como se chamada na época.

As primeiras contribuições de pesquisa de Pierre Monbeig no Brasil: continuidades, rupturas e o Mediterrâneo como um espaço de referência

Monbeig deixa um país peninsular, de longa história passada, temperado, com fronteiras que já estavam consolidadas, para vir ensinar e pesquisar geografia em um país continental, chamado na época de "país novo", com fronteiras abertas e tropical, que tinha enormes desafios sociais a enfrentar.

Ao chegar ao Brasil, o intelectual Pierre Monbeig teria adotado, em termos de construção de uma problemática geográfica global, o Mediterrâneo como um espaço de referência para pensar o novo país. Para Monbeig (e para a elite paulista) um dos principais fenômenos a ser observado no Brasil é o processo de construção de uma civilização particular no interior de uma civilização universal. O título de uma conferência publicado em 1940 confirma essa intenção: "A paisagem, espelho da civilização".

O esboço de um primeiro problema de pesquisa de Monbeig no Brasil é marcado pelas heranças de uma *certa* Geografia Humana, mas já ligeiramente modificada. Monbeig continua a praticar uma geografia literária, mas o faz de modo comparado, recuperando um princípio geográfico vidaliano de modo mais central em seu trabalho, a geografia comparada, que suponho menos importante quando os geógrafos estão a produzir monografias regionais francesas. A geografia comparada de Monbeig se apoia na comparação, mas também na *extensão* dos fenômenos na construção do problema de pesquisa, e as hipóteses são testadas no escopo global dos seus terrenos conhecidos. Assim, após ter passado pela França e pela Espanha, ele prefere relacionar a construção da civilização brasileira com o Mediterrâneo, o que terá impacto importante em todo o restante de seu pensamento. Por exemplo, a centralidade do *pionnier*, em contraposição ao camponês, é a maior expressão dessa construção intelectual franco-brasileira. Nos quadros desse espaço de referência, ele evoca, por exemplo, a seguinte indagação: no período atual, as sociedades dos países novos têm condições de moldar a paisagem tal como as sociedades europeias levaram séculos para fazer? Em outros termos, é possível construir uma civilização nos trópicos no tempo breve?

> O título desta conferência [A paisagem, espelho de uma civilização] parece-me assim amplamente justificado; suponho, entretanto, algumas objeções no espírito dos ouvintes: os exemplos escolhidos só têm valor para os países de onde foram tomados e é evidente que nessa Europa Ocidental onde desde milênios são *elevadas as densidades* humanas, os homens tiveram tempo para modelar a natureza e criar paisagem de civilização. Mas nas regiões onde as civilizações conservaram-se primitivas e o povoamento frágil, ou ainda nos países novos nos quais a vitória dos homens sobre a natureza data de ontem ou de hoje mesmo, em um *país novo como o Brasil, não poderia dar-se o mesmo?* [grifos nossos] (MONBEIG, 1940a, p. 244).

Contudo, nesse evidente movimento de manutenção das referências intelectuais, surgem as primeiras transformações. Aos poucos, Pierre Monbeig toma como missão produzir uma geografia que pretenda concorrer ao desenvolvimento da sociedade brasileira em situação de colonização. Sua premissa é a da existência de referências na construção civilizacional, cujo modelo é o das civilizações mediterrâneas. Lá, os homens lograram conquistar uma melhor distribuição dos seus benefícios ao longo da história. A característica mais destacada desse conjunto é a do seu apego à terra e às técnicas:

> Foi editado há pouco na Geografia Universal, em vias de publicação e redigida pelos melhores geógrafos franceses,

o volume sobre as penínsulas mediterrâneas, um dos mais felizes de uma coleção que já angariou renome mundial. Surpreende ver o quanto o seu autor, o professor Jules Sion, se valeu das literaturas helênicas e latinas para mostrar a *permanência de certas técnicas e certo modo de vida no quadro natural mediterrâneo*. Mostra por exemplo como a descrição homérica do famoso escudo de Aquiles, em que eram representados os episódios do trabalho dos campos, poderia ainda ser feita em nossos dias: *mesmo arado, mesmas culturas, idênticos processos de colheita.* [grifos nossos] (MONBEIG, 1940b, p. 228).

Assim, comparando espaços e povos diferentes, Monbeig concebe que, no Brasil, seria preciso construir uma Geografia Humana que contribuísse para *o enraizamento da população ao solo no processo de colonização dos espaços*. Pierre Monbeig fala em "exemplo" da Europa mediterrânea, e se imbuiu de um raciocínio pautado por conexões entre o Velho e o Novo mundo, sendo que o primeiro está em processo de colonizar o segundo.

O raciocínio comparado o leva a traçar equivalências e a distinguir singularidades. Ele destaca também a originalidade da zona pioneira do Estado de São Paulo quando a compara com outras regiões do Brasil:

> É incontestável que o Estado de São Paulo oferece exemplos infinitamente mais numerosos de *apego ao solo* do que as Províncias da época colonial e dos Estados do Nordeste do Brasil, mas ainda isso não prova e não se pode seriamente falar de uma *população fixa e sedentária de camponeses*." [grifos nossos] (MONBEIG, 1936, p. 32).

Além do processo de fixação do camponês à terra, o estudo da zona pioneira, construído em meio a problemáticas comparadas, coloca outros problemas teóricos: como o global (que vem de fora e que se sintetiza na ideia de mercado mundial) se relaciona com as dinâmicas locais (o da fixação do homem ao solo), e quais são as ordenações evolutivas dessas dimensões espaciais? A obra espanhola de Monbeig ainda não lograra unificar essas dimensões em uma construção intelectual integrada. Se, de um lado, ele vê inversões na lógica evolutiva dos sistemas, de outro, vê padrões. Como compreender geograficamente esta dupla dimensão desses fenômenos, em termos de padrões e excepcionalidades, nas dimensões temporais e espaciais? Futuramente, Monbeig irá compreender que oposições históricas, na Europa, são na verdade complementares em seus ordenamentos espaciais no Brasil. Lógicas históricas opostas ou que estiveram em concorrência na Europa (como os sistemas de cultivo da terra, por exemplo) selecionam locais distintos para se espacializar no Brasil. E, no espaço brasileiro, elas se tornam complementares em sua contiguidade. Ele aponta numa palestra proferida em 1939, na Faculdade de Filosofia, Ciência e Letras, uma evolução padrão da zona pioneira se comparada à da Europa ocidental. Monbeig se apoia, cada vez mais, em um pensamento sobre a *colonização dos espaços e sobre a disposição espacial dos processos de colonização* para construir sua problemática. Ele esboça uma ideia geral da colonização já antes de 1940, ou seja, no momento de formular suas questões de pesquisa:

> Geógrafos e economistas são levados a constatar que os grupos humanos, apossando-se de uma região e valorizando-a atingem-na toda uniformemente, mesmo as terras mais ingratas. A primeira fase da conquista agrícola seria marcada pelo desprezo completo de suas vantagens geográficas: lembrarei em poucas palavras que os primeiros solos cultivados no Estado de São Paulo no período colonial são considerados como sendo os mais medíocres. Em

> seguida viria a verdadeira adaptação às condições geográficas: a paisagem rural 'se matiza; cada vantagem do relevo, do clima, do solo é utilizada na medida do possível. Então, somente se pode falar de domínio da natureza por parte do homem, porque a melhor maneira talvez, de dominar é adaptar-se. Nas velhas terras das margens do Mediterrâneo, o fenômeno aparece claramente, mas devo dizer, e não é apenas como fecho de uma conferência, que o compreendi plenamente em minhas viagens à novas campanhas do interior brasileiro. (MONBEIG, 1940c, p. 261-262).

Pelo rápido esboço aqui apresentado, não estava ele aqui início de diálogo com ideias que estiveram em oposição à herança da geografia regional, ou seja, a geografia colonial? Estaria ele dialogando com temas de uma geografia de um oponente de Vidal de la Blache, Marcel Dubois, ou seja, a colonização? Não estaria ele dialogando também com paradigmas mais "científicos", que começam a influenciar cada vez mais as ciências, ou seja, que posiciona a geografia uma à uma vertente mais aplicada? Nas primeiras questões que formulou, Pierre Monbeig deixa subentendido que o mundo contemporâneo vive cada vez mais situações de processos equivalentes a partir da colonização que o capitalismo submete os territórios, mas Monbeig não deixa de ressaltar a singularidade da zona pioneira, voltando a mobilizar paradigmas mais literários de onde ele retira seus primeiros ensinamentos.

Notas conclusivas

Ao longo deste artigo, tentamos tornar mais palatável o esboço de um método. Um esboço de um modelo de interpretação intelectual para a história da geografia. Ainda há muito a trabalhar, mas as linhas gerais aparecem traçadas. Dividimos a história da geografia que se desenrola entre fins do século XIX e início do século XX em duas grandes tendências: uma tendência literária, de um lado, e uma tendência científica, de outro. Do ponto de vista da Geografia, essas tendências opostas apareceram em fins do século XIX na França em termos de uma geografia regional, de um lado, e uma geografia colonial, de outro. Mas no Brasil, geografia regional e geografia colonial começaram se juntar. Duas grandes tendências que compõem tensões de uma longa duração, longa duração essa que qualificamos mais pluralmente em outra ocasião, e que sintetizamos pela idea de "erosão dos valores literários, 'tentação à ação' e à "sistematização do método" (LIRA, 2017). Assim, é importante que tenha ficado claro como o espaço brasileiro, no caso de Monbeig, pelas suas próprias exigências intrínsecas de pesquisa geográfica, foi um impulsionador de mudanças importantes, envolvendo inclusive importante hibridismo de paradigmas. Acreditamos que de alguma maneira a geografia contemporânea ainda viva os resquícios dessa tensão. Utilizamos do contexto para matizar essas tendências e facilitar o exercício. O mesmo exercício poderia ter sido feito através da análise da obra de Pierre Monbeig.

Com a geo-história dos saberes, procuramos identificar as longas durações e como os espaços podem acelerá-las ou retardá-las, hibridizam esses fenômenos e essas tensões e lhe dão formas materiais (como o modo como são abrigadas arquitetônica e institucionalmente) e imateriais (como pode ser atribuído às mentalidades que predominam no contexto intelectual). Acreditamos que com a geo-história dos saberes podemos oferecer novas perspectivas para a história da geografia, para começar a compreendê-las em perspectivas mais amplas e conectadas com outros centros de saber, seja por um processo de mundialização das longas tendências, seja pelo próprio processo de circulação dos saberes, além de reinserir uma interpretação geográfica às análises da história intelectual. A geo-história da história da geografia (LIRA, 2017) pode oferecer uma perspectiva de longa duração da geografia brasileira, no espaço de uma ciência-mundo (POLANCO, 1995) inserida no contexto da geo-história da mundialização (GRATALOUP, 2010).

Bibliografia

BATAILLON, C. Les annés de formation. In: THÉRY, H. DROULERS, M. *Pierre Monbeig*: un géographe pionnier. Paris: IHEAL, 1991, p. 27-34.

CASA DE VÉLAZQUEZ, *Memoria gráfica 1928-2008*. Casa de Vélazquez, 2006.

CLOUT, H. "Professorial patronage and the formation of French geographical knowledge. A bio-bibliographical exploration of one hundred non-metropolitan regional monographs, 1893-1969", Cybergeo: *European Journal of Geography [En ligne], Epistémologie, Histoire de la Géographie, Didactique, document 549*, mis en ligne le 17 octobre 2011, consulté le 01 octobre 2015. URL: http://cybergeo.revues.org/24203; DOI: 10.4000/cybergeo.24203

CLOUT, H. Pierre Monbeig. In: LORIMER, H; WITHERS, W. J. [eds]. *Geographers Biobibliographical Studies*. London: New York, vol. 32, p. 54-78, 2013.

DELAUNAY, J.-M.. *Des Palais en Espagne*. L'École des hautes études hispaniques et la Casa de Velázquez au cœur des relations franco-espagnoles du XXe siècle (1898-1979). Madrid: Casa Velázquez, 1994, 670p.

DEMANGEON, A. Maurice Legendre, Las Jurdes, étude de géographiquie humaine. Revue Critique d'histoire et de littérature, n. 10, Oct, 1928, p. 460-464.

FERRAS, R. L'Espagne des années trente. In: THÉRY, H. DROULERS, M. *Pierre Monbeig*: un géographe pionnier. Paris: IHEAL, 1991, p. 67-80.

GINSBURGER, N.. La guerre, la plus terrible des erósions. Cultures de guerre et géographes universitaires Allemagne-France-Etats-Unis (1914-1921). Tese (Doutorado). l'Université Paris-Ouest- La défense, Paris, 2010.

GRATALOUP, C. *Géo-histoire de la mondialization*. Paris: Armand Colin, 2010.

LEPENIES, W. *As três culturas*. São Paulo: 1996, 385p.

LIRA, L. A. *Pierre Monbeig e a formação da geografia brasileira*: uma ciência no contexto do capitalismo tardio. Erosão dos valores literários, "tentação à ação" e sistematização do método. Tese de doutorado. Faculdade de Filosofia, Letras e Ciências Humanas, Universidade de São Paulo, 2017.

MENDIBIL, D. O sistema iconográfico da geografia clássica francesa e Pierre Monbeig. In: SALGUEIRO, H. A (org.). *Pierre Monbeig e a Geografia Humana*: a dinâmica da transformação. Bauru, São Paulo: Edusc, 2006, p. 233-247.

MEYNIER, A. *Histoire de la pensée géographique en France*. Paris: PUF, 1969, 224p.

MONBEIG, P. A Paisagem, espelho de uma civilização. In: MONBEIG, Pierre. *Ensaios de Geografia Humana Brasileira*. São Paulo: Livraria Martins, 1940a, cap. XVII, p. 233-248.

MONBEIG, P. Les transformations économiques dans les huertas et la région entre Alicante et Murcie. *Annales de Géographie*, Paris, t. 39, n. 222, p. 597-606, 1930.

MONBEIG, P. Literatura e Geografia. In: MONBEIG, Pierre. *Ensaios de Geografia Humana Brasileira*. São Paulo: Livraria Martins, 1940b, cap. XVI, p. 222-229.

MONBEIG, P. Paisagens Agrícolas: o exemplo do Mediterrâneo. In: MONBEIG, P. *Ensaios de Geografia Humana Brasileira*. São Paulo, Livraria Martins, 1940c, cap. XVIII, p. 249-262.

MONBEIG, P. População do Estado de São Paulo. *Geografia*, São Paulo (seção críticas e notas), ano II, n. 1, p. 30-32, 1936.

MONBEIG, P. Viajem à memória da USP. In: LAPOUGE, Entrevista de Pierre Monbeig a Gilles Lapouge. *Jornal da tarde*, São Paulo, 11 de fevereiro de 1984.

OZOUF-MARIGNIER, M-V. ROBIC, M-C. Préface. In: GALLOIS, L. *Régions naturelles et noms de pays*. Étude sur la région parisienne. Paris : CTHS, 2008.

POLANCO, X. *Une Science monde*: la mondialisation de la Science européene et la création de traditions scientifiques locales. In: POLANCO, X. (dir.). Naissance et développement de la Science-monde. Paris: la Découverte, 1990, cap I, p. 10-52.

ROBIC, M-C. Interroger le paysage? L'enquête de terrain, sa signification dans la géographie humaine moderne (1900-1950) In: BLANCKAERT, C. (dir.). *Le terrain des sciences humaines*. Instructions et enquêtes (XVIIIe-XXe siècle). Paris: L'Harmattan, Collection Histoires des Sciences Humaines (Colloque de la SGHSH : L'homme en questions. Questionnaires et enquêtes de terrain, Paris, 1996.

ROBIC, M. -C. L'école française de géographie: formatage et codification des savoirs". In: PELUS-KAPLAN, M. -L.(dir.). *Unité et globalité de l'homme*. Des humanités aux sciences humaines. Paris: Syllepse, 2006.

ROBIC, M.-C. Des "services" et "laboratoires "de la Sorbonne à l'Institut de géographie de la rue Saint-Jacques (1885-1930), divergences et non-convergences. In: BAUDELLE, G.; OZOUF-MARIGNIER, M.-V.; ROBIC, M. C. *Géographes en pratiques (1870-1945)*: le terrain, le livre, la cité. Rennes: Presses Universitaires de Rennes, 2001, cap. 4, p. 81-101.

ROBIC, M.-C.. La stratégie épistémologique du mixte: le dossier vidalien. *Espaces Temps*, Paris, vol. 47, n. 1, p. 53-66, 1991.

ROBIC, M.-C.. Connaître son Monde. Les géographes et les savoir géographiques en congrès internationaux: spatialité et géographismes. Terra Brasilis (Nova Série), n° 2, 2013. Acessado em 26/12/2014.

ROBIC, M. -C. L'école française de géographie: formatage et codification des savoirs". In: PELUS-KAPLAN, M. -L.(dir.). *Unité et globalité de l'homme*. Des humanités aux sciences humaines. Paris: Syllepse, 2006.

UNIVERSITÉ DE PARIS. Inauguration de l'Institut d'études hispaniques de l'Université de Paris. Annales de l'Université de Paris, 4e année, n. 3, 1929.

VILAR, P. *La Catalogne dans l'Espagne moderne*: Recherches sur les fondements économiques des structures nationales. 3 tomes. Paris: S.E.V.P.E.N, 1962.

Narrativas em História da Geografia na Geografia Histórica do Capitalismo

Manoel Fernandes de Sousa Neto[1]

A Geografia como qualquer outra atividade humana, conhecimento socialmente partilhado, disciplina escolar ou acadêmica, condição de ser/estar/existir no mundo, tem uma história e histórias várias. (ESCOLAR, 1996; DARDEL, 2012; LAMEGO, 2013) A história, em larga medida, é sempre feita pela humanidade como ato e como narrativa, como um processo de construção das nossas produções sociais do mundo e como herança daquilo que optamos por relembrar e contar.

O historiador Marc Ferro em livro intitulado "*Cómo se Cuenta la História a los Niños en el Mundo Entero*" (1995), faz uma crítica historiográfica àquela metanarrativa eurocêntrica que, habitando os livros infantis e o restante da literatura escolar, nos faz crer em deuses gregos, guerra mundiais, grandes feitos de meia dúzia de homens e cruzadas que honraram e disseminaram um único modo de chegar a deus. O fato de haver uma única história a contar, segundo Marc Ferro, nos deve já causar algum desconforto e não pouca confiança.

Além disso ao contarmos uma história nos comprometemos com ela, nos tornamos cúmplices, ainda que muito distantes dos

---

[1] Professor livre-docente na Universidade de São Paulo.

fatos, fenômenos, acontecimentos, processos sobre os quais estamos dispostos a narrar e a lição está já em Marx, o velho Karl, quando contrariando Hegel em suas "Teses contra Feuerbach" nos propõe que não cabe à humanidade apenas contar a história mas, sobretudo fazê-la e que, por essa razão e não outra é a humanidade capaz de fazer a história que quiser, ainda que sob condições não escolhidas, nunca escolhidas.

A história que herdamos ou da qual fomos herdados, bem como aquilo que narramos e o modo como fazemos, tem sempre muitas consequências.

Aqui gostaria de fazer um desvio para ilustrar as consequências que certo discurso fabular hegemônico pode ter sobre a vida de crianças e adultos. E lembro, para isso do livro infantil "*Até as Princesas soltam pum*" (Ilan Brenman e Ionite Ziberman)(2008) que destrói de maneira muito divertida e inteligente a narrativa de que toda menina deve se tornar uma princesa bela, recatada e do lar. O livrinho infantil propõe então um outro horizonte de expectativa para as meninas que é o de fazerem suas próprias escolhas. Em outras palavras ao mudarmos nossas histórias sobre o passado e ampliarmos nosso horizonte de expectativas (KOSELLECK, 2006) passamos a agir sobre o mesmo mundo de outro modo. Ganhamos assim o mundo que nos herdou.

E ganhar o mundo significa dar a ele, a este mundo, sentido. É, usando aqui um outro decurso, que exploraremos o mesmo argumento que está na animação "Deu a Louca na Chapeuzinho". E qual o argumento? O de que a verdade é uma construção ética. A verdade se constrói como crítica aos deuses, aos mitos, aos fatos tomados *per si*, aos heróis, às naturalizações. A verdade exige um exame redivivo do cadáver em um mundo que tem os mortos a comandar os vivos.

Em "Deu a Louca na Chapeuzinho" há muitas versões sobre o mesmo fato e um exercício de desconstruir arquétipos como o do lobo mau, da vovó indefesa, da menina inocente, do coelhinho bondoso. Enfim, diante da verdade que a crítica pode revelar, ninguém está a salvo e, contraditoriamente, é isto que nos salva. Em outras palavras, o que nos salva é este desencantamento (ADORNO, 1993). O desencantamento é elemento central da filosofia crítica desenvolvida por Theodor Adorno e onde habita o movimento dialético da negação. Em apropriação tão larga quanto temerosamente especulativa se poderia dizer: a história só pode ser positiva como negação.

Adorno ao lado de Horkheimer (1985) faz uma crítica à razão do iluminismo, demonstrando que se a razão é própria do humano ela nem sempre se desdobra como plena realização do humano que habita em nós, mas o seu inverso, faz com que a promessa de liberdade se realize como opressão, dominação, coisificação, estranhamento, fetichização. A razão esclarecida prometendo o progresso e realizando a barbárie.

A barbárie que acompanha a análise do mito de Ulisses, desvendado por Adorno e Horkheimer, desencantado da condição de herói semideus, para ser lido como um burguês que dominando a argúcia instrumental da razão é capaz de submeter os homens e mulheres, a natureza e até mesmo os deuses gregos à carnificina da sua lógica de proprietário e senhor de Penélope, do Reino de Ítaca e da riqueza continente aos seus domínios.

As lições que importam dizem respeito ao fato de que o problema não reside nos mitos, nas fábulas, nas narrativas, mas em como somos capazes de dar a elas um tratamento negativo, crítico. Em outras palavras: como podemos ser capazes de por em crise o já estabelecido como verdade? Ou à fábula, ao mito, à narrativa naturalizada?

O negativo de uma história da Geografia começa por não a imaginar, *stictu senso*, como algo, alguma coisa, um saber constituído à parte do mundo, logo autônoma e autoexplicativa. A história da Geografia se constitui como a própria negação do mundo dissolvido pela razia da emergência de um novo mundo para o capital.

A Geografia constitui sua narrativa como parte inextrincável da constituição do mundo sob a sociabilidade do capital e, logo, não pode ser compreendida criticamente fora disso.

A palavra território associada desde o princípio à noção de domínio, quiçá ausente da linguagem de muitas comunidades humanas originárias, passa a ter na Geografia uma existência categorial que, em nosso modesto entendimento, não pode ser compreendido fora da formação capitalista, fora da própria sociabilidade do capital. Afinal de contas, as palavras não surgem do nada.

O território é a base de uma lógica que pressupõe atos de dominação e processos de apropriação que explicitam como formações sociais singulares em meio à lógicas de universalização, como aquela fundada na forma mercadoria, a própria constituição das sociedades que territorializaram o valor. (MORAES e COSTA, 1986)

O território, nesse sentido, deveria representar para esta história negativa da geografia, nosso primeiro, fundador e inaugural documento de barbárie. (BENJAMIN, 2012)

Documento sem o qual e a partir do qual não entendemos formações sociais em permanente e contraditória modernização; os diferentes sentidos de colonização que se imprimem com sangue desde muito antes do rio Swan; fronteiras a partir das quais se constituem Estados sublimes para executar a violência em suas diversas expressões fenomênicas expressas na universalidade do lucro.

A desgraça da história do pensamento geográfico ou da geografia entre nós foi o de autonomizar, a partir de uma história romantizada ou positiva das ideias, as leituras de mundo que essa sociabilidade do valor necessitou criar para justificar a si. Desse modo fomos contando, montando narrativas auto justificadas respaldadas apenas no que os documentos nos autorizavam contar e, as vezes, talvez por nossa imensa culpa judaico-cristã, fazendo algumas poucas denúncias casuais e pontuais, para nos inscrevermos como arautos, legitimadores, guardiões, promotores dessa violência que agora podemos denunciar confortavelmente à distância como coisa necessária naqueles presentes históricos de acumulação originária ou de rediviva razão sangrenta. É por esse motivo que podemos tratar os documentos com certa cumplicidade assassina. Fazemos assim uma bela história sem sangue e nos divertimos com nossas prosas inteligentes, nossa erudição acerca das fontes, nossas contas financiadas pelos órgãos de fomento do Estado ou pela Fundação Rockfeller.

Os documentos de barbárie, contraditoriamente, podem nos ajudar em projetos de emancipação dessa sociabilidade do valor se formos capazes de dessacralizá-los, retirá-los da condição de monumentos e inscrevê-los em uma história feita à contrapelo, negativamente e que, enfim, possibilite deles partamos para sua destruição. A barbárie que habita os documentos deve ser a chave de sua interpretação.

O território-documento deixa de ser um *a priori* fabulado, história ingênua, para tornar-se um construto em disputa, logo não são as inscrições que relatam, mas as cores das tintas com as quais se deseja escrever e, entendamos a metáfora, lembremos como nos mapas dos atlas escolares franceses do século XIX apareciam coloridas as partes do mundo consideradas civilizadas e, como áreas acinzentadas, as partes do mundo por civilizar.

A barbárie foi difundida sempre como o "outro" da civilização, quando a civilizidade em suas muitas formas de existir foi a promotora, justificadora, realizadora da barbárie. É preciso pôr abaixo esta civilidade colonizada com que fazemos a história da Geografia entre nós e mostrar como a barbárie nos constitui epistêmica e cognoscivelmente.

Uma história da Geografia fora da Geografia do Capitalismo seria o mesmo que propor que vamos continuar a fazer história para que tudo permaneça como está.

Bibliografia

ADORNO, Theodor. *Minima Moralia – reflexões a partir da vida danificada*. 2ª ed. São Paulo: Ática, 1993.

ADORNO, Theodor e HORKHEIMER, Max. *Dialética do Esclarecimento*. Rio de Janeiro, Zahar, 1985.

BENJAMIN, Walter. "Sobre o Conceito de História." In: Walter Benjamin, *O Anjo da História*. Belo Horizonte: Autêntica, 2012, p. 9-20.

BRENAN, Ilan. *Até as Princesas soltam Pum*. São Paulo: Brinque Book, 2008.

COSTA, Wanderley M. e MORAES, Antonio Carlos Rober. *A Valorização do Espaço*. São Paulo: Hucitec, 1986.

DARDEL, Eric. *O Homem e a Terra: natureza da realidade geográfica*. Coleção Estudos. São Paulo: Perspectiva, 2012.

ESCOLAR, Marcelo. *Crítica do Discurso Geográfico*. São Paulo: Hucitec, 1996.

FERRO, Marc. *Cómo Se Cuenta la Historia a los Niños en el Mundo Entero*. Ciudad de México: Fondo de Cultura Económica, 1995.

KOSELLECK, Reinhart. *Futuro Passado: contribuição à semântica dos tempos históricos*. Rio de Janeiro: Contraponto/Ed. PUC-Rio, 2006.

LAMEGO, Mariana. *"Dos Própositos e Modos de Escrever Histórias"*. In: Revista Terra Brasilis (Nova Série), online, 2013.

Pensamento Geográfico no Brasil e Exposições Universais: uma investigação sobre Chicago, EUA (1891-1893)

Raimundo Jucier Sousa de Assis[1]

Introdução – Expandido as fontes do pensamento geográfico no Brasil

A última década do século XIX é um ponto de inflexão entre o Brasil do passado e a gênese do projeto de país que se desdobraria no século XX. A decomposição do trabalho de escravizados abririam as novas formas de trabalhos assalariados. O sistema político Monárquico ruía-se com a proclamação de uma República inspirada nos Estados Unidos da América. Eram dos norte-americanos também as novas relações externas do Brasil, abrindo um processo de deslocamento dos centros subordinadores para além dos países europeus, como a Grã-Bretanha. Um país republicano e aberto as novas dinâmicas econômicas que se formavam, portando as unidades federativas em vez de províncias, fazendo planos para o futuro e expandindo transformações no território que eram lidas como parte do caminho para a inserção entre as "nações progressistas": estradas de ferro, portos, linhas telegráficas, pontes, canais, açudes,

---

1   Professor do Curso de Geografia e do Programa de Pós-Graduação em Ciência Política da Universidade Federal do Piauí, do Centro de Ciências Humanas e Letras (CCHL), Campus Ministro Petrônio Portela, Teresina. raimundojucier@ufpi.edu.br

poços, inserções de técnicas na agricultura e muitos desejos de industrializações. Momento de demarcação de novos recursos naturais, da população que se tinha para trabalhar e da demonstração de controle dos estados pelas oligarquias.[2] Algumas representações hegemônicas dos territórios das unidades federativas desse período têm nos interessado como novas provas da produção do pensamento geográfico no Brasil do século XIX. Essa busca por novas fontes, como parte dos estudos da geografia, é guiada pelo esforço anterior de intelectuais que tem evidenciado que muito ainda se tem para contar sobre a produção do *pensamento geográfico*[3] no Brasil do oitocentos. Esses pensamentos geográficos envolvem Instituições oficiais, como é o caso do Instituto Histórico e Geográfico Brasileiro (o IHGB) e suas seções locais, do Colégio Pedro II, dos Liceus, dos Museus, das Escolas Politécnicas e das Sociedades Geográficas, principalmente, via o significativo

---

2   ASSIS, Raimundo Jucier Sousa de. *A iminência da subordinação aos Estados Unidos*: a afirmação do Brasil como periferia do capitalismo na exposição universal de Chicago. Tese (Doutorado em Geografia Humana) - Faculdade de Filosofia, Letras e Ciências Humanas, Universidade de São Paulo, São Paulo, 2017.

3   "Por pensamento geográfico entende-se um conjunto de discursos a respeito do espaço que substantivam as concepções que uma dada sociedade, num momento determinado, possui acerca de seu meio (desde o local ao planetário) e das relações com ele estabelecidas. Trata-se de um acervo histórico e socialmente produzido, uma fatia de substância da formação cultural de um povo. Nesse entendimento, os temas geográficos distribuem-se pelos variados quadrantes do universo da cultura. Eles emergem em diferentes contextos discursivos, na imprensa, na literatura, no pensamento político, na estatística, na pesquisa científica, etc. Em meio a estas múltiplas manifestações vão sedimentando-se certas visões, difundindo-se certos valores. Enfim, vai sendo gestado um senso comum a respeito do espaço. Uma mentalidade acerca de seus temas. Um horizonte espacial coletivo" (Moraes, 2002, p. 32).

exemplo da Sociedade de Geografia do Rio de Janeiro (a SGRJ)[4].

Além disso, o entendimento dessas instituições como parte da produção da geografia no Brasil, abre para outra via de interpretação sobre a origem da produção do pensamento geográfico neste país e, assim, de novos personagens envolvidos com a escrita da geografia antes mesmo da fundação da Universidade de São Paulo (1934) e da Universidade do Brasil (1935) (Sousa Neto, 2001).

Mesmo sem centros universitários, formadores de geógrafos oficiais, os estudos sobre o pensamento geográfico no Brasil do século XIX tem apresentado um período rico e particular da produção das ideias ligadas ao conhecimento do espaço geográfico brasileiro. Como síntese, torna-se possível dizer que, por um lado, o pensamento geográfico produzido servia para as *intensificações territoriais locais*, isto é, o uso do discurso geográfico como instrumento da elite senhorial para representar o território e servir para as distintas atuações políticas, econômicas e culturais de reordenamento material do Estado.[5] E, por outro, agregava uma *orientação para o expansionismo* dos capitais e da força de trabalho dos centros da geopolítica mundial, fazendo uso do pensamento geográfico para a divulgação do território do Estado do Brasil e de seus quadrantes para outros Estados nacionais - uma geografia responsável pela criação das imagens de coerência dos recortes da superfície terrestre e de propaganda das riquezas nos

---

4   Os estudos que tratam do pensamento geográfico e da história da geografia no Brasil do século XIX, também se diferem, se aproximam e se contradizem. Para consultar alguns deles, ver Moraes (1991), Machado (1995), Nunes (2004) e Sousa Neto (2001).

5   "A questão principal era o estabelecimento do potencial e dos limites da natureza física, social e política do país diante das ideias programáticas do progresso (...) O espaço geográfico era uma realidade e também uma metáfora para expressar outros interesses e realidades" (Machado, 1995, p. 310-311).

trópicos para o mundo, tendo como destino os interessados no mercado internacional.[6] Essa compreensão dos estudos sobre o pensamento geográfico e a riqueza das representações hegemônicas dos territórios nesse período de transformações internas, nos fizeram chegar aos arquivos do Brasil enviados para as exposições universais. Como vitrines geopolíticas que permitiam comparar o desenvolvimento do "progresso" entre os centros e as periferias do capitalismo, as exposições universais tornaram-se em arquivos internacionais portadores de inventários e propagandas sobre vários territórios independentes e colonizados do mundo. Livros científicos, mapas, catálogos, fotografias, ficções literárias, desenhos, pinturas, periódicos impressos e toda espécie de produtos do trabalho humano foram escoados, na segunda metade do século XIX, para as exposições universais. E tem sido por essa qualidade documental, esses testamentos das assimetrias territoriais, que nos propomos investigar como os livros preparados e enviados do Brasil para a exposição universal de Chicago, ocorrida em 1893, podem contribuir para ampliarmos as fontes de análise que tratam sobre a história do pensamento geográfico no Brasil.[7]

Diante do exposto, esse artigo tem o objetivo de compreender como os livros produzidos sobre os territórios de São Paulo,

---

6 Como bem lembra Gomes (2007), a geografia moderna tem como principal tarefa apresentar uma "imagem renovada de mundo" (...), uma visão global e coerente do mundo (...), em que a dinâmica dos fenômenos naturais e as relações homem-natureza, ou sociedade-território, são articuladas (...). Nesse sentido, o professor de geografia se aproxima da imagem do *aedo grego* que, através dos seus cantos, reatualizava a ordem do mundo através das aventuras dos deuses e heróis no interior de longas cosmogonias (Gomes, 2007, p. 10-11).

7 A ampliação desse diálogo entre exposições universais e arquivos internacionais encontra-se em nossa tese de doutorado (Assis, 2017), consultar subtópico "Abastecendo os arquivos imperialistas com produtos intelectuais".

do Pará, do Ceará e da Bahia, enviados para a exposição universal de Chicago, abrigavam pensamentos sobre o exercício de domínios estatais de fragmentos do território do Brasil e, concomitantemente, serviram como inventários territoriais capazes de criar imagens espaciais do Brasil para os diversos chefes de Estados, possuidores de capital, força de trabalho excedente e para os turistas que visitavam Chicago no final do século XIX. Afinal, o encontro com os personagens escritores da geografia no Brasil para Chicago, suas filiações com as instituições produtoras de pensamento geográfico no oitocentos, o mapeamento das publicações e os rastreamento de conceitos, como natureza física, região cultural e de discursos políticos, *centralizados* mais no horizonte territorial do que nas relações sociais em si, são as variáveis chaves para abrirmos a tese que aponta os preparativos das exposições universais, em específico, dos escritos escoados do Brasil para a exposição universal de Chicago, como um dos momentos que propiciaram a elaboração do pensamento geográfico neste país.

As exposições universais e a produção científica

As exposições universais foram espetáculos derivados do processo geral da acumulação de capital, bem como, das crises de sobreacumulação na segunda metade do século XIX. Pensando com Eric Hobsbawm (2009), podemos dizer que as *exposições universais* se tornaram nas festas geopolíticas entre os centros e as periferias do capitalismo. Tratavam-se, na verdade, das festas do "progresso", do "trabalho" e da elaboração de projetos imperiais e de projetos periféricos pautados nos discursos da "civilização" e dos "países avançados" filiados à filosofia empirista e pragmática. Tudo isso significava, cada vez mais, a construção de uma *história universal*, dialeticamente, ligada a uma *operacionalização geográfica* do globo que tinha como centro os países industrializados (Hobsbawm, 2009).

Assim, as *exposições universais* se planejaram, de acordo com Lilia Moritz Schwarcz (1998), como o momento de cada *Estado Nação* representar "a face mais civilizada" de seus territórios. "Concebidas no contexto do imperialismo, as mostras buscavam destacar a união, diante de um mundo dividido e de exposições também cindidas" (Schwarcz, 1998, p. 393). Como "grandes celebrações internacionais do progresso" (Hobsbawm, 2009, p. 59), ou mesmo, "na mais condensada representação material do projeto capitalista" (Barbuy, 1996, p. 211), as *exposições universais* usaram o critério de apresentar o material visível – produtos, máquinas, pessoas, etc – (Barbuy, 1999) e, contudo, o de criar visibilidade portátil para aquilo que não dava para ser visto materialmente sobre os Estados ou as colônias de uma só vez (como o território nacional e seus territórios internos).

No que concerne à produção da ciência e, particularmente, de pensamentos geográficos, Perla Zusman (Zusman, 2008) e Carla Lois (Zusman & Lois, 2007) argumentam que as "feiras do progresso" se tornaram, assim, em espaços institucionais que, além do consumo e do entretenimento, eram lugares nos quais divulgariam a *imagem* sobre o que eram cada território dos *Estados nacionais*.[8] Assim, os países preparavam seus produtos naturais-industriais, livros, textos, mapas, desenhos, representações sobre as paisagens, fotografias, instrumentos científicos e seus discursos sobre os recursos, a população, etc. Alguns exporiam máquinas e, outros, nádegas negras, ou mesmo, fios de algodão ou fotos da pavimentação

---

8   Chamando essas representações territoriais elaboradas pelo Estado de "geografias civilizatórias", Perla Zusman (2008) lembra: "Las elites (...) llevaron a estas exposiciones descripciones, mapas, paisajes de lugares que, desde los centros de poder, eran imaginados como exóticos pero que sometidos a los cánones racionales o estéticos eran incorporados al universo de la civilización ocidental" (Zusman 2008, p. 13)

das ruas em alguma capital nos trópicos quentes. Os objetivos estiveram em criar "verdades" empíricas sobre os seus graus de "civilização" ou, pelo menos, contar sobre a expectativa que existia de futuro para se pensar em um *projeto civilizatório*. Cabia aos produtores de conhecimentos para as exposições universais, nas palavras de Plum, "a tarefa de abranger a existência do homem em sua totalidade e de expor, em grandes estudos empíricos, o sentido da história da humanidade". O autor ainda usa outras expressões para tratar dessa tarefa de produzir conhecimentos que abarcassem tudo do mundo, como uma "investigação empírica burocratizada", uma "infinidade de feitos empíricos", "concepções macroscópicas" e uma "visão de conjunto tão ampla quanto possível" do domínio da natureza como algo presumível pela "razão humana", ou seja, pelos critérios da ciência empiricista-positivista e das técnicas de pesquisas que estavam dispostas para o ato de explorar e descobrir (Plum, 1979, p. 6).

A *exposição universal de Chicago*, que aconteceu em 1893, ficando conhecida como *world's columbian exposition*, foi a décima primeira edição desse tipo de evento, após os acontecimentos das exposições em Londres (1851 e 1862), Paris (1855, 1867, 1878 e 1889), Viena (1873), Filadélfia (1876), Amsterdam (1883) e Antuérpia (1885) (Schwarcz, 1998, p. 391), como visto, todas realizadas nos países do Norte. Iniciada em 1º de Maio de 1893, se estendendo até 30 de outubro do mesmo ano, o espetáculo da geopolítica do capitalismo em Chicago, realizado no pomposo Jackson Park, contou com a participação de quarenta e seis países, sendo a exposição visitada por 27,5 milhões de pessoas, recebendo apenas no dia 9 de Outubro de 1893 – dia que se rememorava o grande incêndio de Chicago em 1871 – a visita de 716.881 pessoas (Chicago, 2012).

Seu caráter de vitrine geopolítica era claro: o tema da festa de 1893 focou em comemorar os *400 anos da chegada de Cristovão*

Colombo na América (Davis & Palmer, 1893). Cabia a exposição apresentar como a "evolução" do mundo, após os quatrocentos anos da primeira grande expansão geográfica eurocentrista, havia possibilitado a constituição de um planeta em que o centro superior geográfico (civilizado) era o Norte. As ideias de civilizar eram compostas e partiam daqueles Estados, sendo o mundo moderno, ou melhor, o "novo mundo", um grande experimento das suas vontades, bem apresentado pelo seu poder produtivo e financeiro e, os Estados Unidos, a prova concreta do grande resultado dessa "missão".

O imenso Jackson Park, sítio construído para a exposição universal em Chicago, cumpria, por um lado, o poder de propagar a organização de capitais financeiros para pagar, logo de início, 65 profissionais de arquitetura e engenharia para a materialização do gigante projeto de aterramentos e edificações. Por outro, a propaganda das construções projetadas já era usada como parte da força comercial de Chicago e da união das unidades federativas no interior dos Estados Unidos que apoiavam a realização da cerimônia no imenso Jackson Park, isso sem falar de todo o discurso sobre o gênio inventivo e científico que estava fixado nas próprias construções – "*It is not easy to overestimate the stupendous character of this portion of the greatest enterprise of modern times*".[9]

Foi no interior do Jackson Park que os EUA, como mais uma potência industrial, respondia ao poder de reunião e da produção intelectual da dita "*história da civilização*, que faz o inventário das formas de vida e das criações da humanidade ponto a ponto" (Benjamin, 2007, p. 53). E fez também da exposição universal de Chicago um centro de empilhamento dos documentos produzidos

---

9   Tradução livre: "Não tem sido fácil superestimar a característica estupenda dessa porção do maior empreendimento dos tempos modernos". DAVIS, George R.; PALMER, Potter. *The World's Columbian Exposition, Chicago, 1983*. International Publishing Co, Chicago, 1893, p. 13.

pelos diversos expositores de distintos países capazes de detalhar as *riquezas das nações* e comparar as *formas de fazer a vida* nos diversos territórios.

Para Bravo, assim, o aspecto central do destaque dessas produções intelectuais nas exposições universais esteve em atrelar a questão da produção de ícones de nacionalidade, sobre as colônias e as periferias do capitalismo, ligados à expansão das práticas de expansão do mercado mundial. A preparação de materiais para as viagens, produzidos por sociedades geográficas e instituições nacionais, estava posta: livros, mapas, descrições diversas sobre as paisagens, compêndios estatísticos, catálogos e descrições territoriais em relatórios de comissões sobre temas específicos (listas de produtos da natureza, do artesanato, da manufatura, da indústria moderna, descrições sobre cada peça exposta, preços e leis de terra, extensão das linhas de ferrovias, dados evolutivos sobre a balança comercial do Estado, dados do crescimento da população). Tudo tinha o objetivo de expressar as ditas "ficções dos Estados" sobre os graus de "civilização" da sociedade exposta, e, para contar, a partir da autoridade da ciência, sobre a potência racional que existia no interior dos Estados para atrair capital (investimentos do exterior) e trabalho (imigrantes) – os dois elementos que, somados à terra, formavam a tríade da própria economia política clássica (Bravo, 2000).

Cabe agora compreendermos que discursos foram enviados do Brasil para a exposição universal de Chicago. Dessa forma, como esses discursos centralizados em fragmentos do território nacional, elaborados por personagens também com acúmulos de conhecimentos sobre o território, ou mesmo, no papel de agentes da modernização material da geografia desses Estados, faz da exposição universal de Chicago um caminho para um duplo encontro: por um lado, os livros e seus escritores revelavam os novos conhecimentos sobre a imagem construída do território do Brasil para o exterior e, por outro, esses mesmos materiais se conformavam, no conjunto investigativo e expositivo, capaz de apresentar e ampliar os títulos que nos ajudam a contar a história do pensamento geográfico no Brasil.

Essa junção entre materialidade territorial e discurso territorial revela, como bem lembrara Lia Osório Machado, que o pensamento geográfico não se dava suspenso, sobre territórios vazios. Muitas transformações vinham ocorrendo no território do Brasil após 1870 e o pensamento geográfico atuava informando tanto a extensão espacial dessas alterações, bem como, no debate sobre as potencialidades, naturais, econômicas e políticas, que possibilitavam ampliar a incorporação do Brasil no trilho do "progresso" (Machado, 1995). A seguir, discorreremos sobre quem foram aqueles personagens que escreveram sobre os territórios das unidades federativas. Trata-se de um exercício biográfico mínimo, porém, fundamental para nos aproximarmos da apropriação territorial que estava sendo feita pelo discurso dos intelectuais e seu uso como propaganda das geografias para os Estados Unidos.

Os escritores do pensamento geográfico no interior do Brasil

Os livros enviados sobre os fragmentos do território do Brasil, para a exposição universal de Chicago, eram formas de se fazer ciência inspiradas, razoavelmente, nos tratados de economia da Europa. Essas obras, de cunhos empiricistas e positivistas, eram típicas também do fazer geográfico do século XIX, como afirma Paul Claval, pelo caráter descritivo que buscava operar a favor da delimitação e da exploração dos territórios na medida que apresentavam uma "observação sobre o papel do espaço na vida econômica", ou melhor, que descreviam a economia espacial no interior dos Estados (Claval, 2005, p. 11). Localizar a produção agrícola, descrever a diferenciação econômica entre os países e as especificidades produtivas de cada território, na era das ferrovias e dos rápidos navios circulando nos portos, das disputas pelas matérias-primas e por novos mercados, estimulava as sociedades a uma produção científica rica em pensamentos sobre as riquezas das nações, horizontes espaciais que se construíam interligados com a produção e a circulação de mercadorias.

Um dos membros principais que viajaram do Brasil para a exposição universal de Chicago foi Adolpho Augusto Pinto (1893), o principal membro da Comissão de São Paulo, se destacando por escrever o livro *The State of São Paulo: The Land of Coffee* (O Estado de São Paulo: a terra do café). No final do século XIX, A. Pinto era um dos profissionais liberais mais envolvidos com o desenvolvimento das forças produtivas e com as relações sociais de produção na geografia material nessa unidade federativa. Merece destaque o trabalho anterior que havia realizado na Comissão de Estatísticas de São Paulo, que tinha o objetivo de levantar os movimentos relativos à população, à economia e aos serviços públicos do Estado. Nessa Comissão, A. Pinto conseguira montar, como ele mesmo fala, "peça por peça" do Estado, o material necessário para tratar e compreender o território de São Paulo, sendo entregue, em 1887, o livro intitulado *A província de São Paulo* como resultado da Comissão de Estatísticas, obra que, de alguma forma, o fazia ter um conhecimento sistemático e empírico sobre o território paulista (Pinto, 1969, p. 29-30).

A escolha de A. Pinto para ser um dos nomes centrais entre os representantes do Brasil e o membro principal da Comissão de São Paulo na exposição universal de Chicago, de alguma forma, estava explicada. Esse engenheiro, lembra Damante, foi ele próprio um capítulo da história do Estado:

> Faceta de uma existência extremamente fecunda em realização em prol da coletividade, as quais marcam toda uma época da vida social, cultural e econômica de São Paulo. Já

se escreveu que "uma biografia completa de Adolfo Pinto seria um substancioso e rico capítulo da história de São Paulo, no período evolutivo culminante que foi a transformação determinada pela República, pela expansão cafeeira, pelo desenvolvimento industrial e outros fatores".[10]

Também não foi à toa a sua escolha como patrono do Instituto Histórico e Geográfico de São Paulo. Na autobiografia de A. Pinto, é possível constatar, nas descrições das obras de modernização realizadas, um conjunto de contradições entre o antigo e o moderno na transição por que passava a cidade de São Paulo. E ele assumia, em seu discurso, fazer parte das transformações da vida moderna também da cidade. Por exemplo, com as obras de saneamento, destacava como São Paulo, que antes vivia sob o auspício da coleta de água feita por carroças, por águas represadas em lugares abertos, assim como os esgotos, sendo fixas apenas as fossas nos quintais, para novas soluções com a água encanada, típica da vida moderna. Da mesma forma, como a fiscalização da São Paulo Railway levou a abrir uma rua (Paula Sousa), construir armazéns, expandir geograficamente a materialidade da ferrovia, além de apressar os fluxos comerciais nas proximidades da estação, nas baldeações e, assim, do caixa financeiro, ocupando terrenos antes inutilizados. Como uma "região que se achava ainda inculta e ocupada em sua maior porção por selvagens", isso referindo-se à margem esquerda do rio Tietê, "em futuro muito próximo eu previa que forçosamente havia de abrir-se às fecundas incursões do trabalho e da civilização" ao passar trilhos da Companhia Paulista.[11] "Num pensamento imbu-

---

10 DAMANTE, Hélio. "Prefácio". In: PINTO, Adolpho Augusto. *Minha vida*: memórias de um engenheiro paulista. São Paulo: Conselho Estadual de Cultura, 1969.

11 PINTO, Adolpho Augusto. *Minha vida*: memórias de um engenheiro paulista. São Paulo: Conselho Estadual de Cultura, 1969, p. 40.

ído no espírito positivista da época",[12] fazia da cidade um espaço para a acumulação de capital, abrindo-a à mobilidade e ao escoamento da produção e da força de trabalho.

Um outro autor que escreveu para a exposição de Chicago foi Thomaz Pompeu de Souza Brazil (1893), com obra intitulada o *Estado do Ceará na Exposição de Chicago*. Thomaz Pompeu, na transição para o século XX no Ceará, foi um dos responsáveis por "disseminar as ideias do positivismo na província cearense e em torno delas aglutinar uma elite de intelectuais liberais", como Capistrano de Abreu (Albuquerque Bomfim & Sousa Neto, 2009, p. 3). Como um homem da ciência e da política "visivelmente comprometido com a dimensão prática do conhecimento", realizou "estudos de cunho geográfico e estatístico [comprovando] o seu empenho na produção de um saber voltado para a dinâmica do tempo presente" (Oliveira, 2005, p. 85; p. 87). Em termos científicos, Thomaz Pompeu tem todas as características que o qualificavam como um conhecedor da geografia do Estado do Ceará no seu período. Pois, formado em Bacharel em ciências sociais e jurídicas, era professor de geografia e de história no Liceu do Ceará e da Escola Normal, presidente do Instituto Histórico, Geográfico e Antropológico do Ceará (de 1889 a 1929) e, ainda, havia publicado vários textos rotulados com as temáticas tratadas pelos campos científicos, como População, Seca e de Geografia Geral.

Segundo Almir Leal de Oliveira, o conhecimento geográfico e histórico, herdado de Thomaz Pompeu sobre o território do Ceará vinha do seu pai com mesmo nome. Isso possibilitou que o filho desse continuidade às "concepções científicas orientadas para o progresso", para a representação do território do Ceará, para pen-

---

12 SEGAWA, Hugo. *Prelúdio da metrópole*: arquitetura e urbanismo em São Paulo na passagem do século XIX ao XX. 2ª ed. São Paulo: Ateliê Editorial, 2004, p. 48.

sar o "desenvolvimento econômico" e os "interesses de renovar" e "ampliar os domínios da economia capitalista no Ceará".

Visivelmente comprometido com a dimensão prática do conhecimento, o estudo de Pompeu Filho representava uma síntese dos estudos geográficos realizados pelo seu pai, acrescido de novos dados e referências coletadas por ele a partir de sua experiência como administrador do Ceará e como deputado geral.[13]

O próprio Pompeu Filho (1893), no prefácio de *Estado do Ceará na exposição de Chicago*, expunha sobre isso de maneira direta: "meu pai – o Senador Pompeu – esforçára-se em 1861 por tornar conhecida a então provincia do Ceará sobre todas as relações. Como tentativa foi bem succedido, o seu *Ensaio Estatístico do Ceará* ainda é a fonte mais pura onde beber informações".[14]

Diferente dos livros sobre os territórios de São Paulo e do Ceará, o Estado do Pará formou um escrito, ainda em 1892, com seis escritores, sendo três autores e três capítulos aqui destacados:[15] primeiro, Henrique A. de Santa Rosa, era leitor da geografia clássica oitocentista, sobretudo de A. Humboldt, F. Ratzel, Elisée Reclus, etc. Lendo os alemães e franceses, juntamente com Moura, aprenderam

13 OLIVEIRA, Almir Leal de. *O Ceará na exposição de Chicago (1893)*: ciência e técnica. Documentos: revista do arquivo público do Ceará (APEC), Fortaleza, nº 1, 2005, p. 85.

14 BRASIL, Thomaz Pompeu de Sousa. *Estado do Ceará na exposição de Chicago*. Fortaleza: Tipografia da República, 1893, p. 1.

15 Na íntegra o livro tem os seguintes autores e título: MOURA, Ignacio Batista de; SANTA ROSA, Henrique A. de; TAVARES, Alexandre V; CUNHA, Pedro da; NINA RIBEIRO, Manoel Odorico; TORREZÃO, Alberto. *O Estado do Pará*: apontamentos para a exposição universal de Chicago. Belém: Typographia do Diário Oficial, 1892.

rapidamente que a natureza e a economia eram importantes para um local e, assim, que o Estado era um "agente político fundamental na definição do espaço, do território e dos recursos naturais de uma nação" (Moraes, 2011, p. 1), deixando claro no livro sua marca na descrição física e dos recursos naturais do território do Pará. O segundo membro, o engenheiro Ignacio Batista de Moura, conhecedor em detalhes de temas da geografia: "acidentes geográficos, a fauna, a flora e, principalmente, o homem nos seus costumes" (Silva Queiroz, 2012, p. 17), foi a ele dado a responsabilidade de escrever sobre a história do território do Pará, sua população e sobre a indústria.

E, por fim, o engenheiro Manoel Odorico Nina Ribeiro, havia sido engenheiro da Câmara em Belém, sendo reconhecido por ter feito um levantamento e projeto dessa cidade por ordem da Vereação do Quatriênio de 1883-1886, projeto que seria a base do texto que ele enviou para a exposição universal de Chicago, segundo José Nassar Fleury e Aline Alves Ferreira (Fleury e Ferreira, 2011). No livro para Chicago em espefícifo se destacou por tratar das vias de comunicação e do transporte. Naqueles dias de ascensão das exportações da borracha e da ligação do território do Pará por meio das navegações internacionais. Manoel Odorico Nina Ribeiro ainda colaborava com planejamentos, fazendo mapas sobre a cidade, envolvidos com os melhoramentos e com o planejamento urbano em épocas de discursos higienistas e salubristas, de projeção para implantação de linhas de bondes e obras sanitárias subterrâneas.

O último autor que queríamos apresentar trata-se de Francisco Vicente Vianna (1893), que escreveu o livro sobre o território da Bahia intitulado *Memória sobre o Estado da Bahia*, sendo mais um escritor envolvido com os conhecimentos territoriais, nesse caso, do estado baiano. Como um jornalista e um político, entre o fim da monarquia e o início da república ficara marcado pela defesa da criação e da organização de um arquivo público, no qual se tornou Diretor, conseguindo na obra enviada para os Estados Unidos conservar e sistematizar os principais documentos oficiais sobre a geografia da Bahia.[16] Em texto que se encontra na abertura do livro, Joaquim Manuel Rodrigues Lima, governador daquele estado no período, faz a encomenda do livro para F. Vianna, claramente, recomendando a escrita da memória de um território como a descrição política e geográfica da Bahia para Chicago:

> [Deve] figurar na exposição de Chicago uma noticia minuciosa sobre o Estado da Bahia, que deverá constar principalmente da *descripção política e geographica do mesmo Estado*, suas riquezas naturaes, amenidade de seu clima, estatística, etc, tenho resolvido encarregar-vos desse importante trabalho.[17]

Cabe dizer, mesmo no curto espaço de um ensaio, que esses escritores eram os nomes que expressavam a própria condição de produzir um certo tipo de pensamento geográfico sobre esses territórios para os Estados Unidos. Mesmo que todos não tenham vínculos diretos com cursos de geografia, já que não tínhamos cursos superiores no país formadores de geógrafos e, apenas Souza Brazil era professor direto dessa disciplina na escola, esses eram os nomes que produziram geografia no Brasil. Na esteira interpretativa de Antonio Carlos Robert Moraes, é possível dizer que eram esses personagens

---

16 Sobre a história de Francisco Vicente Vianna e a criação do arquivo público da Bahia, cf. Matos, Maria Teresa Navarro de Britto; Rosado, Rita de Cássia Santana de Carvalho. "Memória do Arquivo Público do Estado da Bahia, 1890-1984". *Acervo*. Rio de Janeiro, vol. 26, nº 2, p. 243-255, jul./dez. 2013.

17 Documento exposto como apresentação do livro Vianna, Francisco Vicente. *Memória sobre o estado da Bahia*. Bahia: Typographia e Encadernação do Diário da Bahia, 101, Praça Castro Alves, 1893.

que construíam "os discursos escritos do saber culto acerca do espaço e da superfície da terra, (...) temário coberto pelas questões analisadas pela geografia, enfim, as representações sistemáticas e normatizadas da consciência do espaço terrestre" (Moraes, 2005, p. 13-14). Veremos a seguir que esses foram os discursos sobre o espaço geográfico no interior do Brasil. Foram constituídos como representações hegemônicas deste espaço, fragmentados em territórios e personagens, materialidades e discursos sobre a natureza, a economia e a política de São Paulo, do Ceará, do Pará e da Bahia. Miniaturas em papel que foram configurar a imagem do território brasileiro nos Estados Unidos.

Natureza, Região Cultural e Controle Territorial

Os livros enviados para a exposição universal de Chicago abrigam, centralmente, três dimensões comuns que queremos destacar aqui como produtoras de um pensamento geográfico: a primeira trata e se utiliza daquilo que poderíamos denominar de natureza natural (ou natureza *física*), especificando as qualidades naturais e o território. A segunda expressa a construção de uma ocupação *econômica* (espacialização produtiva) do território, sendo demarcada regiões por produtos. E, por último, os escritos abarcam uma dimensão política, voltada para a governança do território, calcada bastante no controle dos recursos para expansão, da população e nas vias de comunicação (estradas e ferrovias). É a partir dessas três dimensões que analisamos os livros enviados para a exposição universal de Chicago e, assim, o passo a passo para a compreensão da reprodução da história do pensamento geográfico no Brasil em obras elaboradas por autores que tinha o conhecimento da geografia dos estados que faziam parte.

A primeira dimensão dos livros enviados para a exposição de Chicago, produz, claramente, um pensamento geográfico sobre um tema clássico da geografia tradicional: a natureza natural (*a geografia física*). Preocupado em montar as bases geométricas dos territórios, ou seja, em delimitar o corpo territorial do Ceará, do Pará, da Bahia e de São Paulo, os autores vão lançar informações da natureza, bases geomorfológicas e hidrográficas casando com *longitudes e latitudes*, para demarcar a particularidade dos territórios internamente e, dessa forma, seus limites. Essa dimensão política e natural, aponta para entender como as unidades dos territórios eram formadas a partir das linhas políticas casadas com a diversidade da *natureza* física, assumindo nesse aspecto uma feição de integração para a legitimação e controle de um território.

É nessa perspectiva que Souza Brazil (1893, p. 1-6) vai desenhando o território do Ceará como um "triângulo agudo", formado pela enumeração, descrição e localização da heterogeneidade natural (mapeando litoral, serras, sertão, bacias hidrográficas e vegetações distintas para cada relevo) aparecendo como uma particularidade mais material que social entre outros estados vizinhos, como Rio Grande do Norte, Piauí, Paraíba e Pernambuco, compondo com essa *natureza dada (dos relevos ou da forma aparêntica do território do Ceará)* tanto os focos de "avanço" como os problemas do atraso (clima quente, os solos rasos, a vegetação e as secas) no Ceará (Assis, 2010).

E, é nessa mesma travessia, que o Estado do Pará com Henrique Santa Rosa (1892, p. 12), se particulariza no interior do Estado do Grão-Pará (hoje região Norte), fazendo divisas com as guianas francesa, inglesa e holandesa (Norte), com Maranhão e Goiás (Leste), Mato Grosso e Amazonas (Sul), principalmente, na medida que delimita o território internamente a partir dos assuntos que envolvem "o ambiente físico como sua localização, limites, superfície, clima, temperatura, salubridade, questão de fronteiras, topografia, o conjunto hidrográfico envolvendo canais, lagos, baías, ilhas e os vastos rios que cortam a região" (Fonseca, 2009, s/n), demarcando com particularidade esse Estado, usando da cartografia em mãos como instrumento.[18] E não fugindo ao padrão da montagem das bases materiais do território a partir da natureza, F. Vicente (1893, p. 4) tratara logo em montar o Estado da Bahia a partir do quebra-cabeça que compõe a relação entre relevos ligados ao sistema hidrográfico e a vegetação. Apresentava assim, a partir da influência de Orville A. Derby, que é possível ler a unidade federativa da Bahia a partir três grandes "cadeias rochosas", que divide entre: *central, oriental e ocidental*. Essas cadeias eram derivadas, segundo o próprio autor, de dois grandes Planaltos Brasileiros, um que cortava a costa de São Roque até o Sul do Brasil e outro Central, que abrangia Minas Gerais, Goiás e estados as suas margens. Assim, decompõem uma classificação em três cadeias de relevos que, inseparavelmente, se relacionava diretamente com os rios que esculpindo planícies e sertões, paisagens essas que particularizavam o Estado da Bahia em fronteira com esses outros Estados.

Cabe dizer que o livro sobre *O Estado de São Paulo* quando aberto logo se depara com a exposição da natureza, a fertilidade do solo, a regularidade das chuvas e a quantidade de água acumulada como fatores naturais que, derivados de um "clima maravilho", propiciavam ao território de São Paulo uma extensa potência para o desenvolvimento econômico. Mesmo que o livro de São Paulo não descreva com a mesma precisão os tipos de relevo, dos rios e da vegetação, como fizeram os autores do Ceará, do Pará e da Bahia - na tentativa da transportação em miniatura da natureza materialmente "tal qual é" para a representação num papel, A. Pinto pro-

---

18 Fonseca, Jorge Nassar Fleury da. *Artes do progresso*: uma história da visualidade da Exposição de Chicago de 1893. 19&20, Rio de Janeiro, v. IV, n. 1, jan. 2009, s/n.

pagandeia o território de São Paulo como portador de "ilimitados" elementos biofísicos que possibilitavam a exploração dessa natureza pelo trabalho humano (Pinto, 1893, p.3-7).

Essa primeira dimensão dos livros enviados para exposição universal de Chicago criava a demarcação da natureza e, concomitantemente, a *mobilização* dos recursos que estavam sob o domínio de um Estado. Essa produção de conhecimentos, que se aproxima do que Raffestin (1993) chamou de "informação funcional" – pressuposta de um domínio mínimo de um território –, cumpria a função de produzir o máximo de conhecimento possível sobre as qualidades e potencialidades de exploração da natureza. O livro descritivo como um inventário, associado ao tempo presente daquelas enumerações e de todos os mapeamentos verbais, demarcava os recursos que qualificavam funcionalmente os territórios num dado contexto, podendo um produto não ser explorado no dia seguinte, mas propagado como objeto arquivado de um território, um testamento territorial, que poderia ser fornecido e explorado nos anos posteriores, sendo sua demarcação precisa a importância dada ao estoque de ideias.[19]

No entanto, já ficava claro que estava se pensando a natureza e seu uso no interior de um território como a propriedade de um Estado, como espaço de sua jurisdição, é a própria expressão do exercício de um poder político "superior" na modernidade

---

19 "A informação funcional é aquela que interessa a todas as técnicas de valorização, em qualquer nível (...) Se fizéssemos uma história das relações implicadas pela pesquisa dos recursos, descobriríamos que se trata de um episódio marcadamente dissimétrico da história humana. Aquilo que se chamou de luta ou de batalha pelas matérias-primas se inscreve perfeitamente na perspectiva exploracionista. Aliás, como veremos mais adiante por meio de exemplos, o mundo ainda não saiu dela." Raffestin, Claude. *Por uma geografia do poder*. Tradução de Maria Cecília França. São Paulo: Ática, 1993, p. 227-235.

(Moraes, 2005). Essa forma de pensar a natureza como formadora da unidade e como propriedade de um Estado, vincula-se a uma questão maior, parte de uma força desigual exercida no plano do conhecimento pelo projeto de expansão geográfica da sociedade de mercado. Dessa forma, se exerce no interior dos territórios o controle sobre os usos dos recursos e sobre a vida social, não sendo raro apresentar uma natureza "limpa" primeiramente de usos sociais. Na verdade, como expressa ainda Harvey, esse tipo de conhecimento já se referia a uma expressão (nesse caso adiantada) da "lei capitalista da acumulação sempre empurrando a sociedade para os limites de suas relações potenciais e para os limites de sua base de recursos naturais" (Harvey, 1981, p. 17).

No entanto, a segunda dimensão espacial dos livros, que intitulamos de "econômico", já passa a fazer um movimento explicativo dos territórios a partir da inseparabilidade entre a produção econômica com a localização geográfica sobre as qualidades naturais daquele território exposto anteriormente. Essa relação entre produção de alimentos e de matérias-primas (de algodão, café, cana de açúcar, cacau, borracha) e sua localização geográfica vai destacar o que os autores chamam explicitamente de *região cultural* – vinculando o conceito de *cultura* à atividade de cultivo, ou mesmo, fazendo tal vinculação sem conceituar diretamente, porém, aderindo as mesmas formas de delimitar as ocupações do território a partir da agricultura e das zonas produtivas para exportação, sendo assim delineado o uso da natureza dos territórios.

Sobre a relação entre produção agrícola e a sua *região cultural* no interior dos estados, por exemplo, é possível nos livros delimitar as regiões culturais, como *do algodão*, no vale do rio Jaguaribe, na serra do Pereiro, nas encostas do Araripe e da Serre Grande, nas serras do Machado, Uruburetama, Baturité, Acarape, Aratanha, Maranguape, nas ribeiras do Acaraú e do rio Mundaú (Souza Brazil,

1893, p. 81) e no centro do território, intitulado genericamente de sertão (Vianna, 1893, p. 185). Do *café*, faz-se possível mapear nos textos as regiões culturais da serra de Baturité, de Maranguape, da Aratanha, da Meruoca, da Serra Grande, do Araripe, nos municípios de Crato e Jardim (Souza Brazil, 1893, p. 87), prevalece ainda nos municípios de Nazaré, Amargosa, Areia, S. Félix, Maragogipe, Conceição do Almeida, etc (Vianna, 1893, p. 284), tendo destaque o Oeste Paulista e o Vale do Paraíba (São Paulo), sendo esse produto propagandeado como um estimulador da inteligência dos homens de letras e que ativava ainda as forças para os que combatiam com os braços (Pinto, 1893, p. 7). Sobre as regiões *do Cacau*, destacam-se as margens do rio amazonas (Cunha, 1892, 89) e em múltiplas regiões úmidas do Estado da Bahia, litoral e margens de rios (Vianna, 1893, p. 284-285). Sobre a *cana de açúcar*, na Meruoca, na Serra Grande, no vale do Rio Jaguaribe, Crato, Barbalha, Baturité e Acarape no estado do Ceará (Souza Brazil, 1893, p. 90). Referente as seringueiras, evidência-se a unidade federativa do Pará, que aproveitaram dos terrenos cobertos por florestas para extrair das seringas a borracha, representavam para o Estado nada menos que "2/3 do valor total da produção, contribuindo para as rendas estaduais e municipais com quase 25% do seu valor, sem ruina nem empobrecimento do produtor" (Cunha, 1892, p. 87).

O mais interessante é que essa segunda dimensão geográfica das obras enviadas para a exposição universal de Chicago, mesmo que trate da produção dos Estados, "descola" cada território da "prisão natureza", passando a anunciá-los como particularidades lógicas em movimento interno ao Brasil e ao contexto geopolítico. Esse territórios tornam-se possíveis de serem comparados a outras realidades a partir dos dados de: exportação e importação; picos da produção e oscilações, arrecadações e déficits, entre os estoques das suas matérias-primas com a de outros estados do Brasil, e com o início de uma instalação de alguns empreendimentos fabris, possível de pensar o grau de civilização e do progresso a partir de uma comparação geopolítica da produção com os Estados industrializados e outros periféricos.

Na descrição dos autores sobre as *regiões culturais* nos territórios dos estados no interior do Brasil ganhava destaque a espacialização desses produtos. Um elemento ainda é repetido e defendido de maneira insistente: os pontos de exploração dessas culturas ainda não haviam atingido o grau máximo de desenvolvimento que o *solo* permitia, além dos intensos espaços virgens inexplorados. Ambos anunciavam a falta de técnicas, de créditos e de investimentos como o grande motivo para a pouca "prosperidade" das *regiões culturais* e para os seus atrasos. Da mesma maneira, apontavam a necessidade de construção de ferrovias como uma forma de ligar o interior ao litoral, controlar a produção e mobilizar a força de trabalho. A exibição das potencialidades na produção do espaço agrário do Brasil nos livros era prova viva dos conhecimentos que esses representantes tinham sobre as regiões produtivas no interior de cada Estado e, assim, da qualidade de produzir um pensamento geográfico para os Estados Unidos como uma cópia empírica da realidade.

A última dimensão geográfica dos livros que escolhemos fazer menção trata do que intitulamos como "parte política" ou aquela que versa sobre o controle do território. Muitos temas que comprovam a existência do Estado como proprietário do território são aqui abordados, a saber: a função do poder legislativo, executivo e judiciário, o sistema eleitoral de senadores e deputados, a distribuição geográfica das instituições de decisão jurídico-político; a distribuição dos municípios; a geografia dos estabelecimentos de instrução pública, das associações literárias e de higiene; o controle sobre as companhias responsáveis pela telegrafia, pelos correios, pelas ferrovias, pelos bondes urbanos e pela construção de portos, bem como, dos novos planos; as finanças do estado; a divisão do poder judiciário, o crescimento da população, entre outros temas, tudo estava em partes separadas nos materiais escritos, ou mesmo, mesclados nos outros debates sobre a natureza e as regiões culturais.

Essa última parte reforça a ideia que inicia com o debate da natureza e da região cultural: os livros *expressavam o espaço político de um Estado e de suas instituições no território*. Em outras palavras, a matéria natural e as *regiões culturais* já estabelecidas eram transformadas num trunfo geopolítico do Estado, passando a definir a propaganda sobre uma dominação dos negócios referentes aos recursos, a produção e a população. Como afirma Rafesttin, essa medida de falar a partir do Estado indica que "a produção dos recursos supõe, pois, uma dominação mínima de uma porção do quadro espaço-temporal" da matéria natural (Raffestin, 1993, 227). Expressava-se, assim, um conhecimento sobre o território em que a grande massa da sociedade estava sendo separada da propriedade da natureza (dos instrumentos de trabalho e das condições objetivas dos meios de subsistência) pela instalação da propriedade privada sobre a terra, do controle do território por parte da forma política estatal e das diversas utilidades dadas aos produtos da natureza, sendo o conjunto desses recursos naturais, da produção para exportação e do crescimento da população, o entendimento da base do território como um objeto de mercado destinado para a produção de riquezas.

Palavras finais

Os livros enviados para a exposição universal de Chicago conseguem, via nosso caráter interpretativo, assumir um duplo aspecto no que se refere à sua admissão como um título que faz parte da produção do pensamento geográfico no Brasil de oitocentos, ao mesmo tempo, que diz sobre a construção da imagem externa que esse país construía para os Estados Unidos.

O primeiro deles pode ser identificado como uma obra que suscita uma *consciência do espaço,* grande motivo para ser considerada como uma obra do pensamento geográfico brasileiro (Moraes, 2002). A partir do discurso que amalgamava natureza, economia e política no tempo presente de um território, buscava, através da fundamentação no empiricismo-positivismo, elaborar uma imagem da geografia material (natureza e regiões produtivas) de fragmentos do território do Brasil para o estrangeiro. Criavam, assim, uma representação territorial que tem mais foco em uma materialidade do que mesmo nas relações sociais que se estabelecem no interior de cada Estado. Nessa esteira, os livros, praticamente, não realizavam uma antropologia ou uma sociologia particular dos territórios (de índios, negros, sertanejos, mestiços, pescadores, proprietários, afinal, as relações sociais contraditórias internas). Apresentavam a população apenas como um dado abstrato do território, "um homem estatístico", enquanto forças que estão localizadas em algum ponto e que devem construir os planos decididos pelas articulações estatais provindas das decisões político-econômicas dos representantes do Estado. Enfim, constitui uma representação dos Estados sobre seus territórios que tem sua centralidade mais na geografia do que nas relações sociais, ou seja, constrói uma *identidade desses Estados pelo espaço* (Moraes, 1991).

O segundo, complementar ao primeiro, interpretamos que o pensamento geográfico produzido pelos autores tem as intenções de tramar um discurso sobre um território que está aberto para a *expansão* do uso de suas qualidades naturais e da produção natural-agrícola para os centros do capitalismo, sobretudo para os EUA no final do século XIX (Assis, 2017). Apresentavam as obras, assim, um "pedido de inserção" desses territórios com recursos e autonomias na grande expansão daquele período identificado, por Eric Hobsbawm (2009), como a *era dos impérios.* Eram indicadas as qualidades funcionais dos produtos da natureza e das regiões produtivas, além de espacializar a produção de um pensamento geográfico imediato e, além disso, a potência dos escritos estava também na produção de conhecimento sobre um conjunto de recursos que ainda não haviam sido descobertos, demarcados e explorados. Isso fica bastante claro na repetição de algumas expressões nos documentos, como "ainda não foi explorado", "nunca foi explorado", "poderia ser melhor explorado" e "terra e mata virgem", quando se apresentavam as narrativas sobre esses produtos no território do Brasil. Essa interpretação identifica a relação presentista-pragmática que assume a produção dessa *consciência do espaço e da identidade pelo espaço* como conteúdos interessados em expandir a produção nesses territórios, como um instrumento para pensar a favor do desenvolvimento do capitalismo por cada Estado (Assis, 2017).

Foi tomando *a descrição, a enumeração e a classificação dos fatos referentes ao espaço geográfico*, como momentos de sua apreensão, que os autores conseguiram elaborar uma afirmação dos territórios de São Paulo, do Ceará, do Pará e da Bahia como uma particularidade do Brasil que seria apresentado na Exposição Universal de Chicago, de 1893. Foi sobrepondo "conjuntos espaciais", para lembrar Yves Lacoste (1988), como o relevo, a vegetação, o clima, etc, que os escritores expuseram um pensamento geográfico que tem dupla finalidade: a primeira de criar a imagem de um território particular para, em seguida, descrever as ações e preparar mais ocupações, justificando o domínio intelectual com o domínio estratégico-político de um recorte espacial no interior do Brasil.

Em suma, o pensamento geográfico que os autores fazem sobre esses territórios no interior do Brasil, para a exposição universal de Chicago, claramente tem nos servido de pistas para apresentar como a produção do pensamento geográfico no Brasil pode ser ampliada levando em conta esses materiais escritos para as exposições universais como documentos para se narrar a história da ciência geográfica nos trópicos.

Referências

ASSIS, Raimundo Jucier Sousa de. *A iminência da subordinação aos Estados Unidos*: a afirmação do Brasil como periferia do capitalismo na exposição universal de Chicago. Tese (Doutorado em Geografia Humana) - Faculdade de Filosofia, Letras e Ciências Humanas, Universidade de São Paulo, São Paulo, 2017.

Barbauy, Heloisa. *A exposição universal de 1889 em Paris:* visão e representação na sociedade industrial. Edições Loyola, São Paulo, 1999.

Barbauy, Heloisa. *O Brasil vai a Paris em 1889:* um lugar na Exposição Universal. Anais do Museu Paulista. São Paulo. N. Sér. V.4, p. 211 – 261 jan/dez, 1996.

Benjamin, Walter. *Passagens*. Tradução de Irene Aron. Belo Horizonte: UFMG, 2007.

Bravo, Álvaro Fernández. Latinoamericanismo y representación: iconografías de la nacionalidad en las exposiciones universales (París, 1889 y 1900). In: *La ciencia en la Argentina entre siglos:* textos, contextos e instituiciones. Marcelo Monserrat (Org.), Buenos Aires: Cuadernos Argentinos Manantial, p. 171-185, 2000.

Bomfim, Paulo R. A; Sousa Neto, M. F. Contextos, Personagens e Idéias: Thomas Pompeu de Souza Brasil e Elysio de Carvalho. *Anais do XII encontro de geógrafos da América Latina.* Montevideo, 2009.

Chicago. The World's Columbian Exposition 1893. *Sociedade histórica de Chicago.* Disponível em http://www.chicagohs.org/history/expo.html. Acessado em Janeiro de 2012.

Claval, Paul. Geografia econômica e economia. *Revista GeoTextos.* Vol. 1, nº 1, 2005.

Davis, George R; Palmer, Potter. *The world's columbian exposition, Chicago, 1983*. International Publishing Co, Chicago, 1893.

Fleury, José Nassar; Ferreira, Aline Alves. Ver-o-Peso da cidade: O mercado, a carne e a cidade no final do século XIX. *Revista estudos amazônicos*. Vol. VI, nº 1, p. 100-116, 2011.

Fonseca, Jorge Nassar Fleury da. *Artes do progresso:* uma história da visualidade da Exposição de Chicago de 1893. 19&20, Rio de Janeiro, v. IV, n. 1, s/n, jan. 2009.

Gomes, Paulo Cesar da Costa. *Geografia e modernidade*. 4ed. Rio de Janeiro: Ed. Bertrand Brasil, 2007.

Harvey, David. População, recursos e ideologia da ciência. *Seleção de Textos 7*. São Paulo: Associação dos Geógrafos Brasileiros, 1981.

Hobsbawm, Eric. *A era dos impérios (1875 - 1914)*. 13ªed. Rio de Janeiro: Paz e Terra, 2009.

Lacoste, Yves. Os Objetos Geográficos. *Seleção de Textos da AGB*. AGB, São Paulo, n. 18, p. 1-15, maio de 1988.

Machado, Lia Osório. Origens do pensamento geográfico no Brasil: meio tropical, espaços vazios e a idéia de ordem (1870-1930). In: Castro, Iná Elias de; Gomes, Paulo César da Costa Gomes; Corrêa, Roberto Lobato (Orgs.) *Geografia: conceitos e temas*. Rio de Janeiro: Bertrand, 1995, p. 309-353.

Moraes, Antonio Carlos Robert. *Território e história no Brasil*. 2ªed. São Paulo: Annablume, 2005.

Moraes, Antonio Carlos Robert. *Ideologias geográficas*. 4ª ed. São Paulo: Hucitec, 2002.

Moraes, Antonio Carlos Robert. Notas sobre identidade nacional e institucionalização da geografia no Brasil. *Estudos Históricos*, v. IV, n. 8, 1991.

Moraes, Tarcísio Cardoso. Geografia do poder: círculos intelectuais, natureza e historiografia na república paraense – século

XX. *Anais do XXVI Simpósio Nacional de História* – ANPUH – São Paulo, p. 1 (1-16), 2011.

Moura, Ignacio Batista de; Santa Rosa, Henrique A. de; Tavares, Nina Ribeiro, Manoel Odorico; Torrezão, Alberto. *O Estado do Pará:* apontamentos para a exposição universal de Chicago. Traduzido por José Coelho da Gama Abreu. Belém: Typographia do Diário Oficial, 1892.

Nunes, Sergio. De ciência auxiliar à saber autônomo: dois momentos da geografia brasileira no século XIX. *Boletim Goiano de Geografia.* V. 24, n.1-2,jan/dez, 2004.

Oliveira, Almir Leal de. *O Ceará na exposição de chicago (1893):* ciência e técnica. Documentos: revista do arquivo público do Ceará (APEC), Fortaleza, n. 01, p. 81-94, 2005.

Raffestin, Claude. *Por uma geografia do poder.* Tradução de Maria Cecília França. São Paulo: Ática, 1993.

Pinto, Adolpho Augusto. *Minha vida:* memórias de um engenheiro paulista. São Paulo: Conselho Estadual de Cultura, 1969.

Pinto, Adolpho Augusto. *The state of São Paulo, Brazil, Chicago.* John Anderson Publishing Company, 1893.

Plum, Werner, *Exposições mundiais no século XIX:* espetáculos da transformação sócio-cultural. Tradução de Wanderlei de Paula Barreto e Ana Maria Zanutto de Paula Barreto. Bonn: Friedrich-Ebert-Stiffung, 1979.

Schwarcz, Lilia Moritz. *As barbas do imperador:* Dom Pedro II, um monarca nos trópicos. São Paulo: Companhia das Letras, 1998.

Silva Queiroz, José Francisco da. *Por uma história da recepção da obra de Max Martins.* Belém: Programa de Pós-Graduação em Letas; Universidade Federal do Pará, 2012, p. 27.

Souza Brasil, Thomaz Pompeu de. *Estado do Ceará na exposição de Chicago.* Fortaleza: Tipografia da República, 1893.

Sousa Neto, Manoel Fernandes de. Geografia nos trópicos: histórias do náufrago de uma jangada de pedras? *Terra Livre*. São Paulo, n. 17, 119-138p, 2001.

Vianna, Francisco Vicente. *Memória sobre o Estado da Bahia*. Salvador: Typographia e Encadernação do Diário da Bahia, 101, Praça Castro Alves, 1893.

Zusman, Perla. Geografias civilizatórias: la participación argentina em dos exposiciones universales estadounidenses (1876 – 1893). *Anais I Colóquio Brasileiro de História do Pensamento Geográfico*. Uberlandia: UFU, 2008.

Zusman, Perla; Lois, Carla. Producción de conocimiento geográfico y propaganda política em la construcción de la Argentina moderna (1860 – 1915). *Anais do VII Congreso Argentino Chileno de Estudios Históricos e Integración Cultural*. Salta, 25 al 27 de abril del 2007.

Do Mapa Internacional do Mundo ao Milionésimo ao *Google Earth*: cartografias capitais na (re)definação dos centros e (re)desenho das periferias[1]

Rildo Borges Duarte[2]

Introdução: os aplicativos geoespaciais e as mutações do capitalismo

Em meados de 2013, o "Caso Snowden" explodiu na imprensa mundial ao lançar luz sobre o elevado grau de vigilância a que estavam sendo submetidos todos aqueles com informações compartilhadas pela internet. Em suas denúncias, o ex-agente da *National Security Agency* (NSA), Edward Snowden, indicava como o acesso às informações dos servidores de várias empresas de tecnologia da informação como o *Google* e o *Facebook*, por intermédio do sistema de interceptação de comunicações conhecido como PRISM, era utilizado para manter sob vigilância de Chefes de Estado a pessoas comuns.

Entre aqueles que foram sistematicamente espionados estavam figuras como a presidenta Dilma Roussef, seus ministros e diretores da estatal brasileira do petróleo, a Petrobrás. Essa estratégia geopolí-

---

1 Artigo baseado em parte dos resultados obtidos na pesquisa para Tese de Doutorado intitulada "Cartografias Capitais: os projetos do Mapa Internacional do Mundo e da Carta do Brasil ao Milionésimo (1891-1930)", defendida em outubro de 2018 no Programa de Pós-Graduação em Geografia Humana da Universidade de São Paulo.

2 Docente do IFSULDEMINAS – campus Passos.

tica de aproximação indireta garantiu, a um só tempo, o afastamento de um governo não-alinhado aos interesses ianques e a garantia de um novo modelo de partilha das reservas petrolíferas da camada de pré-sal, diminuindo a participação da petroleira brasileira.

Este conluio entre NSA, Pentágono e Google vem sendo denunciado há algum tempo pelo mais famoso cativo das forças ultraliberais em sua imposição de "liberdade vigiada" a todo o mundo. Nas palavras de Julian Assenge,

> Em 2003, a Agência de Segurança Nacional (NSA, na sigla em inglês) já violava sistematicamente a Lei de Vigilância de Inteligência Estrangeira (Fisa, em inglês), sob a direção do general Michael Hayden. Isso na época do programa Total Information Awareness [Conhecimento de Informação Total]. Antes que se sonhasse com o Prism, por ordem da Casa Branca de Bush a NSA já tinha o objetivo de "coletar tudo, farejar tudo, saber tudo, processar tudo, explorar tudo". Nessa mesma época, o Google – cuja missão publicamente declarada é coletar e "organizar as informações do mundo e torná-las universalmente acessíveis e úteis" – aceitou um financiamento da NSA da ordem de US$ 2 milhões para fornecer à agência ferramentas de busca para vasculhar um tesouro de conhecimento roubado que não parava de crescer. Em 2004, depois de adquirir a Keyhole, uma start-up de mapeamento cofinanciada pela Agência Nacional de Inteligência Geoespacial (NGA, na sigla em inglês) e pela CIA, o Google desenvolveu a tecnologia do Google Maps e uma versão empresarial que, desde então, é fornecida ao Pentágono e a órgãos federais e estaduais associados mediante contratos multimilionários. Em 2008, o Google ajudou a lançar um satélite espião da NGA, o GeoEye-1. O Google compartilha as imagens captadas pelo satélite com comunidades militares e de inteligência dos Estados Unidos. (2015, p.38-39)

O *Google* transformou-se em uma empresa cuja lógica de lucros, neste novo mundo digital, é derivada da natureza de seus serviços geograficamente invasivos. Seus principais produtos são aplicativos geoespaciais, como o *Google Earth* e *Google Maps*, os quais, de acordo com a pesquisadora Shoshana Zuboff, são base para um processo de acumulação baseado em uma "mais-valia comportamental". Isso só é possível graças aos processos de vigilância virtual propiciado pelas redes sociais e *softwares* de localização espacial desenvolvidos atualmente. Assim, o

> Capitalismo de vigilância é o romance da mutação econômica, criado a partir da união clandestina entre os vastos poderes do mundo digital com a indiferença radical e o intrínseco narcisismo do capitalismo financeiro e sua visão neoliberal que tem dominado o comércio nas últimas três décadas, especialmente nas economias anglófonas. Esta é uma forma de mercado sem precedentes e que tem raízes e floresce em espaços sem regulamentação. Ele foi descoberto e consolidado primeiramente pelo Google, depois adotado pelo Facebook e rapidamente difundido pela internet (ZUBOFF, 2016, s/p).[3]

O geógrafo David Harvey (2004), uma das principais referências para explicar essas mutações no sistema, conceitua uma "acumulação por espoliação" em que ocorre a liberação de ativos por um custo muito baixo e, ao serem apropriados, podem ter des-

---

3 "*Surveillance capitalism is a novel economic mutation bred from the clandestine coupling of the vast powers of the digital with the radical indifference and intrinsic narcissism of the financial capitalism and its a neoliberal vision that have dominated commerce for at least three decades, especially in the Anglo economies. It is an unprecedented market form that roots and flourishes in lawless space. It was first discovered and consolidated at Google, then adopted by Facebook, and quickly diffused across the Internet*" (Texto Original).

tinos de uso imediato e altamente lucrativo. Essas seriam, na verdade, "novas formas" do velho processo de acumulação primitiva, refeito a cada nova fase do capitalismo. Dessa maneira, o sucesso do projeto do *Google* reside na maneira dinâmica com que consegue captar, catalogar e disponibilizar as informações de seus usuários para seus clientes, empresas interessadas em aumentar suas margens de lucro a partir de dados sobre seus potenciais consumidores.

Sob essa lógica de acumulação, os *softwares* como o *Google Earth* se transformam em poderosos instrumentos de observação e vigilância dos usuários, tendo como principal objetivo capturar informações sobre os hábitos mais recônditos dos consumidores em potencial. Só como exemplo, seguradoras de automóveis podem utilizar-se dos trajetos dos potenciais clientes de apólices e formular preços com "castigos ou recompensas" dependendo dos locais por onde circulam os veículos. Assim, o ideal de um "mapa do mundo" feito sob medida para tornar visível e acessível a superfície terrestre ao observador tem uma reviravolta e, ao modo *orwelleano*, transforma esta representação gráfica em um "Grande Irmão" a observar a todos e a tudo. De certa maneira, as preocupações de Snowden com a rede de espionagem ianque vão além da invasão de privacidade de pessoas comuns ou roubo de segredos de governos por agentes da NSA. Passa na verdade, e sem que ele pudesse se dar conta, pela ampliação da lógica de exploração capitalista para todos os âmbitos da vida em sociedade.

Partindo dessa realidade, que mais parece ter saído das páginas da ficção científica criada por George Orwell na metade do século XX, podemos reconhecer certas similitudes com as tentativas de unificação da cartografia no início do século XX. Também ali as transformações do capitalismo exigiam "um novo mapa para um mundo novo".

Mapa Internacional do Mundo ao Milionésimo: Um "novo mapa" para um "novo mundo" unificado pela lógica do capital.

O predomínio dos aplicativos geoespaciais, presentes em diversos meios digitais e integrados ao cotidiano das pessoas, estaria ameaçando as formas tradicionais de impressão, reprodução e circulação dos mapas. Como definiu Umberto Eco (2014), uma história da memória humana poderia ser contada como tendo partido da orgânica para a mineral nas paredes do neolítico, depois para as folhas do papiro e dos papéis inaugurando a memória vegetal e, finalmente, hoje com a volta à memória mineral com a base de silício dos "cérebros eletrônicos". As produções cartográficas seguiriam esta tendência de digitalização que há algum tempo vem rivalizando com os livros impressos.

Neste contexto, já se anuncia que

> [...] o Google Earth é uma notável criação tecnológica com enorme potencial, e que provavelmente assinala a morte ou pelo menos o eclipse dos mapas de papel, na medida em que os usuários preferem cada vez mais a tecnologia GPS on-line em detrimento dos mapas e atlas tradicionais de países, cidades e vilas. No momento, ele possibilita aos usuários da internet um acesso sem precedentes à informação geográfica, e tem sido usado por indivíduos e organizações não governamentais em variadas situações ambientais e políticas progressistas. O Google criou uma maneira personalizada de usar mapas e de permitir que eles sejam descartados, o que é inédito, e promete inovações futuras que nos afastarão mais do que nunca das percepções tradicionais dos mapas (BROTTON, 2014, p.480).

A partir deste corolário caminha a tentativa de unificação da cartografia mundial a partir das tecnologias digitais de empresas como o *Google*. De certa maneira, este discurso encontra lastro em outro grande projeto de padronização dos mapas iniciado há mais de um século. Mesmo não conseguindo se consolidar, o Mapa Internacional do Mundo ao Milionésimo notadamente influenciou o desenvolvimento de concepções sobre a realidade política e geográfica do mundo e sobre a própria ciência geográfica e sua linguagem preferencial, a cartografia. Não por acaso, as certezas e incertezas que levam o *Google* e seus seguidores a decretar "uma nova era para a cartografia do mundo" encontram semelhanças com as certezas e incertezas do contexto histórico do Mapa do Mundo naquela transição dos séculos XIX e XX. Assim,

> Em grande medida, o futuro incerto com que nos defrontamos neste início do século XXI decorre de invenções, ideias e transformações dos quinze anos extraordinariamente ricos entre 1900 e 1914, um período de prodigiosa criatividade nas artes e ciências, de enormes mudanças nas sociedades e na própria imagem que as pessoas tinham de si mesmas. Tudo o que viria a se tornar importante no século XX – da física quântica à emancipação feminina, da arte abstrata às viagens espaciais, do comunismo e do fascismo à sociedade do consumo, dos massacres industrializados ao poder dos meios de comunicação – já causara profunda impressão nos anos anteriores a 1914, de tal maneira que o resto do século representou pouco mais que um exercício, ao mesmo tempo maravilhoso e terrível, de preservação e exploração destas novas possibilidades (BLOOM, 2015, p.16).

O projeto de padronização da cartografia mundial iniciado neste período apresentou-se com contornos geopolíticos e imperialistas bem definidos. As discussões iniciais desse plano ocorreram no V Congresso Geográfico Internacional, realizado na cidade de Berna em 1891, no qual o geógrafo alemão Albrecht Penck propôs "um novo mapa para um mundo novo" que deveria ser elaborado sob a liderança das instituições cartográficas das potências imperialistas.[4] Esse seria o ponto de partida para o projeto nomeado inicialmente como *International Map of the World to 1:1,000,000* e depois rebatizado para *Carte Internationale du Monde au Millionième*,[5] a partir dos parâmetros gerais estabelecidos nas conferências internacionais realizadas em Londres (1909) e Paris (1913) (HERFFERNAN, 2002). (Figuras 1 e 2)

Este projeto seguiu o contexto de padronização mundial, indicando não apenas a tentativa de normatização da cartografia, mas para além, fazendo parte da unificação do mundo sob a "régua do capital". A universalização dos padrões de tempo (adoção do meridiano de Greenwich) e das medidas de distâncias e pesos (sistema métrico) seguia os ritmos próprios da expansão do capitalismo a partir da Europa, indicando um processo de unificação que se dava na medida e no tempo desejados pelo capitalismo.[6]

Civilização e progresso técnico se tornam homólogos e também fonte de ideologia, representando parte do desenvolvimento,

---

4 Segundo Penck, uma Carta do Mundo traria uma enorme contribuição científica e educacional, além de acabar com a ideologia territorial defensiva presente desde os primórdios da cartografia, criando uma nova imagem de mundo para o século XX (PEARSON; HEFFERNAN, 2014).

5 Mapa Internacional do Mundo ao Milionésimo.

6 "A escolha de Greenwich como meridiano de referência de uma hora universal não é algo meramente técnico. Ela tem um significado muito mais amplo. O mundo no qual os homens agora circulam, para se unificar, tem que ajustar a maneira de se contabilizar o fluir do tempo, sem o que sua racionalidade não encontraria meios para se concretizar. O tempo, representação social por excelência, se adequa às exigências de uma civilização urbano-industrial. Tempo mundial, que se impõe a todos os países, independentemente de suas peculiaridades, ou de suas idiossincrasias" (ORTIZ, 1994, p.51).

das contradições e dos conflitos gerados nesta geografia histórica do capitalismo, onde as incríveis transformações físicas provocadas pelas materialidades que foram impostas à superfície terrestre podem se apresentar de maneira aparentemente pacífica ou escancarar seu viés extremamente violento e até genocida.[7] Afinal,

---

[7] "A natureza não constrói máquinas nem locomotivas, ferrovias, telégrafos elétricos, máquinas de fiar automáticas etc. Elas são produtos da indústria humana; material natural transformado em órgãos da vontade humana sobre a natureza ou de sua atividade na natureza. Elas são órgãos do cérebro humano criados pela mão humana; força do saber objetivada. O desenvolvimento do capital fixo indica até que ponto o saber social geral, conhecimento, deveio *força produtiva imediata* e, em consequência, até que ponto as próprias condições do processo vital da sociedade ficaram sob o controle do intelecto geral e foram reorganizadas em conformidade com ele. Até que ponto as forças produtivas da sociedade são produzidas, não só na forma do saber, mas como órgãos imediatos da práxis social; do processo real da vida" (Marx, 2011, p.589).

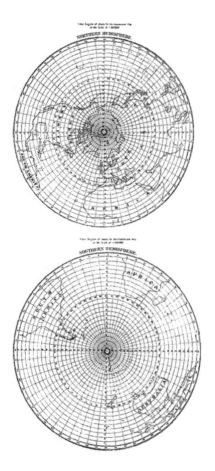

Figura 1: *Diagrama das Folhas para o Mapa Internacional na Escala de 1:1.000.000*[8]. (Tradução nossa)
Nele encontramos a projeção indicada (Policônica Modificada) e os padrões de tamanho (4° de Longitude por 6° de Latitude) e codificação das folhas (Norte ou Sul acompanhado de letras e números variando em latitude de A-Equador a Z-Polos e em longitude de 1 a 60 Leste ou Oeste).
Fonte: INTERNATIONAL MAP OF THE WORLD, 1910, p.180-181.

8   "*Index diagram of sheets for the International Map on the Scale of 1:1000000*" (Título original).

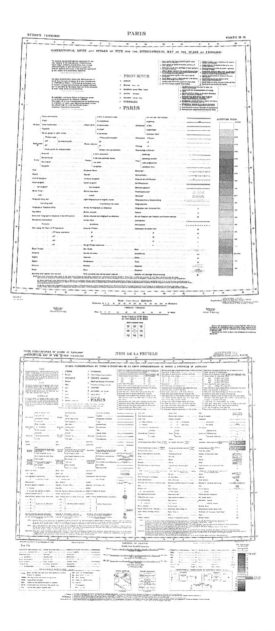

Figura 2: Folhas de símbolos convencionais aprovadas nas conferências de Londres (1909) e Paris (1913).
Fonte: INTERNATIONAL MAP COMITEE, 1909 / 1913.

A geografia histórica do capitalismo tem sido absolutamente notável. Povos dotados de total diversidade de experiências históricas, vivendo em uma incrível variedade de circunstâncias físicas, têm-se unido, às vezes de modo grandioso e por convencimento, mas mais frequentemente mediante o exercício de uma força bruta implacável, em uma unidade complexa no âmbito da divisão internacional do trabalho. [...] Fábricas e campos, escolas, igrejas, centros comerciais e parques, rodovias e ferrovias se espalham por uma paisagem que tem sido indelével e irreversivelmente criada seguindo ditames do capitalismo (HARVEY, 2013, p.477).

Os discursos disseminados por projetos como o do Mapa Internacional do Mundo indicavam a tentativa de unificar e homogeneizar territórios em nome da expansão do capital, dando formas às práticas imperialistas e à ação estatal. Atualmente, formas destes discursos encontram meios de propagação nos mapas-múndi repetidos a exaustão das salas de aula às folhas de jornais e revistas ou nas telas de computadores, *tablets* e *smartphones*. Como mostra Douglas Santos,

[...] este é o mapa para o Imperialismo, pois nele se realça e se coloca como realidade possível uma noção de território (e, nesse sentido, uma leitura de ordenação topológica do fenomênico) com uma noção do político, do urbano, da distribuição do poder e do significado da diferencialidade (realçando a noção de Estado e deixando subentendida a noção de modo de produção) (2004, p.13).

Daí a importância em demonstrar como um projeto de unificação da cartografia mundial do começo do século XX tem implicações sentidas até hoje. Afinal, por seu intermédio padrões foram fixados na cartografia, numa tentativa de acompanhar as transformações do capitalismo.⁹ Lembrando que isto ocorreu em meio aquele contexto de partilha do mundo entre as potências imperialistas na Conferência de Berlim¹⁰ (1884-1885), uma tentativa das grandes potências imperialistas em elaborar acordos comerciais, principalmente no que concernia a navegação e livre comércio na Bacia do Congo e estabelecimento de parâmetros para reconhecimento de novas ocupações e efetivação das áreas já colonizadas.

A desorganização da vida social e econômica das áreas coloniais ocorreu por um processo organizado de rápida expansão do capitalismo desde as décadas anteriores e chegou ao apogeu na chamada "Era dos Impérios". Para o historiador inglês Eric Hobsbawm (1998), a economia mundial deste período poderia ser sintetizada em três postulados: a ampliação da base geográfica em comparação aos anos anteriores, a pluralidade crescente e ampliação do número de paíscs industrializados e a revolução tecnológica que expandiu a integração mundial por estradas de ferro, fios de telégrafo, estradas para automóveis e ondas de rádio. Neste contexto, reconhecer o terreno e ter estes dados à mão na forma de mapas topográficos

---

9   "A política expansionista dos Estados imperialistas tornava-se mais agressiva à medida que crescia a concorrência entre os trustes e cartéis, e com estes as dificuldades crescentes de realização da mais-valia. Para os representantes da oligarquia financeira, controladora das indústrias e dos bancos instalados nos países industrializados (assim como do próprio aparelho repressivo do Estado burguês), a correlação de forças existentes não poderia garantir mais do que um equilíbrio precário, razão pela qual procuravam perseguir – sempre que possível – a linha de menor resistência. Portanto, enquanto a partilha do mundo não fosse concluída, os tiros dos canhões poderiam continuar sendo disparados sobre os povos "atrasados", sem colocar em risco a situação da oligarquia financeira" (ARRUDA, 2012, p.101).

10 A proposição do Mapa Internacional do Mundo ocorreu praticamente seis anos após a simbólica Conferência de Berlim.

era fundamental para planejar as melhores opções de implantação deste capital fixo. Como nos lembra David Harvey,

> O ambiente construído compreende toda uma série de elementos diversos: fábricas, represas, escritórios, lojas, armazéns, rodovias, ferrovias, docas, usinas hidrelétricas, sistemas de suprimento de água e tratamento de esgoto, escolas, hospitais, parques, cinemas, restaurantes – a lista é infinita. [...] [Este] tem que ser encarado como uma mercadoria geograficamente ordenada, complexa e composta. A produção, disposição, manutenção, renovação e transformação dessa mercadoria implica sérios dilemas. A produção de elementos individuais – casas, fábricas, lojas, escolas, rodovias, etc. – tem de ser coordenadas, tanto no tempo como no espaço, de maneira a permitir que a mercadoria composta assuma uma configuração apropriada (2013, p. 315-316).

Dessa maneira, produzir mapas se conformava em um excelente instrumento para coordenar, no espaço e no tempo, a construção de ferrovias, portos, estradas, fixação de postes de telégrafos, entre outras realizações necessárias, principalmente nas regiões coloniais. Sem contar o uso das produções cartográficas na (re)afirmação da posse dessas áreas. A necessidade em realizar um mapa único do mundo traduzia os interesses e as disputas coloniais entre os grandes impérios.[11] Nesse sentido, além de ressaltar os limites entre as nações, também representaria a demarcação das fronteiras entre as possessões das potências imperialistas na Ásia e na África.

---

11 "[...] o período que nos ocupa é obviamente a era de um novo tipo de império, o colonial. A supremacia econômica e militar dos países capitalistas há muito não seria seriamente ameaçada, mas não houvera nenhuma tentativa sistemática de traduzi-la em conquista formal, anexação e administração entre o final do século XVIII e o último quartel do XIX. Isto

Basta lembrar do exemplo vindo do geógrafo francês Paul Vidal de La Blache, um dos representantes de seu governo na Conferência de Londres, preocupado com a possibilidade da França recusar-se a participar do projeto. Em suas palavras, "se nossa participação deva se limitar, como é provável, a uma parte da África e a uma parte menor da Ásia, não me parece que os custos justifiquem uma renúncia cujas consequências certamente lamentaremos" (2012, p.445). Essa possibilidade, ver suas colônias mapeadas por outras potências, afligia o geógrafo francês.[12]

Nesse contexto, a padronização dos mapas seguia o ritmo encaminhado pelo avanço do capitalismo e atendia aos interesses do imperialismo europeu em sistematizar informações das áreas sob seus domínios.[13] Além de reforçar o sentido da nação, com mapas que apresentariam os limites territoriais das diferentes nações do mundo, também serviriam de propaganda sobre o domínio das re-

---

se deu entre 1880 e 1914, e a maior parte do mundo, à exceção da Europa e das Américas, foi formalmente dividida em territórios sob o governo direto ou sob dominação política indireta de um ou outro Estado de um pequeno grupo: principalmente Grã-Bretanha, França, Alemanha, Itália, Holanda, Bélgica, EUA e Japão. [...] Duas regiões maiores do mundo foram, para fins práticos, inteiramente divididas: África e Pacífico" (HOBSBAWM, 1998, p.88-89).

12 "É possível que alguns governos, mesmo o daqueles cuja colaboração seria mais indicada e mais desejável, recusem-se provisoriamente a fazê-lo, protegendo-se por trás da necessidade de proceder a trabalhos julgados mais urgentes. Entre nós, franceses, trabalhos urgentes não faltam. No entanto, nos pareceria lamentável que nosso país se abstivesse dessa questão. Aos nossos olhos, os inconvenientes da abstenção seriam de tal monta, que devem determinar nossa linha de conduta. Não há dúvidas de que a parte à qual renunciaríamos logo encontraria um arrendatário" (LA BLACHE, 2012, p.443).

13 Essa catalogação e sistematização de dados sobre as colônias foi acom-

giões colonizadas. Não por acaso as disputas cartográficas pelo mapeamento dessas regiões marcaram as reuniões do Comitê do Mapa Internacional do Mundo em Londres e Paris. Representantes da Rússia e do Japão chegaram a propor que suas instituições de levantamento se responsabilizassem pela produção das folhas referentes ao território chinês, tendo seus intentos barrados pelo governo da China que anunciou em 1913 ter avançado no processo de mapeamento, com escritório de levantamento em todas as províncias do país. Além disso, no caso do continente africano, uma comissão de encarregou de fazer a "partição cartográfica" do continente, indicando as responsabilidades pelas folhas, divididas entre os países europeus com possessões na África. Como mostra Bryan Harley,

> Da mesma forma que as armas de fogo e os navios de guerra, os mapas foram armas do imperialismo. Na medida em que os mapas foram usados na promoção colonial e como forma de assumir as terras no papel, antes de ocupá-las efetivamente, os mapas anteciparam o império. No começo, os topógrafos marchavam ao lado dos soldados para traçar mapas com a função de reconhecimento, depois como informação geral e, com o passar do tempo, como uma ferramenta de pacificação, civilização e exploração nas colônias implantadas. Sem dúvida, vai além do traçado de fronteiras para a conten-

---

panhada por novas técnicas de mapeamento. Assim, "os mapas de tipo europeu operavam com base em uma classificação totalizante, que levou os seus produtores e consumidores burocráticos a políticas de consequências revolucionárias. Desde a invenção do cronômetro, em 1761, por John Harrison, que permitiu o cálculo exato das longitudes, a superfície curva de todo o planeta havia sido submetida a uma grade geométrica que enquadrava os mares vazios e as regiões inexploradas dentro de quadriculados medidos com precisão. A tarefa de, por assim dizer, "preencher" esses quadriculados ficava a cargo de exploradores, topógrafos e soldados" (ANDERSON, 2008, p. 239).

ção prática, política e militar das populações submetidas. Os mapas foram usados para legitimar a realidade da conquista e o império (2005, p. 85, tradução nossa).[14]

Assim, diversas "áreas em branco", principalmente nas áreas colonizadas, foram reconhecidas e cartografadas à revelia dos povos nativos, tendo inclusive suas referências geográficas substituídas por nomes mais familiares ao colonizador branco. "Estados, regiões, aspectos naturais e cidades fora da Europa eram identificados por nomes europeus, não nativos e com a mesma consistência os limites nativos eram ignorados em favor das fronteiras da autoridade imperial europeia" (BLACK, 2005, p. 109). Talvez o maior exemplo venha do Império Britânico que neste período era continuamente representado em mapas do mundo que apresentavam seus domínios hachurados pela cor vermelha. Esse matiz, no fundo, escamoteava a barbárie representada pelo colonialismo e pela expansão das relações capitalistas que desorganizavam territórios, apagavam histórias e culturas e tingiam de sangue as terras do "império onde o sol nunca se punha". Não por acaso, Daniel Foliard adverte que

---

14 *"Al igual que las armas de fuego y los barcos de guerra, los mapas han sido armas del imperialismo. Em la medida em que los mapas se usaron em la promoción colonial y se adueñaron de las tierras em papel, antes de ocuparlas efectivamente, los mapas anticiparon el império. Al principio, los topógrafos marchaban al lado de los soldados para trazar mapas con fines de reconocimiento, depués como infomación general y, com el paso del tiempo, como uma hierramienta de pacificación, civilización y explotación en las colonias ya definidas. Sin embargo, hay algo más allá del trazado de fronteras para la contención práctica política y militar de las poblaciones sometidas. Los mapas se usaron para legitimar la realidad de la conquista e el império"* (Texto Original).

Mapas e levantamentos nunca foram construções unilaterais. A visão tradicional do Império Britânico era geralmente representada nas superfícies vermelhas dos mapas do século XIX e provavelmente penduradas nas paredes de muitas escolas. Esses mapas refletiam uma perspectiva muito metropolitana. As muitas formas de informações locais geralmente eram apagadas ou ignoradas nos registros do império (2017, p.35, tradução nossa).[15]

Nesse ponto, destaca-se a importância de uma análise que leve em conta os aspectos da teoria moderna da colonização marxiana e dos estudos de Rosa Luxemburgo sobre o imperialismo, demonstrando como os processos de acumulação são transportados para áreas ainda não totalmente integradas ao sistema capitalista e de que maneiras essas representações cartográficas auxiliaram na criação das condições para a apropriação de formas de produção e sociabilidades não-capitalistas, garantindo o contínuo processo de acumulação primitiva.[16]

15 "*Maps and surveys were never unilateral constructions. The traditional view of the British Empire generally focuses on the red- colored surfaces on late 19thcentury maps of the world, supposedly hung on the walls of many a school. Those maps reflected a very metropolitan outlook. The many forms of local input are generally erased from or overlooked in the empire's records*" (Texto original).

16 "Em geral, a forma de produção capitalista encontra-se limitada, até agora, principalmente aos países da zona temperada, enquanto, por exemplo, no Oriente e no Sul, verificam-se apenas pequenos progressos. Por conseguinte, se a produção capitalista se restringisse aos elementos de produção fornecidos dentro desses estritos limites ter-lhe-ia sido impossível chegar a seu nível atual e não teria conseguido desenvolver-se. Desde sua origem, o capital impulsionou todos os recursos produtivos do globo. Em seu impulso para a apropriação das forças produtivas para fins de exploração, o capital recorre ao mundo inteiro; tira os meios de produção de

Desde as citadas representações que eliminam os topônimos locais até suas utilizações como forma de promover a valorização espacial, via atos incríveis de violência, necessária aos esquemas de modernização impostas às áreas passíveis de processos colonizadores. Como já mencionado, mesmo no atual período de um capitalismo ultraliberal, onde interpretações como a de David Harvey (2004) analisam uma "acumulação por espoliação" reinterpretando o conceito de Rosa Luxemburgo, provavelmente, apesar das metamorfoses do capitalismo, ainda vivenciamos "infinitos" processos de acumulação primitiva.

O projeto do Mapa Internacional do Mundo ao Milionésimo seguiu o plano de redesenhar as periferias enquanto reafirmava os centros do sistema, como mostraram os padrões decididos a poucas mãos antes mesmo da Conferência de Londres, a repartição cartográfica do continente africano, a disputa pelo mapeamento da China e até a saída precipitada dos Estados Unidos do projeto, em 1914, e o intento da *American Geographical Society*, a partir da liderança de Isaiah Bowman, em produzir um mapa ao milionésimo da América Hispânica.[17] (Figura 3)

todos os cantos da terra, colhendo-os ou adquirindo-os de todos os graus de cultura e formas sociais" (LUXEMBURG, 1970, p.307).

17 "O sonho do mapa ao milionésimo, como era conhecido, é difícil de ser compreendido hoje. Foi um empreendimento verdadeiramente extraordinário. Custando meio milhão de dólares, exigindo uma média de sete trabalhadores por dia durante um quarto de século e 107 folhas separadas, representou o maior projeto de pesquisa geográfica nos Estados Unidos entre as duas guerras mundiais. Cobrindo todas as Américas abaixo da fronteira entre EUA e México, mais de vinte milhões de quilômetros quadrados – unidades métricas modernas eram aplicadas por toda parte – forneceu o primeiro mapeamento definitivo do espaço absoluto do "quintal" dos Estados Unidos numa escala fina e versátil (um centímetro equivale a dez quilômetros). O primeiro indício do mapa veio em 1913,

quando Bowman pegou o trem de New Haven para pedir fundos na *American Geographical Society* (AGS) para uma iminente expedição no Atacama. Ele vasculhou a magnífica coleção da AGS de mapas da região, mas ficou frustrado com a desordem que encontrou. Não havia um mapa integrado de toda a região em uma escala utilizável, apenas uma dispersão de mapas desenhados em diferentes escalas usando estilos diferentes e muito desiguais em cobertura, muitas vezes desatualizados e cheio de erros. Ainda assim, bons mapas base eram obviamente um desiderato para a pesquisa geográfica séria. [...] O mapa ao milionésimo impunha a ordem cartográfica aos "países obscuros" das Américas do Sul e Central" (SMITH, 2003, p.93, tradução nossa).

"*The dream of the millionth map, as it was known, is difficult to appreciate today. It was a truly extraordinary undertaking. Costing half a million dollars, requiring as average of seven workers per day over a quarter century, and requiring 107 separate sheets, it represented the largest single geographical research project in the United States between the two world wars. Covering all of the Americas below the U.S.-Mexico border, more than twenty million square kilometers - modern metric units were applied throughout - it provided the first definitive mapping of the absolute space of the United States' «back yard» at such a fine and versatile scale (one centimeter equals ten kilometers). The first inkling of the map came in 1913 when Bowman rode the train down from New Haven to appeal for funds at the AGS for his impending Atacama expedition. He scoured the magnificient AGS collection for maps of the region but was frustrated by the disorder he encountered. There was no integrated map of the entire region at a usable scale, only a scattering of maps drawn at different scales using different styles and with very uneven coverage, often outdated and error-ridden. Yet good base maps were obviously a desideratum of serious geographical research. [...] The millionth map imposed cartographic order on the «dark countries» of South and Central Americas*" (Texto original).

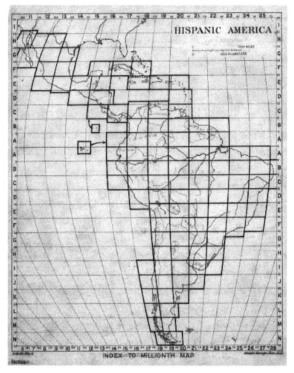

Figura 3: *Mapa da América Hispânica: Diagrama do Mapa ao Milionésimo (19--)* (Tradução nossa).[18]
Conjunto das 107 folhas que seriam compiladas para o Mapa da América Hispânica.
Fonte: *University of Winsconsin-Milwaukee Library*.

Neste aspecto, ficou claro que a emergência estadunidense causava desconforto do outro lado do Atlântico, como mostra a crítica de um dos mais famosos presidentes da *Royal Geographical Society*, Arthur Hinks, que ao analisar as primeiras folhas produzidas pela instituição congênere, indicava que, apesar da aceitação

---

18 "Hispanic America - Index to Millionth Map" (Título original).

inicial da produção cartográfica ianque de acordo com as normas propostas pelo Escritório Central do Mapa do Mundo,

[...] no entanto, não devem ser aceitos como parte do Mapa Internacional, porque falham em um aspecto importante: as folhas não são produzidas oficialmente pelos Estados que têm maior interesse no território que cobrem. Elas formam, de fato, uma série pirata análoga à série da Europa e do Oriente Próximo que nós compilamos na Real Sociedade Geográfica durante a guerra para o Estado Maior; mas com essa diferença, o empreendimento americano é realizado a sangue frio (1923, p.369).[19]

Ao fim e ao cabo, este projeto de "novo mapa" para um "mundo novo" acabaria por refletir o processo em que o controle de espaços periféricos e coloniais reforçam o nacionalismo e o poder estatal nas metrópoles.[20] O traço das fronteiras, neste mapa feito a partir do centro do sistema capitalista, fizeram com que estas linhas imaginá-

---

19 "*yet are not to be accepted altogether as part of the International Map, because they fail in one important respect: the sheets are not produced officially by the States having the greatest interest in the territory they cover. They form in fact a pirate series analogous to the series of Europe and the Near East which we compiled at the R.G.S. during the war for the General Staff; but with this difference, that the American enterprise is undertaken in cold blood*" (Texto original).

20 A acumulação primitiva gerada nestes espaços contribuiu significativamente para a estruturação das modernas economias nacionais. A apropriação de novas terras anima o Estado territorial, ao ampliar suas funções e seu horizonte de atuação. Gerir os fundos territoriais sob seu domínio e utilizar o patrimônio natural neles contido emerge como tarefas básicas na consolidação dos países do centro capitalista. Enfim, a legitimação nacional não se conflita com a manutenção de impérios, ao contrário, é por ela estimulada (MORAES, 2005, p.59-60).

rias parecessem tão naturais aos olhos quanto cadeias de montanhas e redes hidrográficas. Este *fetiche* do Estado territorial, realizado enquanto unidade essencial em uma superfície terrestre apresentada como "colcha de retalhos" de diversas cores, seria reproduzido nos mais diversos mapas-múndi sob os padrões estabelecidos nesta primeira tentativa de unificação da cartografia mundial.

Considerações Finais: A cartografia das "guerras infinitas" do capitalismo

Na atual ordem ultraliberal, em sua imposição de uma "liberdade vigiada" para o mundo, o *Google* tornou-se uma porta de entrada para um novo tipo de espionagem que não fazia diferença entre pessoas comuns, suspeitos de terrorismo, chefes de Estado e interesses comerciais. Porém, esta é apenas a aparência que subsome a complexidade das mudanças desencadeadas por novas formas de acumulação, pautadas em uma nova forma de imperialismo econômico.[21] Adentramos mais um momento de "guerra infinita" do capitalismo, onde informações são tão fundamentais quanto a ampliação de arsenais bélicos. Além disso, a compilação destas informações nos chamados *big-datas* transformou-se em uma fonte inesgotável de números e mapeamentos prontos a serem utilizados para ampliar a acumulação de capital. O processo de expropriação

---

21 Nas palavras de Ellen Wood, este seria o primeiro tipo de imperialismo da história "que não depende apenas da captura deste ou daquele território, ou da dominação de determinado povo. Cabe a ele supervisionar todo o sistema global de Estados e assegurar que o capital imperial possa navegar com segurança e lucratividade por todo esse sistema. Procura-se assim não somente resolver o problema dos Estados "bandidos" ou dos Estados "fracassados", mas também manter os Estados subalternos vulneráveis à exploração" (2014, p.11).

se (re)inicia a cada novo acesso a informações sobre rotas e lugares em aplicativos como o *Google Maps*.

Era assim também naquele "mundo novo" vislumbrado por Albrecht Penck, no qual a integração material na transição entre os séculos XIX e XX, desencadeando o processo de intensificação da circulação de mercadorias, pessoas e ideias, tornava claro para o geógrafo alemão o alvorecer de um tempo que culminaria com a realização plena dos objetivos liberais e iluministas de um mundo totalmente fluido e unificado, amparado pela racionalidade científica. O projeto do Mapa Internacional do Mundo nasceu sob essa perspectiva, mas só conseguiu avançar a partir dos acertos geopolíticos em um contexto de avanço das disputas imperialistas e de seus anseios de reafirmar os centros e redesenhar as periferias do sistema. Avanços técnicos e padronização das medidas e da cartografia misturavam-se à expansão das relações capitalistas e, no caso da geografia, ao processo de *fronteirização* do mundo. Traçar as fronteiras nas áreas que se impunham como limite do avanço do capitalismo e reproduzir isto em mapas inteligíveis universalmente representou um dos pilares para tornar universal a própria ciência geográfica.

E mesmo um século depois de certos padrões fixarem-se nos mapas, o mundo permanece sendo esquadrinhado na medida das metamorfoses do capitalismo. Se, naquele momento de apogeu das disputas imperialistas, o geógrafo Paul Vidal de La Blache preocupava-se com a possibilidade de assistir a outras potências mapearem as colônias e o próprio território francês, atualmente as principais questões estão nos limites das possibilidades de mapeamento, não apenas dos territórios com algum interesse estratégico e econômico, mas também, e principalmente, dos mais recônditos hábitos da vida cotidiana das pessoas. Afinal, obter informações até de dentro das casas, via acesso a câmeras e GPS dos *smartphones* utilizando os aplicativos de jogos de realidade aumentada, indica até onde vão as possibilidades de espoliação neste capitalismo ultraliberal. Empresas de tecnologia de informação como o *Google* praticamente transformaram-se em grandes corporações "geograficamente invasivas". E nesse ponto, se Penck sonhava com "um novo mapa para um novo mundo", desenhado a partir de padrões estabelecidos por representantes das principais agências de levantamento das potências da época, atualmente, apesar de todos os alegados benefícios e possibilidades de "democratização da cartografia" por intermédio dos *softwares* e aplicativos, pouco ou quase nada foi alterado em relação aos padrões fixados há mais de um século. Das projeções ao fundo do mapa e passando pelas convenções, tudo ainda remete àquela geografia imperial e seu cientificismo que deveria acostumar o olhar das populações das áreas coloniais e dos países imperialistas. Essa inflexibilidade do espaço geográfico nas representações cartográficas que reproduzem as métricas do espaço euclidiano (e também do capital) impõe sérias restrições à própria renovação crítica da ciência geográfica. Assim, como mostra Fernanda Padovesi Fonseca, é necessário

> "desnaturalizar a relação da Cartografia com a Geografia visando sua flexibilização e renovação. O espaço geográfico euclidiano não é a encarnação do espaço geográfico, apenas uma representação possível, fácil de ser historicizada. Do mesmo modo que espaço geográfico é uma expressão que remete a várias representações a seu respeito, algumas incompatíveis entre si. Por conseguinte, a produção da Cartografia em Geografia, deve se relacionar com essas representações, e no interior dessas saber identificar o que há de renovação produtiva. Não há trabalho de representação cartográfica que não comece por flexibilizar as posturas consagradas e enrijecidas. É preciso eliminar o que resta de misterioso numa Cartografia cientifizada, cuja aplicação no planejamento, no urbanismo e em outras áreas sempre

esconde seu caráter de representação e construção como se o representado sempre estivesse ali, e não fosse interpretação dos elaboradores da Cartografia" (2004, p.240-241).

Talvez a grande mudança passe pela inversão da lógica onde, em vez de servirem como instrumentos, os mapas digitais passaram a instrumentalizar o cotidiano das pessoas, causando até muitos infortúnios cada vez que ocorrem erros nestes sistemas.[22] Essas cartografias, em suas tentativas de homogeneização do mundo sob o corolário da ampliação dos processos de acumulação, acabaram tornando-se capitais para o processo de expansão do capitalismo e de universalização da ciência geográfica.

Referências Bibliográficas

AMERICAN GEOGRAPHICAL SOCIETY. *Map of Hispanic America*: Index to Millionth Map. Nova Iorque: Army service, 19--. Coleção de mapas, somente em preto, 47cm x 69cm. Escala: 1:1.000.000. Disponível em: https://collections.lib.uwm.edu/digital/collection/agdm/id/4829/ Acesso em: 10/01/2018.

ANDERSON, Benedict R. *Comunidades imaginárias*: reflexões sobre a origem e a difusão do nacionalismo. São Paulo: Companhia das Letras, 2008.

ARRUDA, Pedro Fassoni. *Capitalismo dependente e relações de poder no Brasil*: 1889-1930. São Paulo: Expressão Popular, 2012.

---

22 Já estamos nos acostumando com notícias de incidentes causados por erros de orientação destes aplicativos, causando, por exemplo, a morte de turistas desavisados que seguem à risca as orientações vindas dos aplicativos de orientação e acabam adentrando territórios dominados pela guerra de facções criminosas ou o aumento do trânsito em grandes cidades por falhas de orientação a motoristas que querem justamente fugir de congestionamentos.

ASSANGE, Julian. *Quando o Google encontrou o Wikileaks*. São Paulo: Boitempo, 2015.

BLACK, Jeremy. *Mapas e história*: construindo imagens do passado. Bauru: Edusc, 2005.

BLOOM, Philipp. *Os anos vertiginosos*: mudança e cultura no Ocidente, 1900-1914. Rio de Janeiro: Record, 2015.

BROTTON, Jerry. *Uma história do mundo em doze mapas*. Rio de Janeiro: Zahar, 2014.

ECO, Humberto. *A memória vegetal*: e outros escritos de bibliofilia. 3ª Ed. Rio de Janeiro: Record, 2014.

FOLIARD, Daniel. *Dislocating the Orient*: British maps and the making of the Middle East, 1854-1921. Chicago: The University of Chicago Press, 2017.

FONSECA, Fernanda Padovesi. *A inflexibilidade do espaço geográfico, uma questão para a Geografia*: análise das discussões sobre o papel da Cartografia. 250f. Tese (Doutorado em Geografia Física) – Faculdade de Filosofia, Letras e Ciências Humanas, Universidade de São Paulo, São Paulo, 2004.

HARVEY, David. *O novo imperialismo*. São Paulo: Edições Loyola, 2004.

_____. *Os limites do capital*. São Paulo: Boitempo, 2013.

HEFFERNAN, Michael. The politics of the map in the early twentieth century. *Cartography and Geographic Information Science*, vol. 29, nº. 3, p. 207-226, 2002.

HINKS, Arthur R. The 1/Million Map of Spanish America. *The Geographical Journal*, Londres, v.61, n.5, p.369-371. mai. 1923.

HOBSBAWM, Eric J. *A era dos Impérios (1875-1914)*. 12ªed. Petrópolis: Paz e Terra, 1998.

INTERNATIONAL MAP COMITEE. *Resolutions and proceedings of the International Map Committee assembled in London, November, 1909*. Londres: H.M.S.O., 1910.

_____. *Carte du monde au millionième: comptes rendus des séances de la deuxième conférence internationale*, Paris, décembre 1913. Paris: Service géographique de l'armée, 1914.

INTERNATIONAL Map of the World. *The Geographical Journal*, Londres. v.36, n.2, p.179-184, ago.1910.

LA BLACHE, Paul Vidal de. A Carta Internacional do Mundo ao Milionésimo. In: HAESBAERT, Rogério; PEREIRA, Sérgio Nunes; RIBEIRO, Guilherme (Orgs.). *Vidal, vidais*: textos de geografia humana, regional e política. Rio de Janeiro: Bertrand Brasil, 2012.

LUXEMBURG, Rosa. *A acumulação do capital*: Estudo sobre a interpretação econômica do imperialismo. Rio de Janeiro: Zahar Editores, 1970.

MARX, Karl. *Grundrisse*: manuscritos econômicos de 1857-1858 – esboços da crítica da economia política. São Paulo: Boitempo; Rio de Janeiro: Ed. UFRJ, 2011.

MORAES, Antônio Carlos Robert. *Território e história no Brasil*. São Paulo: Annablume, 2005.

PEARSON, Alastair W.; HEFFERNAN, Michael. Globalizing cartography? The International Map of the World, the International Geographical Union, and the United Nations. *Imago Mundi*: The International Journal of history of Cartography, vol. 67, n. 1, p.58-80, 2014.

SANTOS, Douglas. *Uma cartografia para o imperialismo*. In: Revista PUCviva, São Paulo, n.20, p.7-13, abr/jun 2004.

SMITH, Neil. *American Empire*: Roosevelt's geographer and the prelude to globalization. Los Angeles: University of California Press, 2003.

WOOD, Ellen Meiksins. *O império do capital*. São Paulo: Boitempo, 2014.

ZUBOFF, Shoshana. The secrets of suverillance capitalism. *Frankfurter Allgemeine*. Março de 2016. Disponível em: <http://www.faz.net/aktuell/feuilleton/debatten/the-digital-debate/shoshana-zuboff-secrets-of-surveillance-capitalism-14103616 p2.html?printPagedArticle=true> Acesso em: 22/04/2016.

A Escrita Materialista da História da Geografia – ou a dialética da espacialidade do capital ?

Paulo Godoy[1]

Articular historicamente o passado não significa conhecê-lo "como ele de fato foi". Significa apropriar-se de uma reminiscência, tal como ela relampeja no momento do perigo. Cabe ao materialismo histórico fixar uma imagem do passado, como ela se apresenta, no momento do perigo, ao sujeito histórico, sem que ele tenha consciência disso. O perigo ameaça tanto a existência da tradição como os que recebem. Para ambos, o perigo é o mesmo: entregar-se às classes dominantes, como seu instrumento. Em cada época, é preciso arrancar a tradição ao conformismo, que deseja apoderar-se dela. Pois o messias não vem apenas como salvador; ele vem também como o vencedor do Anticristo. O dom de despertar no passado as centelhas da esperança é privilégio do historiador convencido de que também os mortos não estarão em segurança se o inimigo vencer. E esse inimigo não tem cessado de vencer.

Walter Benjamin
Sobre o conceito da História

---

[1] Docente na Universidade Estadual Paulista "Júlio de Mesquita Filho" – Instituto de Geociências e Ciências Exatas (IGCE) – Departamento de Geografia. E-mail: p.godoy@unesp.br.

Introdução

A indagação sumária expressa no título deste artigo não possui, naturalmente, a menor pretensão de preparo operacional e argumentativo de tipo "paradigmático" ou "epistemológico" que nos obrigue a elaboração de proposições de natureza teórica e metodológica ou, ainda, alimente alguma singela e ingênua ilusão em oferecer uma contribuição original para o progresso de uma coerente escrita materialista da história da ciência geográfica. Se existe, entretanto, uma área específica de estudo no interior da ciência geográfica que se ocupa em "contar" cientificamente essa história e, portanto, trabalhar para a edificação de paradigmas como sendo constructos de imagens conciliatórias de estatísticas, de autores, de obras e etc., numa monótona sucessão cronológica que, partindo dos clássicos do século XIX objetiva pousar sobre os "cabeças-de--vento" da chamada "geografia pós-moderna" no século XXI; e se essa *especificidade*, assim concebida, cativa consenso entre os que a estudam, o texto que segue não guarda nenhuma proximidade com tal disciplina e, conseqüentemente, com "história da Geografia".

Partimos da concepção de que não há um vínculo necessário, tanto teórico como metodológico, entre o inventário memorialista de classificação das escolas geográficas, com a interpretação dialética da história da geografia como um segmento de indagação no contexto da geografia histórica do capitalismo. Ao contrário, são concepções de abordagem diametralmente opostas. Contudo, isto não significa, em hipótese alguma, subestimar a esfera subjetiva da produção científica ou, simplesmente, plasmar idéias e fatos sob o julgo de um sujeito ausente. O capitalismo, em sua totalidade, não se apresenta como um conceito lógico explicativo que, ao estabelecer as determinações formais e reais sobre um dado objeto de investigação nos forneça, imediatamente, a "chave explicativa". O próprio capital, em suas formas de sociabilidade, não se coloca no horizonte histórico como sujeito totalizante à semelhança ao espírito absoluto de Hegel. Em suma, a história da geografia, mesmo como ciência parcelar derivada da divisão intelectual do trabalho, está inserida em um processo social mais amplo e complexo que exige, entre outras coisas, um direcionamento de análise no sentido de desvendar as mediações entre a sociedade e espaço, assim como, entre as formas de manifestações científicas, culturais, políticas, ideológicas e etc.

Uma geografia histórica a contrapelo

As considerações sobre as chamadas *condições de possibilidade* de uma escrita materialista da história se iniciam, geralmente, pelo *mote* de diferenciação das mais diversas concepções de materialismo para, em seguida, descortinar as encruzilhadas traçadas pelas categorias de *matéria* e *forma* e, finalmente, encontrando o ser das coisas e o sentido de sua existência espacial e temporal, fabricar a "história" como quem "fabrica nuvens". Poder-se-ia, igualmente, iniciar pela face empírica do real, pelo cotidiano, pelo tangível e por tudo que for passível de mensuração e, cientificamente, sintetizado em esquemas interpretativos aonde nenhum detalhe, por mais aparentemente insignificante que venha aparecer, possa escapar a ordem dos fatos e aos caprichos da matéria. Neste caso, uma história serial de fatos e lugares se colocaria como quadros periódicos em que o tempo é somente passagem e o espaço apenas repouso, isto é, uma dinâmica do tempo presente contraposta a inércia do espaço pretérito.

Finalmente, seria possível adotar ainda a posição da chamada *geo-história*, o pomo original dos *Annales*. Para tal concepção, a história da geografia não passa de uma coleção de documentos mortos em que os vivos procuram dar voz e definir um determinado lugar de origem ou de passagem. A história, assim entendida, consistiria apenas na arte de arrastar o passado em direção ao presente, num ritual necrofílico de passagem e, desse modo, honrar os *documentos-cadáveres* com uma morte científica. O ritual de territorialização dos corpos-mudos a partir da voz anacrônica e dissonante do presente vivo visa a transformação, no interior das "mentalidades mundanas", do *solo-nação* em base geográfica dos fatos históricos. O caso mais emblemático desse republicanismo científico foi estabelecido por Paul Vidal de la Blache em *Tableau de France*, obra em que as regiões tornam-se personagens românticos no interior da crônica histórica do gênero de vida de seus habitantes que são representados pelo simbolismo e pelas alegorias das tradições: *os homens descem das montanhas para lançarem-se ao mar*. O Mediterrâneo de Braudel, testemunho geográfico do presente vivo da morte de Felipe II, prefigura o mesmo sentido atribuído a territorialização dos corpos-mudos que a vida cotidiana expressa e traduz em *etno-história* das mentalidades.

A "montagem" de geografia histórica a contrapelo não significa, contudo, enveredar pelas formulações de Marx e Engels a procura do método materialista histórico e dialético. Mesmo porque, esta consiste em uma tarefa longa e complexa e, por vezes, sem grandes resultados. A razão desse fato é que Marx não elaborou um estudo sobre o método separado de seu trabalho de investigação e exposição. A elaboração se deu ao longo da construção teórica de suas obras e, ao mesmo tempo, cingida aos seus objetivos políticos. A famosa passagem presente no capítulo sobre o "método da Economia Política" em *Contribuição à Crítica da Economia Política*, onde Marx escreve: "É que parece mais correto começar pelo real e pelo concreto, pela pressuposição efetivamente real e, assim, em economia, por exemplo, pela população: fundamento e sujeito do ato todo da produção social. A uma consideração mais precisa, contudo, isso se revela falso" (MARX, 2007, p. 256); ou mesmo a passagem contida no Prefácio da mesma obra e que, mais tarde, se tornaria um jargão do marxismo vulgar: "o modo de produção da vida material condiciona o processo da vida social, política e intelectual. Não é a consciência dos homens que determina o seu ser; ao contrário, é o seu ser social que determina sua consciência" (2007, p. 45).

Nos *Grundrisse*, onde Marx se defronta com a necessidade teórica de elaboração do conceito de capital em geral, a questão do método tende a torna-se cada vez mais evidente. Se, no primeiro momento, Marx partiu da análise do dinheiro, portanto, da circulação, para se chegar ao conceito de capital, no segundo momento, após uma reflexão crítica, inicia-se sobre uma base verdadeiramente materialista, ou seja, a análise da mercadoria como configuração específica do movimento do capital. Embora Marx não tenha escrito especificamente sobre o método dialético, pode-se presumir, segundo Reichelt (2013, p. 90), que a "dialética materialista, é método a ser revogado, que desaparecerá junto com as condições de sua existência. Em conseqüência, induz a erro, sobretudo, falar da aplicação do método dialético, o que transmite a impressão de tratar-se de um procedimento que pode ser aprendido, que pode ser assentado a partir de fora a diversos conteúdos". Sobre esse aspecto, em uma carta a Engels, datada de fevereiro de 1858, Marx se refere aos ensaios econômicos de Ferdinand Lassale, fazendo as seguintes observações:

> *A partir dessa única anotação, já vejo que o rapaz pretende expor a economia política em termos hegelianos no seu segundo grande opus. Ele descobrirá para o seu próprio prejuízo que uma coisa é deixar uma ciência, mediante a crítica, no ponto de poder ser exposta dialeticamente e outra bem diferente é aplicar um sistema da lógica abstrato e já pronto a intuições justamente de tal sistema.* (MARX apud REICHELT, 2013, p. 90-91).

O objeto de Marx consiste na dinâmica do sistema real, o seu método de exposição sempre tem em vista esse "movimento efetivo, o vínculo interno das diferentes formas de desenvolvimento; o desenvolvimento da apresentação levará mais tarde, por sua própria dialética, àquelas formas mais concretas" (*O Capital*).

Em suma, como argumenta Raniere (2011, p. 132-133):

> A grandeza de Marx expressa na sua elaboração teórica [...] está, porém, na forma como essa relação entre sujeito e objeto é encarada. Enquanto Hegel sugere que toda a ação humana depende de uma racionalidade exterior ao homem, racionalidade que preenche e articula o movimento tanto causal (natureza) quanto teleológico (sociedade) por meio de um esquema predominantemente lógico, fazendo com que o desdobramento do objeto obedeça de forma antecipada a um pressuposto já colocado pela razão, Marx defende que a consciência é um produto tardio da existência, ou seja, que não é possível sustentar [...] que a consciência pode existir independentemente do ser [...] Mas, ao colocar a realidade da interação sujeito-objeto sob a perspectiva da ação do homem, Marx desloca a responsabilidade por aquilo que somos de uma esfera transcendente, mostrando que o controle da ação pode reverter qualquer processo decorrente da nossa própria iniciativa, na medida em que somos elementos resultantes de nossa própria atividade.

Nas palavras de Lukács, a originalidade de Marx "reside [...] no fato de que, pela primeira vez na história da filosofia, as categorias econômicas aparecem como as categorias da produção e reprodução da vida humana, tornando assim possível uma descrição ontológica do ser social sobre bases materialistas (LUKÁCS, 1979, p. 37).

Para R. Fausto (1987), a grande diferença em relação a Hegel é que Marx pretendia fazer ciência, mas não com a estrutura lógica da ciência moderna, mas com a dialética, isto é, uma crítica tanto à ciência como a sociedade burguesa. Marcos Müller (2012) diferencia a dialética de Marx como "um método de exposição crítica dos resultados de uma ciência social emergente, a economia". Marx desvincula os pressupostos idealistas do conceito e revela "a fonte de inteligibilidade das estruturas econômicas da sociedade capitalista". De acordo com Müller, "Marx submete a dialética especulativa hegeliana, para transformá-la num instrumento de apresentação categorial da Economia Política, concebida igualmente, como uma crítica do modo de produção capitalista". Nesse sentido,

> o capital é concebido como força totalizadora [...] de modo a incluir em si, como seu momento, o trabalho vivo que é a única fonte e medida do seu próprio conteúdo (trabalho objetivado), ao mesmo tempo que o exclui de si [...] pois este é atividade criadora, que igualmente pretende constituir-se como totalidade histórica, e, por isso, é recorrentemente negada pelo capital (2012, p. 12-13).

A obsessão do capital, portanto, é a dominação total sobre o trabalho, uma pretensão que por sua própria natureza, não se pode realizar. É a impossibilidade de realização efetiva desta obsessão que torna possível a dialética enquanto crítica da sociedade capitalista (GRESPAN, 2012). Nos *Grundrisse*, Marx procura deixar claro

> o fato de que as categorias simples são expressões de relações nas quais o concreto ainda não desenvolvido pode ter se realizado sem ainda ter posto a conexão ou a relação mais multilateral que é mentalmente expressa nas categorias mais concretas [...] A partir desse ponto de vista, portanto, pode ser dito que a categoria mais simples pode expressar relações dominantes de um todo ainda não desenvolvido, ou relações subordinadas de um todo desenvolvido que já tinham existência histórica antes que o todo se desenvolvesse no sentido que é expresso em uma categoria mais concreta". Nesse sentido, "seria [...] falso, portanto, deixar as categorias econômicas sucederem-se umas às ou-

tras na sequência em que foram determinantes historicamente. A sua ordem é determinada, ao contrário, pela relação que têm entre si na moderna sociedade burguesa, e que é exatamente o inverso do que aparece como sua ordem natural ou da ordem que corresponde ao desenvolvimento histórico (2011, p. 56-60).

Em última análise, as categorias marxianas, em dado nível de desenvolvimento, são sempre incompletas, necessitando de categorias posteriores. A acumulação de capital, por exemplo, se apresenta sob determinada forma de exposição no Livro I, mas reaparece nos livros II e III sob variadas determinações que não foram contempladas no Livro I. Portanto, se não levarmos em conta essas diferenças também não haverá uma interpretação adequada da obra completa. O mesmo se dá em relação ao fetichismo, não podendo nos limitar ao que foi dito no primeiro capítulo do Livro I, pois o seu exame atravessa os três volumes, culminando na fórmula trinitária que é analisada no final do Livro III.

Breves considerações sobre a trajetória do marxismo

A tradição[2] do marxismo se formou, naturalmente, a partir de Marx e Engels, e da geração que os sucedeu, tanto do ponto de vista cronológico, como da produção intelectual. Os membros da geração posterior a Marx e Engels – Labriola, Kautsky, Plekhânov

---

2   A tradição a que nos referimos não diz respeito, evidentemente, ao retorno a determinada reserva arqueológica de saberes ou cemitério de obras. A releitura de autores como Marx, Engels, Hilferding, Bukhárin, Luxemburg, Lênin, Trotsky, assim como de autores da segunda metade do século XX, como Magdoff, Dobb, Sweezy entre outros e, mesmo os geógrafos, como Lacoste, P. George, M. Santos, N. Smith, Harvey etc.; trata-se, na verdade, de uma retomada de determinado debate, sob uma perspectiva marxista, acerca de problemas estruturais do capitalismo contemporâneo.

– provenientes de regiões orientais e meridionais da Europa, estiveram intimamente vinculados à vida política e ideológica dos partidos operários de seus países. Porém, as obras desses autores foram, em inúmeros aspectos, marcadas pela distorção positivista das concepções de Marx e Engels em torno da práxis revolucionária e do materialismo histórico e dialético.

No campo marxista, muitas das deformações tiveram por base as influências positivistas, dominantes nas elaborações dos principais pensadores (Plekhânov, Kautsky) da Segunda Internacional, organização socialista fundada em 1889 e de grande importância até 1914. Essas influências não foram superadas – antes se viram agravadas, inclusive com incidências neopositivistas – no desenvolvimento ideológico ulterior da Terceira Internacional (organização comunista que existiu entre 1919 e 1943), culminando na ideologia stalinista (NETTO, 2009, p. 3).

A geração seguinte, mais numerosa que a anterior, chegou à maturidade em um ambiente mais tenso que de seus predecessores e confirmou uma mudança que começava a ser percebida, a saber: o deslocamento do eixo geográfico do marxismo para a Europa oriental e central. Todos os membros desta geração – Lênin, Luxemburg, Hilfeding, Trotsky, Bukhárin – desempenharam destacada importância na direção dos partidos operários de seus respectivos países. O desenvolvimento temático do marxismo à época, *grosso modo*, se dirigiu principalmente para duas problemáticas centrais: a análise e a exposição das evidentes transformações do modo de produção capitalista no período sob o domínio do capital monopolista e suas formas imperialistas de expansão geográfica; e o surgimento de uma teoria política apoiada diretamente na luta de classes do proletariado.

Com o início da Segunda Guerra Mundial, nota-se uma forte impostura política de stalinização do marxismo e de permanência da ortodoxia do regime socialista que resultou, no sentido prático e teórico, em uma imensa e danosa distorção na teoria marxista. Foi neste contexto que teve origem o chamado "marxismo ocidental".[3] Esta tradição se estruturou em destacados intelectuais provenientes de regiões ocidentais da Europa: Lukács, Korsch, Gramsci, Benjamin, Marcuse, Horkheimer, Adorno, Lefebvre, Althusser entre outros. A partir de então a elaboração do materialismo histórico seria o capítulo de uma história que passaria a se desenvolver exclusivamente no Ocidente (LOSURDO, 2018).

Entre meados da década 1920 até os acontecimentos de maio de 1968, o marxismo ocidental se desenvolveu de maneira vigorosa, mas a certa distância dos movimentos políticos do proletariado. Este divórcio entre teoria e prática, que nos fala Perry Anderson,[4] foi o período de culminância do marxismo ocidental. Mas a ausência de movimentos revolucionários radicais, com raras exceções como a Iugoslávia, Espanha, Portugal e Grécia, o marxismo ocidental, segundo Anderson, tornou-se produto da derrota. A tendência que se viu a partir de então foi o deslocamento do marxismo para as universidades e institutos de pesquisa provocando, consequentemente, novas mudanças e distorções produzidas, em grande parte, por leituras rápidas e pontuais do legado original de Marx. Os efeitos dessa mudança já haviam sido sentidos com a criação da Escola de Frankfurt, no final dos anos 20.

---

3   Para uma análise acerca do debate sobre o "marxismo ocidental", consultar o artigo de Pedro Leão da Costa Neto "Crítica ao conceito de marxismo ocidental". Campinas: *Crítica Marxista*, nº 38, 2014, p. 9-28.

4   ANDERSON, P. *Considerações sobre o marxismo ocidental*. 2. ed. São Paulo: Brasiliense, 1976.

Neste período ficou patente um enorme interesse do marxismo em discernir as regras da pesquisa social descobertas por Marx, mas ainda enterradas nas peculiaridades circunstanciais da publicação de suas obras.[5] O resultado foi um notável incremento na produção teórica do marxismo que se centrou, sobretudo, no debate sobre o método – Korsch, Sartre, Althusser, Lukács, Della Volpe entre outros.

Ao mesmo tempo, a concentração dos teóricos marxistas no âmbito da filosofia, junto com o descobrimento dos primeiros escritos de Marx, levou a uma busca geral à retrospectiva dos antecessores filosóficos de Marx, e a uma reinterpretação do materialismo histórico à luz das obras anteriores ao *Capital*. Os resultados foram múltiplos: predomínio em trabalhos epistemológicos, enfocando essencialmente o método; investigações filológicas do conjunto dos escritos de Marx e Engels, com revisões editoriais e traduções a partir de fontes originais. Mas, o determinante nesta formação foi a sucessão de derrotas do socialismo que marcaram as últimas décadas do século XX.

Entretanto, não basta o reconhecimento de que a crise nos países socialistas tenha causado profundas transformações no interior do marxismo ocidental, "esse tipo de explicação não é exaustivo [e torna-se] necessário aprofundar a análise, concentrando a

---

5 Vale lembrar, de passagem, que desde a publicação do Livro I de *O Capital* não há, nem no horizonte político-ideológico e, tampouco, no campo teórico, qualquer indício de unanimidade e satisfação geral com as edições até então publicadas. A complexidade aumenta se levarmos em conta que a obra de Marx "é um gigantesco conjunto de trabalhos teóricos fragmentados [e] o próprio programa de pesquisa [...] permaneceu, em grande medida, incompleto" (Heinrich 2014, p. 31). Além disso, grande parte de sua obra não foi publicada em vida. Ao lado dos livros publicados entre 1845 a 1875, existem inúmeros artigos em jornais e revistas que só foram publicados postumamente, a partir de 1891.

atenção nas fraquezas intrínsecas que o marxismo ocidental revela no Ocidente, mesmo na época em que sua hegemonia parece incontestável" (LOSURDO, 2018). Essas fraquezas são notadas, sobretudo, pela a ausência de uma práxis revolucionária e de embate ideopolítico de luta de classes; pelo arrefecimento da análise teórica crítica do capitalismo mediante a negação da teoria marxiana do valor, das formas de extração de mais-valia global, do fetichismo da mercadoria e do processo crescente de reificação das relações sociais, assim como, pelo consciente abandono das questões colonial e "pós-colonial".

As rápidas considerações apresentadas acima permitem apenas tangenciar os problemas de natureza teórica e prática que se situam no interior do debate sobre o legado de Marx e Engels e do marxismo ocidental. Todavia, o interesse específico sobre esse debate, na perspectiva da Geografia, refere-se a uma certa forma de compreensão a respeito de problemas relativos à teoria e a prática marxiana e, conseqüentemente, do modo como foram eles identificados, interpretados e analisados pela Geografia Crítica a partir da década de 1970; e, ainda, de que forma as distintas concepções de método influíram nas proposições de uma escrita materialista e dialética da história da Geografia.

Vale repetir que não há, neste pequeno ensaio, qualquer pretensão em apresentar as diferentes abordagens do marxismo na Geografia e muito menos indicar proposições metodológicas para a chamada "escrita materialista da história da geografia". O objetivo, bem mais modesto, consiste apenas em levantar questões para a possibilidade de debate sobre as formas de distorção do método de Marx no âmbito da Geografia Crítica e, em certa medida, no conjunto das ciências humanas.

O pressuposto inicial da história e da geografia consiste, nesse sentido, na própria existência da sociedade e das formas sociais em que entabula suas relações com a natureza. O metabolismo sociedade-natureza pressupõe, por sua vez, o intercâmbio material mediado pelo trabalho humano. O modo particular como a sociedade produz as condições objetivas de sua existência determinam, igualmente, as formas do metabolismo sociedade-natureza e revelam, em sua superfície, a especificidade histórica da divisão social do trabalho, ou então, o estágio de desenvolvimento das forças produtivas e das relações de produção. As categorias que nos permitem traçar esse processo social são, elas próprias, derivadas e constitutivas da práxis humana no seu intercâmbio material com a natureza. Com efeito, sob a sociabilidade do capital, essas relações sociedade-natureza sofrem mudanças radicais em todas as esferas da produção e reprodução da vida social e, portanto, expressam ontologicamente novas formas de tempo e de espacialidade das relações sociais.

De acordo com A. C. R. Moraes,

> o uso do rótulo geografia histórica visa enfatizar a relação geografia e história, qualificando uma abordagem interpretativa de forte ênfase retrospectiva. Bem diversa da ótica da reconstituição histórica, a perspectiva adotada busca por meio de uma análise contínua (em termos espaciais) captar no passado elementos de explicação da territorialidade contemporânea [...] A concepção de geografia assumida identifica a especificidade de sua análise na ênfase atribuída à dimensão espacial da realidade, sendo esta entendida como uma totalidade multidimensional passível de ser interpretada a partir de várias óticas. A geografia seria, assim, uma visão específica do fluir histórico que tem no processo universal de valorização do espaço seu objeto precípuo de investigação (2011, p. 7).

No entanto, essa forma de conceber a história da geografia não corresponde ao legado metodológico deixado pelos geógrafos acadêmicos em suas "tradições inventadas", para usar a expressão do historiador Eric Hobsbawm, na criação de uma identidade disciplinar via temário de investigação e na demarcação do "campo" científico.

Retornando à questão inicial, mais especificamente quanto a fundamentação teórica dos problemas apresentados até aqui, e que de algum modo dizem respeito as inúmeras possibilidades de uma escrita materialista da história da Geografia, entende-se que uma investigação de fôlego correspondente as mais diversas condições sociais concretas, exige a tematização de processos relativos à reprodução do capital, a espacialização do valor e sua manifestação ideopolítica como expressão da geografia histórica do capitalismo e, ao mesmo tempo, como necessidade de análises mais abrangentes sobre o método dialético marxiano e das condições objetivas da sociabilidade ontonegativa do valor. A escrita materialista da história da Geografia se dá a partir das contradições que são inerentes a sociedade produtora de mais-valia e, portanto, de realização de trabalho-abstrato reificado. Nessa perspectiva de abordagem, a história da Geografia torna-se a expressão tanto da práxis social, da luta de classes e do conflito capital-trabalho, como das ideologias que substanciam as relações sociedade-espaço em distintos momentos e movimentos da história social. Em condições históricas concretas a geografia situa-se, desse modo, no interior de uma totalidade social e sua crítica consiste na exposição de categorias que derivam das mediações *inelimináveis* do ser social em seu metabolismo com o espaço-mercadoria. Nesse sentido, e de acordo com Moraes, a "*espacialidade* da vida social [...],pode ser tomada em diferentes níveis de abrangência, e a espacialização (como procedimento analítico) pode ser praticada de forma progressiva, seja em termos de detalhamento escalar e das interações entre as escalas, seja no que importa à história de lugares cada vez mais singularizados" (2014, p. 22).

A questão que se coloca em relação à Geografia, está em torno das formas de identificação e análise dos nexos entre a tradição do marxismo (ocidental) e as mudanças e continuidades referentes às formas de interpretação de suas categorias de análise articuladas à "espacialidade da vida social" e, ainda mais especificamente, das diferentes perspectivas metodológicas da chamada "escrita materialista da história da Geografia". De acordo com Menezes (2015, p.310), em relação às formas de identificação e análise, "podem ser visualizados quatro vieses genéricos: o viés *denunciativo* [herança do marxismo oficial]; [o segundo] viés da *afirmação combativa-emancipatória* [...]; o viés da *negatividade*; [e, por fim] o viés da *positividade*". Contudo, a guinada da Geografia Crítica para além das categorias marxianas, com expressivo teor revisionista das referências ocidentais, não se realizou como crítica ao seu modo próprio de estabelecer os nexos internos e dialéticos das categorias do sistema real do capital com o processo histórico de valorização do espaço-mercadoria.

As respostas mais freqüentes para esses problemas apontam, de imediato, para um conjunto de obras e autores que, em dado momento da trajetória acadêmica, escreveram a partir da teoria marxista uma certa história da Geografia. Assim, aparecem no cenário das influências dos ocidentais pós-68, autores como H. Capel, M. Quaini, M. Santos entre outros. Sem exceção, esses autores foram de algum modo, influenciados por obras de Lefebvre, Gramsci, Lukács, Althusser e etc. Mas, outra indagação pode ser colocada: até que ponto essas interpretações se afinam com um mesmo diapasão teórico conceitual que nos permitem estabelecer uma conexão entre a tradição teórica inaugurada por Marx e as possibilidades de uma escrita marxista da história da Geografia? A essa questão somar-se-ia tantas outras cujas respostas fatalmente alargariam o fosso entre a concepção de Geografia como um campo específico do conhecimento e o marxismo, sobretudo, se elas somente atenderem as necessidades de natureza puramente acadêmicas e institucionais.

Referências bibliográficas

ANDERSON, P. *Considerações sobre o marxismo ocidental*. 2. ed. São Paulo: Brasiliense, 1976.

BENJAMIM, Walter Sobre o conceito de história. In: Magia e técnica, arte e política. São Paulo: Brasiliense, v. 1, *Obras Escolhidas*, 1987.

CAPEL, H. *Filosofía y Ciencia em la Geografía Contemporábea* – uma introducción a la Geografía. Barcelona: Barcanova, 1981.

FAUSTO, R. *Marx: lógica e política* – investigações para um reconciliação do sentido da dialética. Tomo II. São Paulo: Brasiliense, 1987.

GRESPAN, Jorge *O Negativo do Capital*. São Paulo: Expressão Popular, 2012.

HEINRICH, Michel Os invasores de Marx: sobre os usos da teoria marxista e as dificuldades de uma leitura contemporânea. Tradução: Leonardo Marques. Campinas: *Crítica Marxista*, nº 38, 2014, p. 29-40.

LOSURDO, Domenico. Como nasceu e como morreu o "marxismo ocidental". Araraquara: *Estudos Sociológicos*, v.16, n.30, 2011, p.213-242.

LUKÁCS, György *Reboquismo e Dialética* – uma resposta aos críticos de História e consciência de classe. Tradução: Nélio Schneider; Michael Löwy; Nicolas Tertulian. São Paulo: Boitempo, 2015.

LUKÁCS, G. *Os princípios ontológicos fundamentais de Marx*. São Paulo: Ciências Humanas, 1979.

MARX. K. *Contribuição à Crítica da Economia Política*. Tradução: Florestan Fernandes. São Paulo: Expressão Popular, 2007.

MARX, K. *Grundrisse* – manuscritos econômicos de 1857-1858: esboços da crítica da economia política. Tradução: Maria Duayer e Nélio Shneider. São Paulo: Boitempo, 2011.

MENEZES, Sócrates O. *O Trabalho nas Fissuras da Crítica Geográfica*. 2015. 418 f. Tese (Doutorado em Geografia) – Faculdade de Filosofia, Letras e Ciências Humanas, Universidade de São Paulo, São Paulo.

MORAES, A. C. R. *Fixação do valor e capital fixo*. São Paulo: Boletim Paulista de Geografia, n° 72, 1984, p. 83-93.

MORAES, A. C. R.; COSTA, W. M. da *Geografia Crítica*: a valorização do espaço. São Paulo: Hucitec, 1984.

MORAES, A. C. R. *A Afirmação da Territorialidade Estatal no Brasil*: uma introdução. In: Questões Territoriais na América Latina, Amalia Inés G. de Lemos; María Laura Silveira; Mónica Arroyo (Orgs.). Buenos Aires: CLACSO; São Paulo: USP, 2006, p. 41-54.

MORAES, A. C. R. *Geografia, interdisciplinaridade e metodologia*. GEOUSP – *Espaço e Tempo (Online)*, São Paulo, v. 18, n. 1, p. 9-39, 2014.

MORAES, A. C. R. *Geografia Histórica do Brasil* – capitalismo, território e periferia. São Paulo: Annablume, 2011.

MOREIRA, R. *Geografia Práxis*. São Paulo: *Revista de Cultura* – Vozes, ano 74, vol. LXXIV/maio, n° 4, 1980, p. 19-30.

MÜLLER, M. Prefácio. In: GRESPAN, J. *O Negativo do Capital*. Dão Paulo: Expressão Popular, 2012.

NETTO, José Paulo. Introdução ao método da teoria social. In: Serviço Social – Direitos sociais e competências profissionais. Brasília: *CFESS / ABEPSS*, 2009.

OLIVEIRA, Ariovaldo U. de É Possível uma Geografia Libertadora. São Paulo: *Revista de Cultura* – Vozes, ano 74, vol. LXXIV/maio, n° 4, 1980, p. 13-18.

QUAINI, M. *Marxismo e Geografia*. Tradução: Liliana Lagana Fernandes. Rio de Janeiro: Paz e Terra, 1979.

RANIERE, Jesus *Trabalho e dialética*: Hegel, Marx e a teoria social do devir. São Paulo: Boitempo, 2011.

REICHELT, Helmut *Sobre a Estrutura Lógica do Conceito de Capital em Karl Marx*. Tradução: Nélio Schneider. Campinas: Editora da Unicamp, 2013.

REICHELT, Helmut Que método Marx ocultou? Campinas: *Crítica Marxista*, nº 33, 2011, p. 67-82.

SANTOS, M. *Espaço & Método*. São Paulo: Nobel, 1992.

Rumar ao Oeste ou fincar os pés no Leste? O contexto da atuação de Leo Waibel no Brasil (1940/1950)

Carlo Eugênio Nogueira[1]

Introdução

Na defesa de uma geografia das ciências, David Livingstone procura retomar as feições singulares impostas ao processo de construção dos conhecimentos científicos atrelando-o às localidades onde estes são produzidos ou recebidos. Partindo do princípio de que as teorias científicas não se difundem homogeneamente, afirma que em cada lugar, época e sociedade as principais teorias circulantes são apropriadas e mobilizadas diversamente para distintos propósitos. Por consequência, conclui-se que o significado do conhecimento não é estável, antes, varia de acordo com os lugares onde foi gerado e conforme a maneira como se deu, em diferentes escalas, a sua recepção (LIVINGSTONE, 2003).

Colocadas as premissas acima, toma-se como objeto desta comunicação a discussão do contexto histórico no qual foram desenvolvidas as atividades científicas dos geógrafos do Conselho Nacional de Geografia do Instituto Brasileiro de Geografia e Estatística (CNG/IBGE) que participaram das excursões de campo efetuadas sob a orientação do alemão Leo Waibel (1888-1951). Avaliando a relação existente entre o conhecimento geográfico

---

[1] Professor Doutor Universidade Federal do Espírito Santo.

produzido em campo e a elaboração de ações de transformação do território, propõe-se, em específico, verificar como determinadas ideologias geográficas a respeito da colonização e povoamento do país foram trabalhadas por esse grupo de geógrafos no momento de transição do termo de Getúlio Vargas (1930-1945) para o governo de Eurico G. Dutra (1946-1951).

A ideia, portanto, não é fazer um estudo a respeito da estrutura organizacional do CNG, relembrando seu papel na institucionalização da Geografia, mas apreciar em que medida as práticas desenvolvidas em suas excursões de pesquisas poderiam funcionar como verdadeiros "lugares do saber", locais de experimentação e treinamento que resultaram em específicas formas de compreensão da realidade. Em uma palavra, analisar quanto a direção impressa pelo geógrafo alemão provocou mudanças epistemológicas nos parâmetros utilizados *in loco* por seus orientandos no entendimento do processo de formação territorial brasileiro.

Para que possamos compreender melhor o ambiente intelectual no qual inseria-se a organização das expedições de campo do CNG, seria importante analisar rapidamente como a questão da colonização e povoamento do território aparecia nos registros do pensamento político-social do período. Ao longo da primeira metade do século XX, é perceptível a existência de um conjunto de discursos, reiteradamente desdobrados em influentes ideologias geográficas (MORAES, 1988), que em seu conteúdo fundamental repõem, em novas bases, a relação estabelecida no Brasil entre a conquista do território, o desbravamento dos sertões e a construção da nacionalidade. Essa espécie de relação pendular entre a elaboração de ideologias geográficas e a execução de políticas territoriais com forte atuação no ordenamento do território, traduz-se, a partir de 1930, em uma mudança de perspectiva das narrativas do pensamento político-social a respeito do conceito de região.

Em 1937, a instauração do Estado Novo elevou a construção da unidade nacional à condição de projeto político de consenso. Na visão do governo, os objetivos postos por esse projeto somente seriam alcançados pela via da integração econômica, política, demográfica e cultural das afastadas regiões do Brasil, único remédio para que a ameaça do esfacelamento territorial do país não se consubstanciasse. Melhor dizendo, afirmava-se a ideia de unidade do país como sinônimo de integração territorial, com a centralização autoritária do poder expressando-se no estabelecimento da padronização e uniformização da legislação processual, civil, penal e financeira, que definia o território nacional como uma unidade econômica, comercial e alfandegária (DINIZ FILHO, 1994).

As políticas de povoamento do interior que sustentariam, por meio da ocupação produtiva de novas terras, a integração econômica do território, formam a base, associada com a exploração futura dos espaços ainda "vazios" do país, do núcleo essencial que dirige as políticas territoriais do Estado Novo. O imenso estoque de terras disponíveis e a expectativa de exploração das riquezas potencialmente advindas pela incorporação dos fundos territoriais ao circuito do capital (MORAES, 2002) justificariam, em grande parte dos discursos veiculados por intelectuais orgânicos do regime, a peculiaridade do expansionismo brasileiro se dar como um "imperialismo pacífico", resolvido sem conflitos por voltar-se para dentro de si mesmo, tal como constava nos objetivos da "Marcha para o Oeste". Na verdade, o regime de Vargas irá combater a exacerbação do sentimento regionalista, acusado de ser uma corruptela do separatismo, como forma de se contrapor às práticas políticas das antigas elites regionais oligárquicas, mas não se opõe ao regionalismo, tomado como expressão de formas específicas de manifestação cultural, isto é, como arranjos culturais espacialmente localizados que, vistos em conjunto, exprimiriam localmente a diversidade do caráter nacional:

Modernizar a economia brasileira povoando e equipando o território era uma meta explícita da ditadura varguista, que também fez intensa utilização simbólica da representação do espaço para a legitimação de suas ações. Na visão do país difundida pelo seu Departamento de Imprensa e Propaganda o Brasil era definido como a somatória de suas culturas regionais e a autenticidade do "caráter nacional" era localizada nas áreas distantes do interior, e, portanto, o sentimento da verdadeira brasilidade residiria nos sertões (...). Nesse entendimento, a diversidade das regiões brasileiras foi equacionada como pura positividade, a partir da qual o Estado forte construiria a nação. O Estado Novo inaugurou o período posteriormente denominado de "nacional-desenvolvimentismo", no qual se propunha o planejamento estatal como agente indutor do progresso, entendido basicamente como a industrialização do país. (MORAES, 2011, p. 90-91).

É relevante, pois, delinear os círculos intelectuais ocupados com as questões relativas à ocupação do território. Em trabalho já clássico sobre o Estado Novo, Mônica Pimenta Velloso (1982) analisa o papel da imprensa e dos intelectuais na elaboração de uma imagem positiva do governo ditatorial de Getúlio Vargas. Detendo-se nas ações do Departamento de Imprensa e Propaganda (DIP) e nos textos publicados em duas revistas de grande circulação na passagem dos anos 1930 aos 1940, a Cultura Política e a Ciência Política, Velloso diferencia as funções exercidas por cada uma delas. Enquanto a primeira, aparelhada por grandes nomes do meio acadêmico que professavam proximidade com Vargas, como Cassiano Ricardo, Oliveira Vianna, Azevedo Amaral, Francisco Campos e Almir de Andrade, estaria voltada mais especificamente para a produção do discurso ideológico de sustentação do regime, a segunda, veículo de divulgação do trabalho dos chamados "intelectuais médios", como Pedro Vergara, Paulo Filho, Renato Travassos e Sabóia Lima, voltar-se-ia sobretudo para a difusão desse discurso, funcionando como um órgão cultural que reverberava as doutrinas mais densas produzidas pelos primeiros (VELLOSO, 1982). A complementaridade entre certas ações do governo federal fundamentadas em elaborações ideológicas já consagradas e as políticas territoriais realmente implantadas para fomentar a colonização e o povoamento do país foi também notada, no que diz respeito às questões demográficas, por Maria Verônica Secreto (2007), que afirma que as políticas populacionais do período Vargas não podem ser compreendidas apartadas dos objetivos estratégicos colocados nos projetos de ocupação dos "espaços vazios". Sendo assim, mesmo que a argumentação em favor do ideário constante na "Marcha para o Oeste" seja um dos pontos cuja defesa efetuou-se a partir de múltiplos vieses, dado o caráter heterogêneo do grupo de intelectuais que escreveram sobre a questão, admite-se que a imigração, a colonização e a ocupação dos vazios demográficos assumiam, no discurso de intelectuais próximos do regime, uma perspectiva geopolítica, com objetivos e teores diferentes segundo os veículos de difusão, a elaboração ideológica e os órgãos de execução das políticas.

Como um todo, a reavaliação do conjunto dos discursos sobre a "Marcha para o oeste", quando referidos às políticas concretas de interiorização, revela a intenção estatal de criar uma base de apoio ao regime. Integrando o rol das estratégias utilizadas para a consolidação do Estado nacional, tais discursos, em sua faceta ideológica, revelam o desejo de controle sobre a produção, difusão e manipulação dos símbolos e representações passíveis de formarem a base para a construção de identidades coletivas (GOMES, OLIVEIRA e VELLOSO, 1982). Entretanto, ao se analisar os efetivos resultados obtidos por meio das políticas territoriais do período Vargas, percebe-se que estas não induziram movimentos expressivos de ocupação do interior do país, tampouco sendo alterada a concentração fundiária e a organização do espaço rural. No que tange à unificação dos mercados, é possível observar resultados sensíveis, como o fim dos impostos interestaduais e a melhoria nas condições de planejamento e financiamento. Já na questão estratégica dos transportes, os resultados tiveram um alcance restrito regionalmente às demandas da industrialização concentrada:

> Apesar de toda a retórica a respeito da *fronteira*, não parece que Vargas imaginasse a "Marcha para o Oeste" como um movimento massivo que ocuparia e desenvolveria metade do país em um curto período de tempo (...). Quando falava em termos concretos, Vargas parecia ter em mente, em termos de política governamental, sobretudo as "medidas elementares", tais como saneamento, educação e transportes, que constituiriam os pré-requisitos e o suporte para a ocupação. (VELHO, 1979, p.141.)

Acompanhando a interpretação de Otávio Guilherme Velho, as fronteiras em movimento, ao integrar espaços considerados vazios às áreas economicamente ativas do território brasileiro, deram continuidade ao desenvolvimento de tipo autoritário bem particular à via brasileira de formação do capitalismo, numa ação de controle da mão-de-obra que insuflou as migrações internas do "campesinato marginal" pela interdição do acesso às terras na fronteira. Essa situação de "fronteira aberta, porém controlada" (VELHO, 1979, p. 87) pode ser compreendida como uma ação de repressão que facilitou o crescimento da população excedente nas cidades, dando origem a um exército industrial de reserva aproveitado nos momentos de crescimento da indústria. A expansão territorial do capital no campo, que continuou a se utilizar da força de trabalho expulsa de suas terras no desmatamento de florestas para a produção das fazendas (MARTINS, 1979; OLIVEIRA, 2007), criou condições para o desenrolar de um processo de acumulação primitiva, comum nos momentos de transição de um padrão de acumulação agrário-exportador para outro ligado à atividade industrial, como o que então experimentava o país (CANO, 1978; MELLO, 1982). A partir desse arcabouço, é possível asseverar que o nacionalismo generalizado no período iniciado após a chamada Revolução de 1930 acaba moldando a prática dos geógrafos brasileiros que, na década de 1940, participaram da consolidação do CNG/IBGE. O território era a escala básica dos estudos, e seu conhecimento empírico condição incontornável para a consecução do desenvolvimento econômico e do progresso social almejado pela sociedade, mas executado pelo Estado. Nesses termos, o estudo do território era considerado peça-chave para que fosse possível a solidificação da modernidade no país, e a importância da integração territorial no debate público a respeito dos rumos do país um sintoma do uso generalizado de categorias espaciais pelo pensamento político-social do período.

O território nacional pode ser entendido então como a categoria que organiza espaços para a prática científica dos geógrafos (DEBARBIEUX, 2013) que integram a chamada primeira geração universitária brasileira em diferentes níveis. De uma parte, os conhecimentos empíricos sobre o território auxiliariam a legitimar a Geografia institucional como ciência. Desvendar os lugares torna-se sua "missão modernizadora" na construção do Estado-nação em contexto periférico. Ao mesmo tempo, a demanda por estudos a respeito das potencialidades e recursos do território cria progressivamente espaços para a atuação dos geógrafos profissionais: a geografia do território e o território da Geografia se confundem.

A contratação de Leo Waibel como técnico do CNG em 1946, que marca o início de um novo período para a prática da Geografia Humana no país, foi motivada por sua atuação como especialista em diagnósticos geográficos para ocupação de áreas tropicais do governo dos EUA. Como se vê, a análise de sua trajetória intelectual permite visualizar a composição de linhas de cooperação institucional e circulação de ideias que enredam a Alemanha nazista, os Estados Unidos e o Brasil. Por um lado, isso evidencia a importância que o debate a respeito do povoamento e colonização do território no Brasil continuou a ter após o fim do governo Vargas. Por outro lado, abre a possibilidade de avaliar se sua atuação científica nas pesquisas de campo no CNG manteve-se fiel às ideologias geográficas difundidas no conjunto de políticas encampadas no "Marcha ao Oeste".

Um alemão vai a NY e desembarca no RJ: a chegada de Leo Waibel ao Brasil

Refazendo rapidamente a trajetória intelectual de Waibel, sabe-se que após seus primeiros estudos em geografia, feitos na década de 1910, sob a influência de F. Jäger e Alfred Hettner, seu grande mestre, ele empreendeu inúmeros trabalhos de campo. Cabe destacar sua primeira experiência como observador do mundo tropical, ocorrida em 1911, quando foi convidado a participar de uma expedição africana patrocinada pela Sociedade Colonial Alemã. Após o início da I Guerra Mundial, em 1914, Waibel, que se encontrava novamente na África, se alista como reservista, tendo sido posteriormente preso por tropas inglesas. Ele permaneceu na condição de prisioneiro até 1919, embora desde 1916 os ingleses tivessem autorizado a continuidade de suas pesquisas, voltadas, nessa época, para questões de morfologia, hidrologia, e aquilo que então se denominava como zoogeografia.[2]

---

2   As informações de caráter biográfico sobre Leo Waibel foram retiradas de diferentes fontes. O trabalho de G. Kohlhepp (2013), geógrafo alemão chamado por Orlando Valverde, seu mais conhecido discípulo brasileiro,

Na década de 1920, Waibel trabalha por um tempo em Colônia, exercendo o cargo de professor-assistente junto a Thorbecke, mesma função que exercerá depois em Berlim, quando auxiliou o eminente geógrafo Albert Penck, pioneiro nos estudos de climatologia dinâmica. Nessa época, produziu textos importantes que revelam a predileção pelos conceitos de paisagem e de formação econômica, como o intitulado "As regiões pastoris do Hemisfério Sul", que seria vertido para o português e publicado em livro, em 1958, no Brasil. Posteriormente, por volta de 1923, assume a direção do Instituto de Geografia, em Kiel, de onde saiu, em 1929, para tomar posse do mesmo cargo na Universidade de Bonn, onde ficou até ser demitido, em 1937, sendo proibido de exercer sua profissão em universidades alemãs.

Nos anos 1930, Waibel promoveu intensas mudanças em sua prática científica, que se voltou para discussões sobre a aplicabilidade da obra de Von Thünen e para problemas relativos à geografia agrária e econômica. Com efeito, seu livro Problemas da Geografia Agrária, lançado em 1933, que Orlando Valverde (1964) considera uma contribuição magnífica como método de exposição geográfica, pode ser tomado como marco dos estudos desenvolvidos pelo alemão no período. Por essa época, supera o nacionalismo extremo que permeou suas atividades nas décadas de 1910 e 1920, quando inclusive esposou algumas ideias do nacional-socialismo. Deixando de lado seu engajamento no projeto imperialista alemão, Waibel abandona as preocupações com a divisão do território africano, buscando compreender as particularidades que envolviam a

---

como o "neto" intelectual de Waibel, e o livro de Virgínia Etges (2000), que fez um estudo completo da vida e da obra do geógrafo alemão. Outros fatos e datas importantes foram também compilados na apresentação que antecede a segunda edição do livro Capítulos de Geografia Tropical e do Brasil (1979), lançado em 1958.

exploração econômica dos espaços tropicais. Suas pesquisas não tratavam mais da "aquisição de colônias e sim de questões sobre a troca de mercadorias na divisão internacional do trabalho" (ETGES, 2000, p. 31). As dificuldades impostas pelo regime nazista à sua atividade de pesquisa, que culminaram na perda do cargo que ocupava na Universidade de Bonn, fez com que a causa mais divulgada para a sua destituição fosse a ascendência judia (ou o não arianismo) de sua esposa. Entretanto, as mudanças operadas em suas preocupações científicas, com destaque para a questão da colonização de terras tropicais por elementos europeus, que passa a ser seu principal foco de interesse, têm um papel não desprezível em sua demissão. À época, Waibel abandonara o antigo hábito de condicionar questões demográficas, culturais e políticas aos desígnios naturais, o que supervalorizava a influência do meio natural na compreensão de problemas sociais e econômicos. Nesse sentido, tornam-se relevantes os comentários feitos por Orlando Valverde (1991) em entrevista concedida à revista Geosul. Diz o geógrafo carioca:

> Durante o governo de Hitler, Waibel tinha dois motivos grandes de incompatibilização com o regime: primeiro, porque casou com uma mulher de origem judia, que não praticava a religião, mas não era ariana; segundo, porque ele publicara em 1933, em Breslau, um pequeno livro, intitulado *Probleme der Landwirtschaftsgeographie* (Problemas de Geografia Agrária), em que, num dos capítulos, mostrou que os "boers", embora descendentes de holandeses, portanto arianos, devido ao isolamento econômico e cultural tinham baixado seus padrões até o nível de pastores nômades. Na conclusão, ele afirmou então que a teoria de "Blut und Boden" (sangue e solo), a teoria racista, não era verdadeira. Isto em 1933, justamente quando Hitler subiu ao poder! (VALVERDE, 1991, p. 176.)

Para Valverde, o fato de Waibel atribuir a regressão por ele observada no modo de vida de descendentes de europeus ao isolamento econômico e cultural, e não a uma possível inadaptação dos pastores bôeres arianos aos rigores do clima tropical, estaria na raiz das desventuras pelas quais o alemão passaria na década de 1930. Paradoxalmente, é também o motivo maior do encontro de Waibel com o Brasil, de vez que seu exílio nos Estados Unidos, caminho que tomou para escapar das restrições a ele impostas na Alemanha, marca profundamente as escolhas futuras que irá realizar, pautando inclusive o cruzamento de sua trajetória pessoal e científica com um grupo de geógrafos brasileiros recém-saídos dos bancos universitários. A história é boa, e vale maiores comentários.

No início da década de 1940, inicia-se, via IBGE, um progressivo aumento do intercâmbio científico do Brasil com os Estados Unidos. Esse estreitamento de relações pode sem dúvidas ser remetido ao contexto mais amplo da política de integração e cooperação em escala continental do presidente Roosevelt para a América Latina. Na época da II Guerra, por exemplo, ganhou destaque a ênfase nas chamadas "relações culturais" (TOTA, 2000). Como as relações oficiais com a geografia francesa encontravam-se suspensas, até por conta da ocupação alemã, o intercâmbio cultural de técnicos do CNG com os EUA se deu através de órgãos e universidades envolvidos diretamente com questões relativas ao planejamento regional, que contava já com a experiência anterior das mudanças empreendidas pelo governo americano no Vale do Tennessee como parte da política do *New Deal*.

Postas as linhas gerais do início do relacionamento da geografia brasileira com o mundo universitário e acadêmico norte-americano, sabe-se que o primeiro geógrafo brasileiro a viajar para os EUA foi Jorge Zarur, que, em 1942, foi para a Universidade de Wisconsin, onde cumpriu as etapas necessárias para o obtenção de seu mestrado. Nesse mesmo período, frequenta também a Universidade de Chicago, onde se aproximou de nomes como Clarence Jones e Cotton Mather, geógrafos especializados no planejamento regional que já haviam prestado inúmeros serviços ao governo dos Estados Unidos (ALMEIDA, 2000).

Após a volta de Zarur para Brasil, em 1943, uma nova leva de geógrafos ligados ao CNG parte para os Estados Unidos. Na entrevista antes referida, Valverde lembra que Fábio de Macedo Soares Guimarães e ele ficaram em Wisconsin, Lúcio de Castro e Lindalvo Bezerra partiram para Chicago e José Veríssimo da Costa Pereira foi para a Universidade Northwestern (VALVERDE, 1991). É nesse curso de Wisconsin que Valverde conhece Waibel, cuja ida aos EUA, em 1939, havia sido intermediada por Richard Hartshorne, Isaiah Bowman e por um seu ex-aluno, Karl Pelzer, que havia concluído seu doutorado na UCLA.

Os estudos a respeito das possibilidades de colonização desenvolvidos por Waibel no início de sua carreira americana podem nos ajudar a compreender melhor o surgimento de certas posturas que direcionaram suas reflexões quando de sua chegada ao Brasil. Entretanto, a participação de Waibel nas *geographical surveys* realizadas na América Central, no final dos anos de 1930, só pode ser inteiramente esclarecida quando se faz menção à visão de geografia de I. Bowman, um dos grandes patronos da geografia dos EUA naquele momento[3].

Expressivamente, quando se fala sobre os estudos geográficos focados na colonização e povoamento de terras consideradas

---

3   Isaiah Bowman foi diretor da *American Geographical Society* entre 1915 e 1935, ocupou a presidência da *Association of American Geographers* entre 1931 e 1933, e foi presidente da União Geográfica Internacional (UGI) entre 1931 e 1934. Na mesma época, entre 1935 e 1948, presidiu também a universidade John Hopkins.

vazias, é inescapável fazer menção ao nome de Isaiah Bowman (1878-1950). No geral, seus trabalhos redundaram em programas internacionais de estudos sobre as franjas pioneiras, apresentados em obras coletivas como *The Pioneer Fringe* (1931), composta de sete monografias resultantes da cooperação pluridisciplinar na investigação de áreas consideradas pioneiras em diferentes continentes, e o livro *Limits of Land Setlement: A Report on Present-day Possibilities* (1937). O objetivo subjacente aos inquéritos científicos sobre as áreas de interesse para a colonização seria a produção de um diagnóstico de viabilidade econômica referente à expansão do denominado povoamento moderno em novas áreas ainda não totalmente aproveitadas pelos grupos humanos.

Dito de outro modo, os trabalhos coordenados por Bowman procuravam estabelecer parâmetros aceitáveis para a dominação das civilizações urbano-industriais da Europa e dos EUA em terras consideradas "disponíveis" para a instalação de colônias, no mais, aquelas localizadas nos trópicos. Por corolário, para que as possibilidades de povoamento pudessem se realizar por completo, a colonização deveria ser referendada (ou não) pela ciência, que teria a incumbência de avaliar o potencial de exploração de cada área.

Sua visão de geografia trazia uma concepção internacionalista de desenvolvimento econômico atrelada à colonização de novas áreas. Tal circunstância expressa a ascensão do novo tipo de imperialismo americano por meio da diminuição de importância da lógica territorialista de poder do colonialismo europeu, para ficarmos nos termos de Arrighi (1996), em detrimento de uma lógica capitalista do poder. Essa lógica capitalista visaria a acumulação do capital sem a necessidade de haver o controle direto de territórios estrangeiros, o que faz com que a colonização de novas áreas apareça como o meio pelo qual os investimentos feitos por agentes estatais ou privados pudessem retornar de forma ampliada dentro de uma economia globalmente unificada. Logo, uma colonização moderna ancorada em inquéritos científicos, além de cavar espaços de atuação acadêmica para a geografia (ROBIC, 1996), podem ser vistos como uma forma de exploração mais próxima da lógica de poder capitalista.

No entendimento de Bowman, a colonização dinamizada pelo pioneirismo moderno seria uma forma de desenvolvimento econômico, podendo funcionar como uma válvula de escape para certos problemas sociais surgidos em momentos de crise. Assim, ao contrário de F. J. Turner, que argumentava ser a dinâmica da fronteira um repositório espiritual da renovação da identidade nacional norte-americana, Bowman se utilizava do vocabulário que opunha os "selvagens" à "civilização" numa chave mais afastada das teses que consideravam as condições naturais do meio como o fator preponderante do sucesso ou fracasso da colonização (NOGUEIRA, 2013). O que seria determinante para caracterizar os cinturões pioneiros, até como uma forma de incentivar os estudos geográficos, pensados como fundamentais para indicar as reais possibilidades de negócios que poderiam surgir, seria a estrutura econômica, social e política dos países e regiões onde estes estariam localizados.

O viés internacionalista dos estudos sobre as zonas pioneiras, que liga a expansão do imperialismo americano à colonização produtiva de novas terras, pode ser melhor percebido na atuação científica que Bowman desenvolveu nos anos 1940, quando os problemas relacionados com as migrações de refugiados passam a ser pensados como um dos esteios da reconstrução global que se imporiam no pós-guerra. De fato, a questão do assentamento dos milhões de refugiados que certamente seria imperiosa ao final das hostilidades bélicas era, dentre os muitos outros assuntos e aspectos geopolíticos das discussões que pautavam o Departamento de Estado americano, essencial para a consolidação e exercício das futuras relações de poder mundial projetadas pelo governo dos Estados Unidos (SMITH, 2003).

O envolvimento anterior do geógrafo estadunidense com os diagnósticos territoriais de áreas próprias para a colonização sensibilizou o governo americano, que passou a investir em estudos de caráter sistemático sobre as possibilidades de povoamento em diferentes áreas no globo. Com verbas garantidas, Bowman monta sua equipe, aceitando as indicações de Hartshorne e Pelzer para contratar Waibel. Após sua mudança aos EUA, Waibel foi nomeado pesquisador-associado (1939-1941) em John Hopkins. Depois, entre 1941 e 1944, transferiu-se para a Universidade de Madison, em Wisconsin, onde lecionou substituindo R. Hartshorne. Adquiriu cidadania americana em 1945, mas mesmo sendo reconhecidamente uma das maiores autoridades mundiais no campo da geografia econômica e agrária, não conseguiu galgar uma vaga como professor efetivo nas universidades dos EUA (KOHLEPP, 2013).

Sendo conhecedor da América Central desde a década de 1920, Waibel foi escolhido, após sua mudança em definitivo para os EUA, para participar dos primeiros estudos coletivos sobre as possibilidades de colonização. Desta sua participação resultou a publicação do texto *White Settlers in Costa Rica*, no qual discute a aplicação da teoria de Von Thünen. Patrocinado por uma entidade controlada por judeus, a *Refugee Economic Corporation* (REC), e alocado na Universidade John Hopkins, esse esforço inicial de identificação de possíveis áreas de colonização resultou em uma série de noventa e três relatórios, todos destinados aos conselhos e comitês presidenciais que discutiam as alternativas para o assentamento de refugiados. Além disso, compilou-se uma soma considerável de material descritivo sobre muitos lugares em todos os continentes, à exceção da Europa. Essas informações de primeira mão sobre uma diversidade de lugares não poderia de forma alguma ser descartada em tempos de guerra. Todavia, as ligações desse conjunto de estudos com as diretrizes estratégicas que seriam futuramente estabelecidas pelo secreto "Projeto M" (M de "migração"), foram até certo ponto mascaradas pelo amparo institucional fornecido em John Hopkins aos especialistas que dele participaram, entre 1938 e 1942 (SMITH, 2003).

O Projeto M, cujos "propósitos consistiram na identificação e sugestão de áreas apropriadas para o assentamento de colonos judeus na América Latina" (ADAS, 2007, p. 64), foi insuflado no início da década de 1940 pela divulgação das atrocidades cometidas contra os judeus na Europa. Sua estrutura organizacional funcionou, entre 1942 e 1945, em três salas de estudo adjacentes à Livraria do Congresso. Porém, embora tenha conseguido agregar mais de seiscentos e cinquenta documentos, não conseguiu resultados mais efetivos do ponto de vista da instalação de refugiados nas áreas pesquisadas (SMITH, 2003). Waibel participou como pesquisador ligado diretamente ao Projeto M entre 1944 e 1946, quando, após a morte do presidente F.D. Roosevelt, o projeto foi oficialmente descontinuado:

> O projeto propunha o estudo sobre as possibilidades (e elencava sugestões de áreas apropriadas) de aldeamento no mundo inteiro, excetuando o território dos Estados Unidos, para imigrantes judeus e para a esperada onda de refugiados europeus depois da guerra. O "Project M", do qual Pelzer também participou, estava sujeito a sigilo por motivos de política nacional e externa. A Waibel foi então atribuída a região da América Central. Com base na literatura disponível e conhecimentos locais do pesquisador, resultou em uma identificação geográfica dos países e das regiões ainda não habitadas e de áreas apropriadas para o povoamento de imigrantes europeus. Esta tarefa refletiu-se mais tarde nas pesquisas de Waibel no sul do Brasil e no Espírito Santo. (KOHLHEPP, 2013, p. 33).

Como quer que seja, vê-se que a relação estabelecida entre o tema da colonização e os objetivos de desenvolvimento econômico projetados pelos Estados Unidos, de certa forma está ligada à circunstância de as pesquisas coletivas coordenadas por Bowman considerarem a geografia como uma ciência auxiliar dos planos de colonização dirigida a serem executadas em escala global. A insistência em apontar o caráter de negócio que poderia ser impresso nas ações públicas e particulares de colonização dirigida surgiu em um momento de dissolução dos antigos laços do colonialismo europeu. Todavia, o novo imperialismo que iria surgir no após II Guerra (HARVEY, 2004), continuaria conectando o processo de expansão econômica aos movimentos de dominação geopolítica de novos territórios, mesmo que agora essa relação fosse se dar a partir de novas bases, que prescindiriam de uma dominação militar.

A participação de Waibel como especialista nas pesquisas financiadas por essa iniciativa de cunho estratégico, que resultou em pesquisas feitas em Honduras, Guatemala, Nicarágua, Panamá e El Salvador, pode ajudar a melhor compreender a gestação de algumas de suas preocupações na análise do tema da formação do território brasileiro. Sua contratação como assistente-técnico do CNG, que certamente foi referendada por sua experiência como pesquisador, permite identificar a colonização dirigida e os estudos sobre uso e ocupação do solo como assuntos de importância estratégica para as agências governamentais ocupadas com a geografia no Brasil mesmo após o fim do regime varguista.[4]

---

4 Em carta escrita do Rio de Janeiro a Gottfried Pfeifer (1901-85), antigo aluno com quem estabeleceu uma profícua colaboração científica, Waibel afirma, em 1946: "Minha tarefa é o exame sistemático dos *pioneer belts* do Brasil. De certa forma, eu tenho um marco histórico a cumprir: eu devo mostrar à administração que a geografia não é somente uma disciplina acadêmica, mas que ela também possui grande significado prático para

A questão que permanece em aberto, dado a permanência dos contatos de Waibel com o governo estadunidense, é se os estudos levados a cabo em terras brasileiras mantiveram certo sentido de continuidade, ao menos metodológica, com sua atuação anterior. Em outras palavras, questiona-se se o direcionamento científico que imprimiu em seus estudos sobre colonização dirigida em nosso país manteve o entendimento posto a respeito desse fenômeno em seus trabalhos nos EUA. Nesse caso, os esforços de pesquisa ao qual devotou atenção no início de sua trajetória no CNG podem ser compreendidos, em parte, como uma espécie de desdobramento do trabalho de identificação de áreas aptas a receberem refugiados.

No limite, há até mesmo a possibilidade de se visualizar um entrelaçamento de escalas de interesses que é posta em movimento com a circulação de saberes. Na escala das mudanças epistemológicas ocorridas na geografia do CNG, que vai em parte perdendo a dominância exclusiva do sotaque francês, a atuação de Leo Waibel, Preston James e Clarence Jones em ações de treinamento de geógrafos brasileiros revela uma aproximação inconteste com a maneira alemã/estadunidense de perceber, conceber e analisar o tema do povoamento e colonização do território. Já no contexto do interesse geopolítico americano pelo Brasil, a aplicação dessa metodologia de estudos na identificação das potencialidades econômicas de exploração dos lugares permite aventar a possibilidade de haver liames implícitos entre os trabalhos executados diretamente no terreno no Brasil e a expansão das estratégias de dominação geopolítica calcadas na lógica capitalista de poder do novo imperialismo.

Nesse caso, a permanência de uma visão sedimentada durante a Era Vargas, que vincula as políticas territoriais executadas pelo

o planejamento regional, possibilidades de colonização etc." (WAIBEL *apud* KOHLHEPP, 2013, p. 35).

Estado à realização do "destino nacional", atribuindo ao conhecimento científico do território a função instrumental de fundamentar as ações de modificação dos elementos sociais e naturais que induziriam o desenvolvimento econômico e cimentariam o caminho do país à modernização, pode ser vista como um ajuste de foco para os atores em questão, pois o aprendizado de novas técnicas de campo poderia ser encarado como uma decisão tomada consoante o ponto de vista dos interesses nacionais. Mesmo assim, não se pode descartar a possibilidade de esses levantamentos poderem cumprir uma função estratégica de identificação de áreas e setores da economia passíveis de receberem investimentos internacionais, num quadro em que a defesa do intervencionismo estatal no território seria uma forma de otimizar os ganhos do capital privado (BOMFIM, 2015).[5]

A revisão metodológica das políticas de colonização e povoamento do Estado Novo

Ao longo de sua estadia no Brasil, Waibel não atuou diretamente como professor universitário. Isso certamente permitiu que se dedicasse com mais afinco às pesquisas, mas impediu que um público mais amplo tivesse acesso às suas ideias. Por isso, Waibel

---

5 Embora estejamos aqui esboçando uma aproximação entre uma possível forma de apropriação dos resultados práticos da atuação de Waibel no CNG e a expansão mundial de uma lógica capitalista de poder, principalmente pela temática comum de seus trabalhos com Bowman e de sua atividade no CNG, tanto lá, quanto cá, Leo Waibel nunca deixou de ser identificado como alemão. Isso fica claro tanto nas dificuldades de conseguir, nos EUA, uma posição acadêmica condizente com seu status e reconhecimento mundial na comunidade científica, quanto, e principalmente, no episódio de sua contenda pública com o general Polli Coelho, chefe da Comissão de Estudos para a Localização da Nova Capital do Brasil, da qual Waibel fez parte, junto com outros geógrafos do CNG, entre 1947 e 1948. Sobre o último assunto, que não será aqui abordado: Pereira (2010); Vessentini (1986).

não replicou, no Rio de Janeiro, o papel central que Pierre Monbeig exerceu na formação de toda uma geração de geógrafos em São Paulo (NOGUEIRA, 2015). Mesmo assim, sua atuação junto a um grupo extremamente selecionado de geógrafos, ainda que "afetando um número reduzido, pôde, contudo, marcar sensivelmente a geografia brasileira sobretudo na metodologia dos estudos agrários" (MONTEIRO, 1980, p. 12).

Essa circunstância se deveu, talvez, pela profundidade com que suas indicações metodológicas e sua concepção a respeito do trabalho científico do geógrafo foram apropriadas por seus colaboradores mais próximos. Nomes como Orlando Valverde, Fábio de Macedo Soares Guimarães, Nilo Bernardes, Pedro Geiger, Speridião Faissol e Walter Egler, todos com indiscutível peso para a Geografia brasileira, eram tratados por Waibel como sua "3a. geração de estudantes" (KOHLHEPP, 2013). No decorrer de suas trajetórias científicas, esses geógrafos ocuparam cargos de prestígio dentro do meio universitário e acadêmico no Brasil. Por via indireta, portanto, pode-se dizer que os ensinamentos de Waibel não ficaram restritos aos muros do IBGE. Contudo, é forçoso reconhecer que o estudo da recepção, assimilação e difusão das ideias geográficas alemãs no Brasil é assunto que ainda carece de maior atenção por parte dos pesquisadores ocupados com a História da Geografia.

De todo modo, nas publicações que os geógrafos brasileiros orientados por Waibel produziram, podemos perceber certa similaridade na construção do enquadramento explicativo de questões relacionadas à colonização e ao povoamento. A primazia das atividades econômicas na organização das paisagens, o uso da comparação com base no critério de variação de áreas, a valorização metodológica da observação e o recurso à história como fundamento explicativo do surgimento e evolução dos espaços agrários, princípios caros a Waibel, foram legados dos quais seus discípulos brasileiros nunca se afastaram.

Quanto à metodologia de trabalho de campo desenvolvida pelo alemão em suas atividades no Brasil, sabe-se que envolvia a observação sistemática da realidade estudada, a feitura minuciosa de diários, a retomada coletiva do que havia sido discutido ao final de cada dia e a sistematização criteriosa dos resultados em relatórios, que buscavam a máxima clareza na exposição. Conferindo a seus textos um caráter normativo explícito, Waibel articulava, em sua argumentação, a relação entre a realidade estudada, expressa na conformação da geografia material de um lugar, e o modo de apreender geograficamente essa realidade. Em outras palavras, ele promovia o embate da realidade avaliada com a construção lógica dos conceitos encadeados numa descrição explicativa.

Outro ponto importante a apreciar é o ritmo da exposição de Waibel. Em seus textos, os assuntos são encadeados de uma tal maneira que o resultado final, em cada subseção, costuma revelar uma modulação entre as escalas, indo do geral (ou sistemático) para o particular (ou regional). Isso era feito sempre pela via da observação: "pois observar é o ato de ver ligado ao ato de pensar, e significa que se tem que interpretar o que é visto, segundo orientação pré-estabelecida" (WAIBEL, 1979, p. 34). A abordagem comparativa que desenvolve passa então a ser o instrumento que insistentemente cumpre o papel de entrelaçar a reiterada modulação das escalas. Assim, se o que está em análise é uma atividade econômica de origem agrária, isso implica questionar que tipos de paisagem se originam das formas de economia e sistemas de atividades empregados, e quais as causas das diferenças ou semelhanças existentes entre essas paisagens em diferentes escalas, seja dentro de um país, seja na superfície do planeta.

Em livro recente dedicado à memória das expedições geográficas do IBGE, os autores indicam Leo Waibel como integrante de doze das excursões de estudos organizadas pelo CNG entre 1946 e 1950. Os resultados das expedições foram publicados em dezoito artigos saídos nos periódicos do IBGE, treze na Revista Brasileira de Geografia (RBG) e cinco no Boletim Geográfico (BG), hoje acessíveis em meio digital (ABRANTES E LEITE, 2018). Excetuando-se a expedição vinculada à Comissão de Estudos para a Localização da Nova Capital, da qual assumiu o posto de orientador científico, até por sua condição de estrangeiro, em todas o geógrafo alemão foi o responsável direto pelo desenvolvimento das pesquisas.

Fazendo uma análise panorâmica dos destinos e objetivos expressos em cada uma das expedições geográficas, apercebe-se uma mudança brusca na orientação das excursões dentro do território brasileiro. Ao invés de se concentrarem no estudo de áreas que demandavam o interior do território, como ocorreu na primeira das expedições, em 1946, ao sul de Goiás, e teve continuidade com os trabalhos referentes à futura localização de Brasília, os trabalhos passaram a ter como destino preferencial zonas pioneiras recentes e áreas de colonização europeia localizadas nas regiões sul (Paraná, Santa Catarina e Rio Grande do Sul) e sudeste (região ao norte do rio Doce, entre Minas Gerais e Espírito Santo). Isso se deu por volta de 1948. Com o fim da II Guerra e o encaminhamento dos acordos que se seguiram, o interesse em diagnósticos científicos para a alocação de imigrantes que viriam estabelecer uma colonização de cariz eminentemente agrário sofreu uma sensível diminuição:

> Com isso, tornou-se irrelevante para Waibel a elaboração científica de sugestões de regiões adequadas para a colonização de imigrantes europeus, atividade que exercia nos Estados Unidos, durante a guerra. Como não havia conhecimento aprofundado sobre a situação existente no sul do Brasil, o governo brasileiro priorizou esclarecer a atual situação através de pesquisas do grupo do CNG. Waibel sugeriu então a elaboração de um "Atlas da colonização no Brasil". (KOHLHEPP, 2013, p. 44).

Vale a pena frisar que a política econômica do governo Dutra, embora não rompa totalmente com o que foi feito no governo Vargas, confere maior ênfase aos investimentos externos e na liquidez do comércio internacional, pós acordos de Bretton-Woods, como forma de incentivar o desenvolvimento industrial do país. De uma maneira geral, na busca de uma reconstrução, ou reaparelhamento econômico, como então se dizia, avulta com clareza a necessidade de se obter uma articulação entre os setores agropecuário e industrial, com a subordinação do primeiro ao segundo (SARETTA, 2002). Nesse contexto, estava na ordem do dia a elaboração de uma reavaliação dos resultados obtidos pelas políticas de colonização empregadas até o momento, com o aperfeiçoamento das técnicas de produção e o aumento da produtividade agrícola, ações necessárias para sanar os problemas de abastecimento apontados no relatório da Missão Abink (ADAS, 2007).

Assim, não seria de todo equivocado asseverar que ao invés de fazer diagnósticos prévios para a definição de áreas passíveis de serem aproveitadas economicamente, Waibel passasse a se dedicar ao estudo do nível de desenvolvimento alcançado em áreas que já contavam com um processo de povoamento e colonização. A eleição dos estados do sul país como objeto de estudo, nesse caso, surge como decorrência lógica, uma vez que nas interpretações correntes havidas no país, tais áreas eram tidas como um modelo de sucesso, o exemplo de experiência bem sucedida de colonização a ser seguido no restante do Brasil. Todavia, a análise pormenorizada dos sistemas agrícolas praticados pelos colonos descendentes de europeus no sul do Brasil mostrou o equívoco da interpretação então predominante. Na realidade, a falta de planejamento por parte dos responsáveis pela colonização fez com que, na maioria dos casos, os colonos fossem deixados à própria sorte em lotes isolados, de tamanho insuficiente, distantes de qualquer mercado ou centro urbano relevante e sem infraestrutura de transportes adequada. Isso ocasionaria a chamada "caboclização", situação identificada pela decadência social, a diminuição dos padrões culturais e a regressão dos colonos europeus a uma condição de miséria (WAIBEL, 1979).

Sobre essa questão, a caracterização que Waibel faz do sertão revela que uma das características dos espaços sertanejos seria o estado transitório de uma vida sem organização, que se encontra ainda em condições primitivas. Nos sertões, a precariedade das condições de vida e a anomia das relações tornam-se uma permanência, e um dos principais motivos para isso ocorrer seriam os moradores do sertão, inclusive os proprietários, que são todos caboclos. A propósito, ao definir os moradores do sertão como caboclos, utilizando terminologia consagrada na publicação ibegeana Tipos e Aspectos do Brasil, Waibel não esconde o tom depreciativo: "Poder-se-ia denominar os habitantes do sertão brasileiro de 'pioneiros' e o próprio sertão de 'zona pioneira', mas seria de molde a causar confusão generalizar este conceito para toda a zona considerada como sertão" (WAIBEL, 1979, p. 281).

Passo adiante, ao definir historicamente o surgimento da expressão "pioneiro", ele percebe que houve um deslocamento do significado do termo nos Estados Unidos. Por conta da abrangência do trabalho de F.J. Turner, a palavra passou a ser empregada num sentido puramente econômico, referindo-se, portanto, aos indivíduos ou grupos que penetram e desbravam matas fechadas, tornando-as acessíveis à civilização e promovendo: "o deslocamento da *frontier* sertão adentro" (WAIBEL, 1979, p. 281). Ao citá-lo textualmente, o alemão remete seu entendimento do termo *frontier* àquele feito por Turner: trata-se do limite da área povoada do território, a zona que marca a separação entre a civilização e a barbárie. A referência à polissêmica expressão brasileira sertão não é, portanto, fortuita, pois enquanto: "a fronteira como limite político representa uma linha nitidamente demarcada, a fronteira no sentido econômico é uma zona, mais ou menos larga, que se intercala entre a mata virgem e a região civilizada. A esta zona damos o nome de zona pioneira" (WAIBEL, 1979, p. 281).

Somando mais uma restrição à sua definição do conceito de pioneiro, Waibel diz então que somente o agricultor pode ser considerado como pioneiro, uma vez que essa designação não caberia para descrever as mudanças paisagísticas operadas por pecuaristas, extrativistas e caçadores. Para ele, a atividade agrícola seria a única capaz de dar base à transformação da mata virgem numa paisagem cultural, alimentando ainda, com os frutos de sua produção, um grande número de pessoas, mesmo em áreas reduzidas. Conclui-se, dessa feita, que não é toda e qualquer ampliação territorial do povoamento por via da expansão agrícola que pode ser descrita como zona pioneira, guardando-se esse termo para qualificar única e exclusivamente a situação que ocorre quando: "por uma causa qualquer, a expansão da agricultura se acelera, quando uma espécie de febre toma a população das imediações mais ou menos próximas e se inicia o afluxo de uma forte corrente humana" (WAIBEL, 1979, p. 282). Desse modo, são consideradas pioneiras somente as zonas ou terras sobre as quais ocorre um *boom* ou um *rush* migratório ocasionado pela agricultura e rápido povoamento, com o consequente aumento dos preços das terras, a inevitável derrubada das matas e a construção de casas e ruas, movimento alimentado pelo surgimento, da noite para o dia, de povoados e cidades.

As observações a respeito do entendimento que ele fazia das frentes pioneiras podem auxiliar a compreender a modificação do juízo de Waibel sobre o processo de ocupação dirigida do território brasileiro. Admitindo que a utilização da teoria de Von Thünen emerge com destaque entre as indicações metodológicas apropriadas por seus discípulos (OLIVEIRA, 2017), infere-se que a adoção desse modelo teórico pelo grupo de geógrafos do IBGE acirrou as críticas feitas às tentativas de colonização calcadas na ideia do imperialismo pacífico, conforme preconizado no Marcha para o Oeste (ADAS, 2007). De forma pronunciada, essas críticas são observáveis principalmente na valorização explicativa da questão das distâncias como fator econômico na organização das paisagens, que a partir de seus escritos terá papel não desprezível nas reavaliações das políticas de colonização fundamentadas na necessidade de ocupação geopolítica do interior do território, que irão conferir cada vez mais destaque à: "consideração, entre outros, o fator distância do mercado e sua influência sobre a utilização da terra, matéria da teoria econômica de Von Thünen, exumada do olvido por Waibel, que pôs em evidência sua profunda significação geográfica" (VALVERDE, 1964, p. 32).

Com efeito, no texto "As zonas pioneiras do Brasil", deixado incompleto em vista de sua morte, Waibel projetou escrever um trabalho que sintetizasse sua experiência brasileira. No texto, há referências a praticamente todos os lugares estudados diretamente por Waibel em campo. Remetendo-se ao Recenseamento de 1940, apoia-se nos dados ali disponíveis para dizer que área economicamente explorada do país era equivalente a apenas 23% do território. Com isso, concluía que mais da metade da área total sob jurisdição soberana do Estado brasileiro permanecia: "inexplorada do ponto de vista agrícola, e praticamente despovoada" (WAIBEL, 1979, p. 279). Tal circunstância fazia do Brasil um caso único entre os países de maior extensão territorial do globo, visto que: "representa ele a última grande reserva de terras disponíveis do mundo ocidental, e assume, do ponto de vista puramente espacial, uma posição semelhante à que tinham os EUA há 150 anos atrás" (WAIBEL, 1979, pp. 279-280).

O ponto de partida é claro: revendo as premissas de um juízo comum durante o Estado Novo, Waibel nega a opinião corrente que supunha, pelo estoque de terras disponíveis, que o Brasil viesse a alcançar, no século XX, o que os Estados Unidos haviam conseguido, no XIX, do ponto de vista do desenvolvimento associado à ocupação de terras comandada por intensas correntes migratórias. Esse sentimento, que Waibel percebia como generalizado em amplos setores da sociedade, unindo de políticos a negociantes, de pesquisadores a agricultores, teria em muito sido animado pelo lema do "Marcha para o oeste". Para o alemão, essa estratégia de valorização geoeconômica dos sertões, identificada com o conjunto de políticas territoriais do governo Vargas que tinham o objetivo comum de ocupação demográfica e econômica do território, seria na verdade apenas um *wishful thinking*, que tomava por pré-estabelecido a existência, no Brasil daquele momento, das mesmas condições econômicas, naturais e populacionais que catalisaram as movimentações pioneiras estadunidenses. Por isso, caberia ao geógrafo a análise cuidadosa da realidade expressa pelo lema governamental, procedendo um estudo comparativo das zonas pioneiras brasileiras, já que: "disto depende o julgamento das possibilidades futuras do país e a sua política de povoamento" (WAIBEL, 1979, p. 280).

Estabelecendo as diferenças entre os casos brasileiro e estadunidense, afirma que, no Brasil, as zonas pioneiras não se constituem como um fenômeno primário de conquista de terras. Em verdade, a existência de fronteiras em movimento decorreria de um processo de incorporação de novas terras ao espaço econômico do país que, feito aos saltos, deixa, na área já povoada do território, extensões mais ou menos representativas de matas. Logo, do ponto de vista de sua localização, as zonas pioneiras brasileiras estariam "no interior da região de povoamento antigo" (WAIBEL, 1979, p. 305). Essa condição, típica do caso brasileiro de expansão do povoamento, é o que permitiu a Waibel concluir que a ocupação da região oeste do Brasil não poderia ser tomada como a solução para a resolução dos problemas de desenvolvimento do setor agrário do país. Ao contrário, a experiência mostrava que a proximidade da área povoada, e não o seu distanciamento, era o que possibilitara, às ações de colonização, maior probabilidade de sucesso:

> Não compartilho, por isso, da opinião de alguns autores, que afirmam que o oeste remoto do Brasil poderia ser povoado desde que se deslocasse para oeste simultaneamente a "fronteira demográfica" e a "fronteira econômica", até que elas se superpusessem e se tivesse alcançado a "fronteira política" (...) Quando, porém, eu me mostro absolutamente cético em face da ideia de conquistar o oeste brasileiro segundo o exemplo norte-americano, isto não significa que o Brasil não tenha mais possibilidade de desenvolvimento agrícola. Ao contrário, considero-as muito grandes, aliás, mais no sentido qualitativo do termo que no sentido exclusivamente quantitativo. Isto quer dizer: estas possibilidades estão mais na intensificação da agricultura no leste, densamente povoado, do que na expansão para oeste da área explorada segundo os métodos extensivos (...) Economicamente não se justifica, isto é, não trará recompensas, estender a colonização cada vez mais continente a dentro, antes que o povoamento do leste tenha progredido e que se tenham desenvolvido aí, à maneira do centro-oeste dos Estados Unidos, mercados locais e centros industriais. Se se empreende o povoamento do oeste remoto sem a garantia de uma colocação lucrativa dos produtos agrícolas, então se reincidirá no velho erro da colonização no Brasil, isto é, de colocar os colonos em plena mata e depois deixa-los entregues a seu destino. Com isto se cria um novo sertão e uma nova leva de caboclos. Não se pode chamar a isto de uma marcha para o oeste. (WAIBEL, 1979, p. 309)

> Uma colonização bem sucedida só é possível onde seja produzido um produto comercial que encontre boa aceitação no mercado nacional ou internacional (...). Mas onde está este produto que tenha o valor do ouro e, como este metal, seja capaz de promover um *boom* no oeste remo-

to do Brasil? Enquanto ele não existir e, enquanto ainda houver terras disponíveis o leste, nenhum homem de visão clara tomará parte numa marcha forçada para oeste (...). O futuro do Brasil não está no oeste, e sim no leste. E o grande lema, na minha opinião, não deveria ser "marcha para o oeste", e sim "tomar pé firme no leste". Esta expressão é menos teatral, mas creio que corresponde melhor à realidade brasileira. (WAIBEL, 1979, p. 310)

Como fica claro, Waibel posicionava-se contra o método geral de colonização desenvolvido no Brasil durante o Estado Novo. Para o geógrafo, a combinação da expansão dirigida do povoamento, que garantiria o exercício da soberania estatal por sob as terras ainda não ocupadas do interior, com a integração econômica de novas áreas ao espaço econômico do país, que seria executada pelo alargamento de atividades agrícolas, tinha como resultado a criação de "novos sertões", com a regressão dos níveis gerais de vida que a ele isso representava. O desacordo nada velado com a equação consagrada por Vargas, de fazer coincidir as fronteiras econômicas e as fronteiras políticas no avanço da fronteira demográfica, não deixa dúvidas a respeito.[6]

Tendo em vista que os trechos aqui em análise foram redigidos provavelmente em 1950, quando findava já sua estadia no país, compreende-se a maior liberdade de Waibel para tecer suas discordâncias com o que identificava como as insuficiências do

---

6 "Após a reforma de 10 de novembro de 1937, incluímos essa cruzada no programa do Estado Novo, dizendo que *o verdadeiro sentido de brasilidade é o rumo ao Oeste*. Para bem esclarecer a ideia, devo dizer-vos que o Brasil, politicamente, é uma unidade. Mas se politicamente o Brasil é uma unidade, não o é economicamente. Sob este aspecto assemelha-se a um arquipélago formado por algumas ilhas, entremeadas de espaços vazios (...). Deste modo, o programa de "Rumo ao Oeste" é o reatamento

programa de colonização do governo. Sua posição institucional como pesquisador em um órgão público que objetivava produzir informações de base sobre o território, fornecendo suporte para as políticas levadas a cabo pelo Estado, e o respeito com os colegas que o haviam contratado e compartilhavam bem ou mal dos termos gerais da "Marcha ao oeste" (ADAS, 2007), talvez pudessem ter amenizado o tom das críticas em outro momento. Porém, dado o contexto de revisão geral das políticas econômicas varguistas no governo Dutra, ele se aproveitou da redação de um texto de balanço de sua experiência no país para enfatizar seu distanciamento em relação ao modo como o problema da integração econômica do território pela via do desenvolvimento agrário era então discutido por aqueles que comungavam da retórica estado-novista.

Concluindo, na leitura dos trabalhos dos geógrafos do CNG que se dedicaram à apreciação do processo de expansão da colonização no território brasileiro, nota-se que o tema da integração territorial normalmente aparece associado à questão da circulação, traduzida na atenção dispensada às dificuldades interpostas pela falta da existência de um produto com alto valor comercial e pela condição de isolamento dos núcleos de povoamento, conforme apontado por Waibel. Assim, a questão da formação territorial surge, na maior parte dos trabalhos dos geógrafos que estudaram a questão do uso da terra e do povoamento, como um ponto subsidiário da descrição de um processo de colonização que abarcaria um conjunto de outros as-

> da campanha dos construtores da nacionalidade, dos bandeirantes e dos sertanistas, com a integração dos modernos processos de cultura. Precisamos promover essa arrancada, sob todos os aspectos e com todos os métodos, a fim de suprimirmos os vácuos demográficos do nosso território e fazermos com que as fronteiras econômicas coincidam com as fronteiras políticas. Eis o nosso imperialismo. Não ambicionamos um palmo de território que não seja nosso, mas temos um expansionismo, que é o de crescermos dentro das nossas próprias fronteiras." (VARGAS, 1940.)

pectos, quais sejam, o aumento demográfico, a mobilidade da população e a conquista de novas áreas para as atividades agropecuárias.

Ao fim e ao cabo, o estudo da assimilação local dos trabalhos de Waibel, que defendia a necessidade de se analisar a real situação das terras já colonizadas, valorizando o histórico de seu desenvolvimento econômico e social, pode servir como recurso para se problematizar criticamente o lugar de enunciação do discurso geográfico em meio à interpretação dominante desse tema no pensamento político-social dos anos 1940. Nesses registros, o espraiamento espacial da ocupação do território, dinamizado pelas correntes colonizadoras dirigidas pelo Estado, integraria os distintos focos de povoamento do "arquipélago brasileiro", catalisando a modernização do país. A recusa a esse enquadramento, fundamentada em suas concepções sobre geografia, foi amadurecida nos contatos diretos que teceu com a realidade brasileira nos trabalhos de campo de que tomou parte, atingindo em cheio uma geração de geógrafos que participaria ativamente do processo de institucionalização do campo disciplinar.

Bibliografia

ABRANTES, V. L. C.; LEITE, F. M. D. C. *As expedições geográficas do IBGE: um retrato do Brasil (1941-1968)*. Rio de Janeiro: IBGE, 2018.

ADAS, S. *O campo do geógrafo: colonização e agricultura na obra de Orlando Valverde (1917-1964)*. Tese (Doutorado em Geografia Humana) – FFLCH,USP, São Paulo, 2007.

ALMEIDA, R. S. *A Geografia e os Geógrafos do IBGE no Período de 1938- 1998*. Tese (Doutorado em Geografia) – IG, UFRJ, Rio de Janeiro, 2000.

ARRIGHI, G. *O longo século XX*. São Paulo: Contraponto, 1996.

BOMFIM, P.R.A. Conceitos e significados do planejamento na geografia brasileira e o IBGE. *Terra Brasilis* (Nova Série), n. 5, 2015. Disponível em: http://journals.openedition.org/terrabrasilis/1494. Acesso em: 12 fev. 2018

BOWMAN, I. *The Pionner Fringe.* NY: American Geographical Society, 1931.

_____. *Limits of Land Settlement: a report on present-day possibilities.* NY: CFR, 1937.

CANO, W. *Raízes da concentração Industrial em São Paulo.* São Paulo: Difel, 1978.

DEBARBIEUX, B. The various modes of existence of space and the idea of "nation" in the making of European geographies: the case of 20th century French geography. *Geogr. Helv.* v. 68, 2013. Disponível em: https://www.geogr-helv.net/68/45/2013/ Acesso em: 23 fev. 2018.

DINIZ Fo, L.L. *Território Nacional: ideologias geográficas e políticas territoriais no Estado Novo (1937-1945).* Dissertação (Mestrado em Geografia Humana), FFLCH/USP, 1994.

ETGES, V.E. *Geografia Agrária: a contribuição de Leo Waibel.* S. Cruz Sul: Edunisc, 2000.

GOMES, A.M.C. et. Al (org.). *Estado Novo: ideologia e poder.* Rio de Janeiro: Zahar, 1982.

HARVEY, D. *O novo imperialismo.* São Paulo: Loyola, 2004.

KOHLHEPP, G. A importância de Leo Waibel para a geografia brasileira e o início das relações científicas entre o Brasil e a Alemanha no campo da geografia. *Revista Brasileira de Desenvolvimento Regional.* Blumenau, v.1, n.2, primavera de 2013. Disponível em: http://dx.doi.org/10.7867/2317-5443.2013v1n2p029-075 . Acesso em: 26 jul. 2018.

LIVINGSTONE, D. *Putting Science in its Place – Geographies of scientific knowledge.* Chicago: University of Chicago Press, 2003.

MARTINS, J. D. S. *O cativeiro da terra*. São Paulo: Contexto, 1979.

MELLO, J.M.C. *O capitalismo tardio*. São Paulo: Brasiliense, 1982.

MONTEIRO, C. A. F. *A Geografia no Brasil (1934-1977): avaliação e tendências*. São Paulo: Instituto de Geografia/ FFLCH/USP, 1980.

MORAES, A. C. R. *Ideologias Geográficas - Espaço, Cultura e Política no Brasil*. São Paulo: Hucitec, 1988.

MORAES, A. C. R. *Território e História no Brasil*. São Paulo: Annablume, 2002.

_____. *Geografia histórica do Brasil: capitalismo, território e periferia*. São Paulo: Annablume, 2011.

NOGUEIRA, C. E. A apropriação metodológica das frentes pioneiras na formação da Geografia Brasileira (1930-1950). *Terra Brasilis* (Nova Série), n. 5, 2015. Disponível em: http://journals.openedition.org/terrabrasilis/1480. Acesso em: 23 mar. 2018.

_____. *O lugar da fronteira na geografia de Pierre Monbeig*. Tese (Doutorado em Geografia Humana) – FFLCH/USP, São Paulo, 2013.

OLIVEIRA, A.U. *Modo capitalista de produção, agricultura e reforma agrária*. São Paulo: FFLCH/USP, 2007.

_____. A Geografia agrária na obra de Orlando Valverde. In: SUERTEGARAY, D.M.A. et al (org.). *Orlando Valverde: o geógrafo e sua obra*. Porto Alegre: IGEO/UFRGS, 2017.

PEREIRA, S.N. Na boca do sertão ou integrada ao ecúmeno? Militares, estatísticos, geógrafos e a localização da nova capital. In: SENRA, N. (org.). *Veredas de Brasília: as expedições geográficas em busca de um sonho*. Rio de Janeiro: IBGE, 2010.

ROBIC, M.C. et al (org.). *Géographes face au monde. L'Union Géographique Internationale et les congrès internationaux de géographie*. Paris; Montréal: L'Harmattan, 1996.

SARETTA, F. O Governo Dutra na transição capitalista no Brasil. In: SZMRECSÁNYI, T. e SUZIGAN, W. (orgs.). *História econômica do Brasil contemporâneo*. São Paulo, Hucitec/ABPHE/EDUSP/Imprensa Oficial, 2002.

SECRETO, M. V. A ocupação dos "espaços vazios" no governo Vargas: do "Discurso do rio Amazonas" à saga dos soldados da borracha. *Revista Estudos Históricos*. Rio de Janeiro, n.40, jul./dez., 2007. Disponível em: http://bibliotecadigital.fgv.br/ojs/index.php/reh/article/view/1288/431 Acesso em: 1 abr. 2018.

SMITH, N. *American Empire. Roosevelt's geographer and the prelude to globalization*. Los Angeles: University of California Press, 2003.

TOTA, A.P. *O imperialismo sedutor: a americanização do Brasil na época da Segunda Guerra*. São Paulo: Companhia das Letras, 2000.

VALVERDE, O. *Geografia Agrária do Brasil*. Rio de Janeiro: CBPE/INEP/MEC, 1964.

_____. Entrevista com o Prof. Orlando Valverde. *GeoSul*. Florianópolis, v.6, n.11, 1991.

VARGAS, G. Cruzada rumo ao Oeste – improviso inaugurando, em Goiânia, a Associação Cívica "Cruzada rumo ao Oeste" (08 ago.1940). *Biblioteca da Presidência da República*. Disponível em: http://www.biblioteca.presidencia.gov.br/presidencia/ex-presidentes/getulio-vargas/discursos/1940/25.pdf/view Acesso em: 08 ago. 2018.

VELHO, 1979. *Capitalismo autoritário e campesinato*. São Paulo/Rio de Janeiro, Difel.

VELLOSO, M.P. Cultura e poder político: uma configuração do campo intelectual. In: GOMES, A.M.C. et. Al (org.). *Estado Novo: ideologia e poder*. Rio de Janeiro: Zahar, 1982.

VESSENTINI, J. W. *A capital da Geopolítica*. São Paulo: Ática, 1986.

WAIBEL, L. *Capítulos de Geografia Tropical e do Brasil*. Rio de Janeiro: FIBGE, 1979.

No man's land: a persistência de uma ideologia geográfica na formação territorial brasileira

Paulo Roberto de Albuquerque Bomfim[1]

Não é difícil notar a forma como historicamente são abordadas as raízes dos problemas a atingir o Brasil. Natureza e sociedade são elementos recorrentemente elencados como chaves para *explicações e interpretações marcadamente geográficas sobre o país*. Esboçaremos aqui algumas considerações teóricas sobre a abordagem das ideologias geográficas e da formação territorial como proposta para a pesquisa em história da geografia, demonstrando como tais conceitos se manifestam em discursos territoriais, no caso, tomados a partir de nossa leitura acerca das formulações do planejamento estatal no Brasil. Para tanto, apenas como uma ideia cujas fontes seriam imensas, partiremos da discussão de alguns dos trabalhos publicados na Revista Brasileira de Geografia (do Instituto Brasileiro de Geografia e Estatística) em dois períodos bem distintos, assinalando a continuidade pretendida aqui, e nas atas do Colóquio sobre regionalização do espaço brasileiro realizado em Bordeaux, França, em 1968, sob os auspícios do Centro de Geografia Tropical (CEGET) – o qual não deixa de ter uma forte ligação com o IBGE.

---

1 Professor Doutor do Instituto Federal de São Paulo.

Brevíssimas considerações teóricas

Na conhecida abertura de *Ideologias Geográficas*, Antonio Carlos Robert Moraes (1991, p.15) assim considera:

> Todos sabemos que as formas espaciais são produtos históricos. O espaço produzido é um resultado da ação humana sobre a superfície terrestre que expressa, a cada momento, as relações sociais que lhes deram origem. Nesse sentido, a paisagem manifesta a historicidade do desenvolvimento humano, associando objetos fixados ao solo e geneticamente datados. Tais objetos exprimem a espacialidade de organizações sócio-políticas específicas e se articulam sempre numa funcionalidade do presente. Aparentemente formas inertes, possuem, contudo, o poder de influir na dinâmica da sociedade.

Esmiuçando esses apontamentos, se as formas espaciais (esses objetos, esses fixos) são produtos históricos, resultantes da ação humana sobre a superfície terrestre, tal materialidade expressa relações sociais compreendidas por Moraes (1991, p.15-16) como uma produção social do espaço material, objetiva, não exatamente se contrapondo, mas se complementando a representações sociais ou uma "valorização subjetiva do espaço".

É a essa subjetividade que se relacionam as ideologias. É evidente, porém, o quanto o conceito de ideologia esbarra tanto numa imprecisão como mesmo numa banalização. Sem adentrar demasiadamente nessa querela, parece clara a opção de Moraes por uma leitura apoiada em Lenin, para quem a "ideologia" – numa conhecida acepção, aqui usada por Eliseu Savério Sposito (2004, p.52), – refere-se *a qualquer concepção da realidade social ou política vinculada aos interesses de certas classes sociais.*

Particularmente, essas concepções sobre a realidade social podem constituir discursos sobre o território, ou, ainda falando com

Moraes (1991, p.35), debates centrados em "fenômenos do espaço".
Moraes defende em *Bases da formação territorial do Brasil* uma perspectiva teórico-metodológica segunda a qual a geografia não somente seria uma "história territorial" (2000, p.11) como visaria entender o "processo universal de apropriação do espaço natural e de construção de um espaço social pelas diferentes sociedades ao longo da história" (MORAES, 2000, p.15). O percurso de um meio natural para um meio técnico e, em seguida, para um meio técnico-científico e técnico-científico-informacional corresponderia também, para Santos; Silveira (2000, p.11) à história do território.

Ao dar, pois uma geograficidade ao conceito leninista de ideologia, poder-se-iam arrolar diversos temários de estudo, restringindo-se aqui à compreensão dos escritos sobre o território, sua gestão e organização (MORAES, 1991, p.34); noutras palavras, ao entendimento internalista e externalista (SINGARAVÉLOU, 2008, p.55) de discursos sobre planejamento e políticas públicas, talvez, em um período histórico no qual essa apropriação do território como transformação dos "meios" (na acepção de Milton Santos), foi tida como fundamental para supostamente alçar o Brasil à condição de pais "desenvolvido".

O Brasil como superfície política estatal

Falar a respeito da história territorial brasileira implica salientar o quanto tal narrativa construída sobre um território em verdade de formação tardia, senão ainda em processo de ocupação, evidentemente corresponde a diferentes interesses, concepções teóricas e formações institucionais de distintas épocas, sendo no campo mesmo da geografia bastante plurais as abordagens sobre o assunto, recobrindo um campo valorizador da dinâmica histórico-econômica da construção do território nacional e sua dimensão cultural.

Considera-se a formação territorial brasileira como projeto e prática de cunho social, econômico e cultural, traduzido, neste particular, enquanto práxis engendrada pela elite local, seja no sentido econômico de uso do território, seja na elaboração de discursos justificadores desses domínios brasileiros, marcados pela singularidade de um Estado (quase sempre precedendo a ideia de Nação) herdado jurídica e burocraticamente da metrópole lusitana (FAORO, 1958); de limitada amplitude geográfica, portanto, de fronteiras (cuja demarcação por muito tempo foi bastante precária) cercando um imenso "vazio".

Os acanhados limites de real atuação dos órgãos estatais brasileiros em contraste com um imenso fundo territorial, a ser potencialmente "formado" impuseram de imediato uma identificação da identidade da nação com antigos projetos geopolíticos de Portugal. Noutras palavras, a identificação do Estado ao seu território (em potencial) será um discurso ancorado, sobretudo, na árida narrativa sobre os tratados diplomáticos entre Portugal e Espanha, enfatizando a ruptura do "Brasil" em relação a Tordesilhas como um dos "elementos fundadores" da nacionalidade.

Um dos veículos exemplares desse tipo de narrativa será o Instituto Histórico Geográfico Brasileiro, fundado em 1838, o primeiro na "periferia" da modernidade, bem expressando a inevitável continuidade do projeto cultural nacional com os elementos construídos no Velho Mundo. No Brasil, a década de 1830 representou um crucial momento na existência do jovem Estado, quando, após a abdicação de D. Pedro I, o período regencial significou uma das mais realistas possibilidades de fragmentação do país, ruptura, aliás, bastante valorizada posteriormente, ainda mais em fases de tensão política, como na passagem da Monarquia para a República (1889) e na onda antiliberal dos anos de 1920-1930, quando se agudiza o afã modernizador.

Por outro lado, sabemos que no governo de Getúlio Vargas, notadamente durante o Estado Novo, se operou uma *preparação do aparelho do Estado para execução do planejamento*, num processo que vai desde os planos setoriais (no governo Dutra, por exemplo) até o planejamento de caráter macroeconômico (os planos nacionais de desenvolvimento da ditadura militar), destacando nesta intenção do Estado a própria criação do Instituto Brasileiro de Geografia e Estatística (1938).

Há no após-guerra todo um *protoplanejamento*, quase sempre apontando para diagnósticos liberais, privativas e internacionalizantes; contraditoriamente, sob um manto nacionalista. Nesse tom, citam-se: o Plano Salte (1949-1953, abandonado em 1952); o Plano Nacional de Reaparelhamento Econômico (1951-1953); a Missão Abbink (Comissão Técnica-Mista Brasileira-Americana de Estudos Econômicos, de 1948, a qual se constituiu num diagnóstico dos "pontos de estrangulamento" da infraestrutura do país à época); a Comissão Mista Brasil-EUA (1951-53); a criação da SUDENE (Superintendência do Desenvolvimento do Nordeste) e da SPVEA (Superintendência do Plano de Valorização Econômica da Amazônia); a criação do Conselho Nacional de Economia, pela Constituição de 1946; do Banco Nacional de Desenvolvimento Econômico ([BNDE] 1952 etc. (LAFER, 2001, p.29-30; PONTES, 1983).

Os anos entre 1956-1963 marcam o planejamento inserido numa concepção desenvolvimentista,[2] destacando-se como marco na história do planejamento no Brasil o Plano de Metas (1956), além do Plano Trienal (1963-65), para cuja viabilização foi criado o Ministério Extraordinário do Planejamento, tendo como primeiro titular Celso Furtado.

---

2 Sobre a heterogeneidade do conceito de desenvolvimentismo, ver Bielchowsky (1996).

Com o golpe militar de 1964 se construiria, sob um pretenso "modelo brasileiro", a mistificação político-ideológica de que o comando político-econômico poderia ser resolvido por um instrumento eficaz e administrativo, no sentido de que a simples transferência de tecnologia dos países desenvolvidos para o Brasil redundaria no desenvolvimento nacional, imputando-se ao planejamento a condição de verdadeira panaceia.

Nesse contexto, surgem planos caracteristicamente globalizantes e integradores: de 1964 a 1966, o Plano de Ação Econômica do Governo; em 1970, as Metas e Bases para a Ação do Governo; entre 1968 a 1970, o Plano Estratégico de Desenvolvimento (PED), complementado por planos setoriais e regionais (Programa de Integração Nacional) – dirigido decisivamente ao Nordeste e à e Amazônia – PROTERRA (Programa de Redistribuição de Terras e de Estímulo à Agropecuária do Norte e do Nordeste), PROVALE (Programa Especial para o Vale do São Francisco), PRODOESTE (Programa de Desenvolvimento do Centro-Oeste), PRORURAL (Programa de Assistência ao Trabalhador Rural], entre outros (SIMONSEN; CAMPOS, 1976, p.48/65).

Mas, nas palavras de Moraes (1994, p.21), "a iniciativa mais completa nesse sentido vem com o Plano Nacional de Desenvolvimento (PND), que conheceu duas versões, o I PND (1972-1974), o II PND (1975-1979)" e ainda uma terceira versão agendada para 1980-1985. Em nenhum outro período da história brasileira recente a ideia de desenvolvimento econômico-social se revestiu de um caráter eminentemente territorial como nos anos que se sucederam a 1964. Equipar o território por meio de planos ambiciosos, cuja intenção era coordenar os passos da produção do espaço nacional, fez parte do planejamento estatal desse período da história brasileira.

A permanência de uma ideologia geográfica

Pois bem: de que ideologia geográfica falamos? Neste breve esboço, queremos remeter à permanência de uma visão sobre a Amazônia – sempre falando com Moraes (2002/2003) – como categoria de sertão. Se tomarmos as próprias referências de propaganda governamental, esse vago Norte do Brasil sempre será apresentado como uma natureza desconectada do "Brasil", mas cujas obras de infraestrutura abririam as portas do progresso para uma região – note-se bem – "vazia".[3]

Um dos pontos fundamentais dessa inserção da Amazônia no Brasil moderno se dá imediatamente após a Segunda Guerra. Promulgada a Constituição de 1946, a Câmara dos Deputados solicitara ao Conselho Nacional de Geografia do IBGE, por intermédio de sua Comissão Especial do Plano de Valorização Econômica da Amazônia, um estudo sobre o planejamento econômico da região, o qual teria como produto a delimitação, enquanto área de intervenção, da chamada Amazônia Legal, em pesquisa sob responsabilidade de Lúcio Soares (1948), e cujos trabalhos de campo contaram a com a participação de Pierre Gourou, João Dias da Silveira e Antônio Rocha Penteado, entre outros.

---

3 Apenas como exemplo, é interessante sublinhar que havia, como ideologia de fortalecimento e coesão territorial do Império, uma leitura no século XIX da Amazônia como perfeitamente conectada ao Brasil pela sua rede fluvial – isso é importante assinalar. Damos o exemplo de Tavares Bastos (1937 [edição original de 1870]) e do romance *A Jangada*, de Júlio Verne (1881), exaltadores do papel de D. Pedro II. Soa-nos que a passagem para a República arrefeceu esse discurso "positivo", levando-se a pensar grande parte do território brasileiro como algo frágil do ponto de vista de coesão e soberania.

Em seu estudo, Soares (1948, p.164) estabelece uma delimitação da região amazônica refutando alguns critérios supostamente mais óbvios ou comuns, pois:

> [se], do ponto de vista científico [a] Hileia Amazônica – mesmo com as suas numerosas e extensas clareiras campestres – serve para bem caracterizar a grande unidade geoeconômica da Amazônia, por outro lado o seu vasto domínio não basta, porém, para delimitar a área brasileira que deverá ser considerada amazônica, para fins exclusivos de planejamento econômico, encarado o problema do ponto de vista do interesse nacional, e não somente sob o aspecto da sua significação regional ou local. Isto porque, tais limites deixariam de incluir na região onde deverá ser levado a efeito um grande programa de recuperação e valorização econômica, as zonas através das quais passarão as vias de acesso à própria Hileia.

Sendo insuficiente o uso dos limites da floresta amazônica para delimitação da região de intervenção deste "grande programa", estabelecer como demarcação as bacias hidrográficas também seria demasiado simplista, pois se pretendia iniciar a planificação da Amazônia por meio da colonização das várzeas e construção de eixos rodoviários partindo do planalto goiano. Conforme Soares (1948, p.166):

> Para fins de planejamento econômico, de recuperação e povoamento, a delimitação da Amazônia deve [...] obedecer a outros critérios que não somente os da caracterização natural. Isso porque, em se tratando do planejamento da sua ocupação, temos que considerar outros fatores geográficos, históricos, econômicos e sociais, cuja importância tem sido reafirmada através dos tempos, toda vez que a colonização da Amazônia é tentada. Esta importância ressalta sempre que se estudam as tentativas de ocupação do vale amazônico e os seus repetidos fracassos.

No caso, os "repetidos fracassos" seriam consequências da história econômica da Amazônia, marcada pelas tentativas de povoamento e ocupação do vale por meio do extrativismo florestal, "cujas fases de intensa atividade" estariam condicionadas à procura de matérias primas pelo mercado exterior. Ao contrário, a agricultura seria a "atividade realmente fixadora do homem à terra" (SOARES, 1948, p.166).

No contexto desse trabalho no CNG, Pierre Gourou publicou artigos nos *Cahiers d'Outre-Mer* e na RBG (Revista Brasileira de Geografia) (1949a; 1949b). O geógrafo francês distingue no conjunto da região em questão, a "Amazônia Real", ou seja, a porção territorial restrita aos terrenos terciários, os quais somavam mais ou menos 1,6 milhão de km2, com uma largura em torno de 200 a 450 km. Ao contrário do que se imaginara, a Amazônia não seria um imenso delta inundável. Os solos da região seriam na verdade arenosos e pobres – embora não se pudesse relacionar tal pobreza do solo à baixa densidade demográfica amazônica. Justamente, ao que Gourou denomina como Amazônia Real correspondiam as várzeas e aluviões férteis (ao invés das terras firmes) onde se encontrava a maior parcela da escassa população (GOUROU, 1949a, p.5-6).

Isso posto, as indicações de planejamento para a Amazônia em muito coincidiram com proposições essencialistas de uma geografia tropical (DRIVER; YEOH, 2000). Igualmente, vislumbrava-se a "conquista" da região por meio de modelos de planificação na mesma época pensados para as políticas territoriais no Vale do São Francisco (LOPES, 1950) – explicitamente apoiadas, por sua vez, no caso do vale do Tennesse. Para a região amazônica estaria reservado o planejamento operado pela combinação entre o manejo da agricultura nos vales dos rios – tal como Gourou sustentara em relação ao Sudeste Asiático (*apud*, SOARES, 1948, p.172) – e a frente pioneira vinda pelo Planalto Central brasileiro.

[...] todo e qualquer plano de valorização da Amazônia, pela recuperação e povoamento, deve cuidar de maneira inteligente e intensiva, primeiramente de realizar a ocupação *da terra de ninguém* que separa a atual faixa pioneira do Planalto Central, da linha de penetração mais meridional das populações amazônicas. Partindo desse princípio verdadeiro sugerimos que, unicamente para fins de planejamento econômico, deva ser considerada como região amazônica em território nacional, todas as terras situadas ao norte e a oeste da frente pioneira do Planalto Central Brasileiro. Outrossim, esta linha deverá colocar na Amazônia não somente a "terra-de-ninguém", através de cuja conquista deverá ser feita a daquela região, mas também outras unidades antropogeográficas ligadas à Amazônia por razões geográficas, econômicas e culturais (SOARES, 1948, p.180-181).

A condição atribuída por Lúcio Soares à faixa setentrional dos atuais estados de Mato Grosso e Tocantins como *no man's land*, separando a Hileia Amazônica da área do Planalto Brasileiro já à época "ocupada", cabalmente demostra o ideário segundo o qual ao planejamento – e à ciência, poder-se-ia dizer – competia apagar os traços do território lidos como arcaicos, nele compreendidas as populações locais. Assim, uma das maneiras de viabilizar a penetração econômica na Amazônia seria por meio do Plano Rodoviário Nacional (cuja primeira versão data de 1937), no qual se previam tanto a construção da rodovia Transbrasiliana (ligando Anápolis a Belém), como parte de um "sistema de comunicação flúvio-terrestre, utilizando trechos navegáveis do rio Tocantins", quanto da Rodovia Centro-Oeste, ligação projetada entre Cuiabá e Porto Velho (SOARES, 1948, p.183-184).

Do trabalho de Soares (1948, p.203) resultou, com efeito, a proposta cartográfica de delimitação da "Amazônia para fins de planejamento econômico", adotada doravante pelo IBGE.

É fundamental retermos que, na época em que Gourou faz seu trabalho de campo no Brasil, o geógrafo francês tivera contato com a Organização das Nações Unidas, para cujo (então chamado) Conselho Econômico e Social escrevera um relatório, publicado igualmente nas páginas da RBG (GOUROU, 1948) em que a ONU era chamada a investir financeiramente nos países "tropicais", de forma a fazer da agricultura uma atividade econômica eficaz e de peso. Gourou (1948, p.393) salientava o papel da Organização para a "unificação do mundo", porém, fundamentada em um precário equilíbrio entre nações industrializadas e aquelas fornecedoras de produtos agropecuários.

Preocupado com os rumos da agricultura brasileira, Afrânio de Carvalho (1948, p.539) destacava a conferência "do professor Pierre Gourou, do Colégio de França e da Faculdade de Filosofia, Ciências e Letras da Universidade de São Paulo [...] no Conselho Nacional de Geografia", ocasião em que o professor francês, em sua breve estada no Brasil, alertava para o problema "do esgotamento dos solos agrícolas por processos de cultura itinerante semelhantes aos nossos".

Vão muito além de nossas pretensões discutir a questão da industrialização no Brasil na década de 1940. Pretendemos destacar que traços como a noção de civilização enquanto elemento de coesão entre homem e meio (objetivando a uma agricultura comercial de alto rendimento) tiveram grande repercussão na forma de pensar a finalidade do planeamento econômico e geopolítico da Amazônia. A realização em si mesma de uma Conferência sobre Imigração e Colonização sob auspícios do IBGE (FAISSOL, 1949), evidencia como entre o pós-guerra e o Plano de Metas do governo Juscelino Kubistchek (1956-1961) a opção agrícola aparecia no debate econômico brasileiro. A partir de meados dos anos de 1950, no entanto, a constatação das trocas desiguais entre países industrializados e países ainda pouco urbanizados e agrários, como o Brasil, tornava-se o ponto de apoio de novas propostas de planejamento. A despeito do salto cronológico, justamente a permanência desse discurso nos remete a um outro momento escolhido: a década de 1960.

Década de 1960: entre permanências e mudanças

Desde o final da década de 1960 se (re) estabelecera uma fértil parceria entre geógrafos franceses e brasileiros, sendo nítida a influência daqueles nos métodos de trabalho do IBGE, órgão incorporado ao Ministério do Planejamento a partir de 1967.

A geografia brasileira passara a se ater a questões relacionadas à racionalização e organização do território (principalmente em perspectiva regional), numa paulatina mudança de rumos, para o qual se somaram diversas perspectivas teóricas, tais como a geografia quantitativa (de matriz anglo-saxônica) e a economia espacial, a exemplo das teses de François Perroux (1967). Diversos geógrafos, como Michel Rochefort, Pierre George, Jean Tricart, Bernard Kayser mantiveram amplo contato com os meios acadêmicos brasileiros – inclusive atestando uma difícil transição no seio da própria produção geográfica nos meios universitários franceses, marcada, já a partir dos anos de 1940, por incertezas em relação à antiga solidez do "método regional" (CLAVAL; SANGUIN, 1996).

IBGE e IPEA – com assessoria de Michel Rochefort – publicaram uma série de trabalhos, como *Esbôço preliminar de divisão do Brasil em espaços homogêneos e espaços polarizados* (IBGE, 1967) e *Subsídios à regionalização* (IBGE, 1968), nos quais se buscava racionalizar o uso do território, retomando os discursos territoriais de necessidade de integração de regiões inorgânicas, como a Amazônia, às áreas industrializados do país.

Num fio condutor desta tendência, é significativo que o Centro de Estudos em Geografia Tropical (criado em 1968) tenha tido como uma de suas primeiras atividades a organização do colóquio *A regionalização do espaço no Brasil*, cuja temática principal girou em torno da discussão sobre métodos de regionalização no Brasil, num exato momento em que a questão regional conhecia uma crise em relação à sua eficácia perante a constituição de políticas territoriais e sob um contexto político no qual as possibilidades de transição democrática do regime em breve seriam sepultadas.

As discussões sobre os fatores de regionalização do espaço brasileiro, o papel das cidades na regionalização e os tipos re região do país constituíram o cerne de tal colóquio, transcorrido entre 20 e 22 de novembro de 1968, no Centro de Estudos de Geografia Tropical (laboratório financiado pelo *Centre National de la Recherche Scientifique* – CNRS), localizado na Faculdade de Letras e Ciências Humanas de Bordeaux.[4]

---

4   Na gestão de Pierre Monbeig como Diretor Científico de Ciências Humanas, o Centro Nacional de Pesquisas Científicas (CNRS) criou no final dos anos de 1960 três laboratórios para a geografia: a) o Laboratório de Geomorfologia (dirigido por Pierre Journeaux em Caen); b) o Centro de Documentação e Pesquisas Cartográficas (dirigido por Jean Dresch em Paris); c) o Centro de Estudos de Geografia Tropical (a cargo de Guy Lasserre). Este último foi bastante animado por Lasserre, Pierre Gourou e Louis Papy, mantendo fortes laços com o IHEAL – Instituto de Altos Estudos de América Latina, fundado em 1954.

Afora alguns participantes espanhóis e portugueses, o Seminário de Bordeaux reuniu basicamente geógrafos e cientistas sociais brasileiros[5] e franceses.[6]

5   Os participantes estrangeiros (não franceses) foram: Manuel C. de Andrade (Universidade do Recife); Lysia M. C. Bernardes (CNG e professora da Faculdade de Letras do Rio de Janeiro); Horacio Capel (Universidade de Barcelona); Paul-Yves Denis (Universidade Laval, de Québec); Catharina Vergolino Dias (CNG); Celso Furtado (professor da Faculdade de Direito e Ciências Econômicas de Paris); Pedro Pinchas Geiger (CNG); Alfredo Fernandes Martins (Faculdade de Letras. Universidade de Coimbra); Suzanne Ribeiro-Daveau (Instituto de Geografia de Lisboa); Orlando Ribeiro (Instituto de Geografia de Lisboa); Milton Santos (Faculdade de Letras e Ciências Humanas de Bordeaux); Soeiro de Brito (professora do Instituto Superior de Ciências Sociais e Políticas de Além-Mar, Paço de Arcos, Portugal); Joan Vila i Valenti (Universidade de Barcelona). O colóquio também contou com a assistência de professores da universidade de Bordeaux, do cônsul brasileiro nessa cidade, além de estudantes, dentre os quais o geógrafo Eduardo A. Yazigi (CNRS, 1971, p.11-12).

6   Os participantes franceses foram: Louis Papy; Claude Bataillon (CNRS); Jean Cabot (Faculdade de Letras de Poitiers); Pierre Colin Delavaud (professor); Anne-Marie Cotten (geógrafa do ORSTOM [*l'Office de la Recherche Scientifique et Technique d'Outre-Mer* – Escritório de Pesquisa Científica e Técnica para Além-Mar, antiga denominação do IRD, Instituto Francês de Pesquisa Cientifica para o Desenvolvimento em Cooperação]); Pierre Deffontaines (Universidade de Barcelona); Jean Delvert (Sorbonne); Jean Demangeot (Faculdade de Letras e Ciências Humanas – Paris X); Olivier Dollfus (Sorbonne); Michel Foucher (estudante); Jean Gallais (Faculdade de Letras de Rouen); Pierre George (Sorbonne); Pierre Gourou (Presidente do Comitê de Direção do CEGET – Centro de Estudos de Geografia Tropical – e professor do Collège de France); Etienne Juillard (Faculdade de Letras de Strasbourg); Bernard Kayser (Faculdade de Letras de Toulouse); Guy Lasserre (Faculdade de Letras e Ciências Humanas de Bordeaux); Yves Leloup (CNRS); Bernard Marchand (professor); Pierre Monbeig (professor na Sorbonne, diretor do Instituto de Altos Estudos de América Latina e diretor científico do CNRS); Michel

Atestando a tensão entre permanências e mudanças, ambiguidades também não faltaram ao Colóquio de Bordeaux. Bem sintetizava Pierre Monbeig, na seção de abertura, a respeito dos conceitos de região que perpassaram o evento: a) regiões dadas pelo "meio natural" ou herança histórica; b) espaço definido por um tipo de atividade econômica; c) regiões heterogêneas moveis, concebidas a partir da funcionalidade do papel organizador de uma metrópole (CNRS, 1971, p.7).

Étienne Juillard (1971, p.20) comentaria sobre o impacto na geografia francesa das teses de Lösch e Christaller, em sua opinião, atestando a passagem da predominância de definição da região como "área de extensão de uma paisagem" para a acepção de um campo de ação de fluxos provenientes de uma grande cidade ou ainda: "A região geográfica [...] como a zona de influência e de estruturação espacial de uma cidade, a metrópole regional".

Como presidente do colóquio, Monbeig destacava em seu discurso um "Um interesse pelo Brasil e pela América Latina", afirmando:

> O Brasil oferece um terreno privilegiado para o estudo dos problemas de organização do espaço: imensidão do país, diversidade de condições do meio físico, importância dos efeitos regionalizadores da história e dos sucessivos ciclos econômicos, vigor atual do desenvolvimento urbano, pondo em questão, no Brasil moderno, o esboço das regiões criadas pelas cidades coloniais [por meio de] pesquisas [...] impulsionadas pelos geógrafos e [pelos] organismos de planificação sobre a região-programa (CNRS, 1971, p.7).

Rochefort (Sorbonne); Gabriel Rougerie (Sorbonne); Pierre Vennetier (vice-diretor do CEGET) (CNRS, 1971, p.11-12).

As três concepções sobre "região" citadas compuseram o arcabouço teórico sobre os quais se discutiram os limites acima referidos, quais sejam, as problemáticas metodológicas das definições e delimitações regionais (noutras palavras, a questão da regionalização) para a *organização do território*. Principalmente, atribuía-se a importância da região como área de intervenção, via planejamento; postura que contribuiria para impor a geografia entre os meios científicos – fossem brasileiros ou franceses.

O IBGE reconhecia a existência de regiões homogêneas e regiões polarizadas como fenômenos presentes no território brasileiro em intensidades diversas. Defendia-se o conceito de região homogênea para a Amazônia, o Nordeste, o Centro-Oeste, o Sudeste e o Extremo Sul, sendo este o pilar sobre o qual se estruturariam a divisão regional do Brasil e o estabelecimento das microrregiões homogêneas. O estabelecimento de polos de desenvolvimento hierarquizaria as áreas de influência de diversos centros em três níveis, de acordo com a infraestrutura do terciário.

As observações de Bernard Kayser (1971, p.77-78), enfatizando a necessidade de os trabalhos geográficos ligados ao planejamento abandonarem o caráter descritivo e se fixarem "na ação", questionaram o "valor operacional" das microrregiões traçadas pelo IBGE, sendo problemática a valorização da hierarquia urbana pelo critério de equipamentos terciários, haja vista a grande concentração – quando não exclusividade – desses serviços tão-somente nas metrópoles nacionais brasileiras. Questionava-se a própria validade da existência de regiões nesse conjunto heterogêneo correspondente aos "países subdesenvolvidos": o espaço geográfico nesses países "não é, ou não é completamente, regionalizado", assinalava Kayser (1966, p.695). Tomando por base sua tipologia (espaços indiferenciados, regiões de especulação, regiões de intervenção, bacias urbanas e regiões organizadas), advogaria o geógrafo francês a tese de um caráter superficial dos fluxos no Brasil, país onde a "estrutura econômica dualista" – com regiões voltadas para fora convivendo com outras de mera subsistência – somente daria margem a uma fraca integração, resultando em um "espaço atomizado", e mais, provocando, na verdade, dadas essas relações espaciais frouxas, o enfraquecimento econômico regional em favor da (re) concentração dos fluxos econômicos na metrópole nacional (KAYSER, 1971, p.81-82); o que o autor considerava como uma ambiguidade das zonas de influência no Brasil.[7]

Já Michel Rochefort considerava como uma "necessidade" tentar projetar sobre o espaço brasileiro "o esquema de ordenamento usado nos países desenvolvidos", visando a pesquisar a eventual existência de "regiões orgânicas", ou seja, de acordo com a formulação original do conceito, de Jean Labasse, de "espaços compreendidos nos limites do poder de polarização de um grande centro, cada qual organizado por toda uma rede de centros urbanos, formando o entorno da influência do grande centro" (ROCHEFORT, 1971, p.127). Porém, existiriam "regiões orgânicas" no Brasil? Para Rochefort (1971, p.129-130), na maioria dos casos, as grandes cidades brasileiras não manteriam relações diretas com seu espaço de influência, mas sim, relações tênues, faltando para uma polarização efetiva o desenvolvimento econômico o aumento do poder de compra e a efetiva constituição de mercados consumidores locais de muitas das regiões do Brasil. Esses centros urbanos eram demarcados, aliás, a partir de critérios meramente demográficos, o que resultava em um trabalho insuficiente.

Em outra comunicação, Lasserre; Santos (1971) associavam as "etapas", as diferentes temporalidades da economia colonial, economia agroexportadora (basicamente, a cafeicultura) e economia

---

7 Tal como considera José Luis Coraggio (1973, p.12), em contextos nacionais relativamente estanques – como o do Brasil – seriam débeis as possibilidades de localizações excêntricas de atividades industriais.

"moderna e industrial" (voltada para o mercado interno e a substituição de importações), a três grandes tipos de região no Brasil: aquelas em que a atividade agrícola seria incapaz de estruturar uma região (caso da Amazônia), as "velhas regiões agrícolas açucareiras" (Zona da Mata nordestina) e as regiões agrícolas de monocultura, cujo exemplo de São Paulo atestaria a complexidade das atividades do terciário, da industrialização e principalmente da capacidade de criação de uma rede urbana enquanto consequências de uma economia agrária alicerçada por relações de produções modernas.

O território brasileiro era analisado como possuindo uma região polarizada incapaz, porém, de atingir esses espaços desarticulados: o Nordeste e o "vazio amazônico": escassez demográfica e falta de capitais punham-se como entraves para o "desenvolvimento" do norte do Brasil, conforme salientavam Lasserre; Santos (1971, p.65). Olivier Dollfus (1971, p.188), reafirmando o conceito de regionalização enquanto "*ato político*" visando a melhorar o desenvolvimento econômico [e acompanhado] necessariamente da criação de limites [e] de fronteiras [em seu] interior", destacava o contraste entre o "Nordeste pobre, ainda marcado pela economia colonial, a Amazônia quase vazia e os polos de desenvolvimento modernos que [seriam] o Rio de Janeiro e São Paulo".

Catharina Vergolino Dias seria mais enfática: um dos maiores obstáculos ao desenvolvimento amazônico seria a falta de vias de comunicação. Afora a ocupação dos vales fluviais, havia uma "*no man's land*" separando a Amazônia do "Brasil útil" (DIAS; GALLAIS, 1971, p.91-92). Interessa notar o quanto uma nova fluidez do território poderia acontecer a partir de uma política de transportes. Conforme escrevem Dias; Gallais (1971, p.97):

> Mais eis que a trama fluvial começa a ser substituída por vias terrestres, que são os suportes da nova região [...]: um fio condutor perfeitamente justificável para a análise

regional [pois] as consequências dessas vias terrestres são evidentes. A Amazônia deixa de ser um isolado geográfico de fronteiras mortas: ela se abre para diversas rotas que a agarram vigorosamente ao Sul.

Ora, a possibilidade de polarização da região estaria na época se iniciando, graças à consecução das rodovias Brasília-Belém e Brasília-Acre, além da então projetada Brasília-Santarém – rota que seria modificada, partindo de Cuiabá. Horacio Capel (1969, p.117) salienta com perspicácia, em um dos poucos trabalhos sobre o Colóquio de Bordeaux, ao lado da resenha de Paul-Yves Denis (1968), uma lacuna na discussão sobre a regionalização do Brasil, pois, se houve um debate a respeito das vias de comunicação, justamente um dos eixos de articulação do território alardeado pelos governos militares teria sido "incompreensivelmente" deixado de lado: Brasília, a "grande ausente do seminário sobre regionalização do Brasil".

A dualidade do espaço econômico do Brasil (cujos problemas deveriam ser corrigidos mediante uma política focada em uma regionalização em espaços de intervenção do Estado para a aplicação de políticas públicas) tornar-se uma teoria central naquilo que se conveniou classificar como desenvolvimentismo, em si, passível de muitas derivações. O *desenvolvimento desigual e combinado* (TROTSKY, 2007) do capitalismo em países periféricos era pensado por meio de duas linhas de interpretação (a partir das quais se observariam outras nuanças): uma análise calcada em supostas fases histórico-geográficas desse fenômeno e outra, que o interpretava como uma "etapa necessária" na formação das economias capitalistas. Apesar de a orientação teórica sustentada por uma visão bastante teleológica ser muito mais clara entre a primeira linha de interpretação (Francisco de OLIVEIRA, 1977, p.11), tanto uma quanto outra nutriam *uma ideia segundo a qual o subdesenvolvi-*

mento era resultado da persistência de um capitalismo inacabado, e não de suas próprias contradições (MANTEGA, 1985, p.42).

O encontro entre as geografias brasileira e francesa e os posicionamentos por vezes ambíguos frente aos desígnios de um Estado autoritário evidenciou, em nossa opinião, o enfraquecimento da questão política em favor da "temática regional", a qual se ligará a um projeto de nação cada vez mais voltado para a tecnificação do território. A virada para a década de 1970 demonstrou uma grande mudança na produção do Instituto, marcada, a parir daí, por formulações relacionadas à Nova Geografia. O que chamamos de persistência de uma ideologia pode ser atestada pela troca de referenciais teóricos, sim, mas pela manutenção da retórica, no seio do IBGE, da ocupação da Amazônia para a "necessária" complementação e consolidação do capitalismo nesse espaço incompleto. Mais que isso: em trabalhos como os de Becker (1972) ecoam antigos discursos territoriais sobre a formação brasileira, ainda que numa abordagem relativamente diversa das anteriores.

Persistência ideológica, mudança e/ou ecletismo teórico-metodológico?

Em seu artigo *Crescimento econômico e estrutura espacial do Brasil* (também apresentado no I Encontro Nacional de Geógrafos, ocorrido no mesmo ano, em Presidente Prudente) Bertha Becker (1972) mescla temáticas que sintetizam muitas ideologias geográficas concernentes à ocupação da Amazônia – região que será deveras evidenciada pela ditadura militar. Becker apresenta toda uma tipologia das regiões brasileiras segundo critérios de integração ao "centro" econômico do país. Pode-se afirmar que o artigo em tela exemplifica uma aproximação entre elementos da geografia regional francesa e as teses de Perroux, teorias do desenvolvimento, como as de Myrdal e Rostow, e influências da geopolítica, em um recorte bastante *mackinderiano*.

Para Becker (1972), mais que uma perspectiva de integração nacional, *a malha programada* arquitetada pelo planejamento (desde a SUDENE, passando pela criação do Ministério do Planejamento e o do Interior, até as propostas mais contemporâneas ao final da década de 1960 e no início dos anos de 1970) deveria ser voltada a uma expectativa de integração continental, implicando a necessidade de estender os domínios da soberania nacional; logo, os domínios das *políticas territoriais* do Estado. Nesse tom, a política em prol do transporte rodoviário foi encarada como primordial enquanto estratégia de ocupação da "região deprimida" amazônica.

Premeditando-se estabelecer faixas de colonização ao longo dos eixos rodoviários (eixos de desenvolvimento, com suas infraestruturas acopladas às vias de transportes – se quisermos usar a terminologia perrouxiana), as grandes rodovias amazônicas representariam o pontapé para a presença efetiva do Estado Nacional no amplo espaço da Amazônia. Secundada pela Cuiabá-Santarém, a Transamazônica seria o passo fundamental desse conteúdo geopolítico. Ao divergir de rodovias como a Rio-Bahia ou a Belém-Brasília, todas convergentes em direção ao "centro do Sudeste", o traçado transversal da *rodovia de integração nacional* expressou a aludida "ação no sentido da segurança nacional e da integração continental" (BECKER, 1972, p.113). Internacionalmente, a rodovia garantiria ligações com a Bolívia e o Peru, fazendo-se, pois, presente, a influência política e econômica do Brasil, no "âmago do continente" e na costa do Pacífico. Ou, nas palavras da autora,

[...] uma vez que a política de integração nacional não vem solucionando plenamente o problema da escassez do mercado interno, recorre-se à política de integração continental, incentivando inicialmente as exportações de manufaturados, e hoje, igualmente, a exportação de minerais e produtos agrícolas. A Transamazônica, mediante suas ligações com o Acre, permitirá alcançar a Bolívia e a Carretera Marginal de la Selva no Peru, assegurando a presença do Brasil no âmago do continente, e quiçá, no Pacífico (BECKER, 1972, p.113).[8]

Mas o papel da Transamazônica não seria tão-somente geopolítico. Sua função econômica seria articular os terminais de navegação fluvial da bacia amazônica aos eixos rodoviários nordestinos, soldando as relações entre as duas regiões. Fluxos demográficos se encaminhariam do Nordeste para a Amazônia e o caminho inverso serviria para o escoamento de matérias-primas, via portos a serem construídos no Nordeste, o que, inclusive, dinamizaria a região. Aos centros industriais "espontâneos" de São Paulo e do Rio de Janeiro, a atuação planejadora criaria centros industriais em Salvador e Recife (BECKER, 1972, p.112-113).[9]

Parte-se do ponto de que a estrutura espacial do Brasil refletiria três grandes transformações econômicas, percebidas na história nacional do decorrer do século XX, e fundamentalmente asso-

---

8   Explicita-se nesse ponto do artigo de Becker, uma interpretação, *mackinderiana* na essência, bastante repisada pela geopolítica brasileira produzida nos meios castrenses, seja na obra de Mario Travassos, seja na de Golbery do Couto e Silva. Segundo tal formulação, a dotação de infraestrutura no território brasileiro deveria, entre outras finalidades, fortalecer a presença do Estado nas fronteiras, de maneira que, no caso, regiões-chave como a Bolívia (o "âmago do continente") pudessem ser politicamente influenciadas cada vez mais pela presença brasileira, como ponto de passagem para a tão almejada saída para o Pacífico.

9   Mesmo com a atuação da SUDENE, o "problema humano do Nordeste" persistiria, devido à industrialização altamente concentrada em Salvador e Recife. Para Becker (1972, p.112): "Reproduz-se no plano regional o processo cumulativo que ocorreu no plano nacional durante a fase de substituição de importações", aspecto básico, que deveria ser corrigido, pois, pelo planejamento.

ciadas ao processo de industrialização no país. Da estrutura típica de uma economia baseada apenas na exploração de recursos primários (agroexportadores e/ou extrativistas), chegou-se, em meados do século XX, a uma fase de substituição de importações, para atingir, nos anos de 1960, uma etapa de "integração nacional". Ora, esse motor da estrutura espacial – o processo de industrialização – gerou uma estrutura polarizada do tipo centro-periferia, "dando início à elaboração [de um] sistema espacial nacional" (BECKER, 1972, p.103), e não mais local, não mais um sistema estrutural isolado.[10] Rompe-se, afinal, o esquema de arquipélagos, em função da força que o centro passa a exercer sobre a periferia (reitere-se, devido à industrialização). Também, fluxos antes organizados para o exterior passam a dinamizar-se internamente tanto no referente à mão-de-obra (intensificando-se o processo de migração interna) quanto a eixos rodoviários (perpendiculares ao litoral) e a trocas econômicas e de informações. Em síntese:

> É o dinamismo do centro que comanda o sistema espacial, no qual a periferia se integra sob formas diversas. A diversidade da periferia decorre de sua acessibilidade ao centro e de suas características estruturais pré-existentes que

---

10 Traduzindo para o a história do Brasil os "estágios" de crescimento de Walt Rostow (assessor de John Kenedy e nome importante na consecução da Aliança para o Progresso), Becker (1972, p.103) associa toda a fase de economia colonial e início da cultura cafeeira à "sociedade tradicional" do autor norte-americano, entendendo ser a agricultura comercial do café, em sua exploração moderna – isto é, extinto o trabalho escravo – às pré-condições ao *take off*. O processo de substituição de importações corresponderia ao período em si do *take off*, estando as décadas de 1960 e 1970 em plena fase de "direção à maturidade" – sociedades de massa, como diria Rostow.

a tornam mais ou menos apta a absorver as inovações e a sofrer os efeitos de drenagem (BECKER, 1972, p.104).

Os graus deste efeito de drenagem na relação centro-periferia implicam, portanto, na tipologia proposta pela autora. As regiões periféricas dinâmicas (algo semelhante às *regiões organizadas* de Kayser)[11] ou em desenvolvimento gravitariam em torno daquilo que Becker (1972, p.106) denomina *core region*, regiões dinâmicas localizadas, em sua maior parte, na Região Sudeste, em parte da Região Sul e no

---

11 Para Kayser (1966, p.691-694), da ausência absoluta de fluxos, passa-se às regiões de especulação, em que se estabelecem ligações com o mercado externo; porém, ainda à semelhança de economias agroexportadoras, dificultando a formação de tecidos internos mais coesos, chegando-se ao estágio das regiões de intervenção, em que o planejamento estatal já se impõe no sentido de assegurar uma rentabilidade dos capitais investidos. A tipologia espacial das bacias urbanas estabeleceria ligações entre um espaço e a área de influência de uma cidade. Ainda assim, se estaria longe de constituir uma verdadeira região. Devido a características socioeconômicas peculiares, nas "sociedades não desenvolvidas" as bacias urbanas se confundiriam em regiões. Porém, os fenômenos de atração produzidos pela cidade – antes fenômenos demográficos que econômicos – apenas se manifestariam praticamente em uma única direção (à cidade, deixemos claro), criando assim ao redor das cidades zonas; "desaguadouros" dos fluxos vindos do campo e não pólos. Valendo-se de sua analogia à geografia física, Kayser considera que as cidades nos países subdesenvolvidos não criariam "espaços geográficos" (no sentido de regionalização), mas tão-somente cumpririam uma função de drenagem, criando cada qual sua própria e respectiva bacia (KAYSER, 1966, p.694). Em suma, uma característica essencial da região seria sua organização em torno de um centro "dotado de certa autonomia" e sua "integração funcional em uma economia global" (KAYSER, 1966, p.686), sendo, em consonância com a ideia apontada acima, indispensável esta organização ao próprio fenômeno da regionalização, sempre assentado sobre um núcleo, que, logicamente, não seria outro que a cidade enquanto órgão de comando do espaço ao seu redor.

entorno correspondente à Brasília, Anápolis e Goiânia. Os centros das periferias dinâmicas provocariam impulsos capazes de estimular a produção, por meio de investimentos de capitais (na indústria e na agricultura), tornando-as periferias efetivamente modernas.[12] "À retaguarda da região dinâmica certas áreas são atingidas com menos intensidade pelos *spread effects* (efeitos de difusão),[13] apresentando-se, contudo, muito variadas. Enquadra-se, nesse tipo de periferia, boa parte da região de influência do Rio de Janeiro", correspondendo a áreas pastoris que contornam "em grosseiro semicírculo" a periferia dinâmica (BECKER, 1972, p.107).[14] A definição acima se refere à segunda tipologia das etapas de crescimento

12 Reparemos que Becker sempre trabalhou num esquema centro-periferia dentro de um Sistema Mundo, no qual os países subdesenvolvidos ou em desenvolvimento são necessariamente periféricos às áreas centrais – os países capitalistas desenvolvidos. No decorrer de sua trajetória, Becker refinaria sua posição em direção às formulações de Immanuel Wallerstein sobre o Sistema-Mundo, um corpo de análise com três posições estruturais dos países na economia contemporânea: o centro, a semiperiferia e a periferia. O Brasil estaria no estrato intermediário: no grupo de países que tanto exploram a periferia do sistema como são explorados pelo seu centro.

13 *Spread effects* (têm relação ao estímulo provocado por uma região mais rica sobre outra, mais pobre, na condição de existir "complementaridade produtiva"; em oposição aos *backwash effects*, quando, em não havendo complementaridade, a polarização deprime a região mais pobre, justamente por não haver complementaridade produtiva. Ambos os conceitos, os quais alicerçam as teorias de rompimento do *círculo vicioso da pobreza*, vêm de Myrdal (1965).

14 Essa consideração acerca das periferias dinâmicas, em torno das metrópoles, ainda mais em se falando da área de influência do Rio de Janeiro, remete ao clássico trabalho de Lysia Bernardes (*O Rio de Janeiro e sua região*), o qual – sob influência de Rochefort – procura trabalhar com o conceito de região urbana, usando como critério de delimitação a abrangência espacial de diversos ramos do setor de serviços, identificados atra-

econômico do Brasil, conforme concebidas pela autora: a de *regiões periféricas em lento crescimento*.

Grande parte do Nordeste, as proximidades dos "centros emergentes" (conforme a expressão de Becker) de Belém e Manaus e porções ocidentais da Região Centro-Oeste (aí incluído o território hoje correspondente ao estado de Tocantins) formam as *regiões periféricas deprimidas*, com capacidade muito fraca em absorver as inovações difundidas pelo coração das regiões dinâmicas. "Perdendo para outras regiões os seus recursos básicos, integram-se no sistema nacional sofrendo [...] um processo de depressão econômica. Trata-se, basicamente, de áreas agrícolas tradicionais, contando com grande contingente demográfico, menos acessíveis ao centro" (BECKER, 1972, p.108). Parece, a esta altura, bastante claro que o foco principal de Becker é quanto ao que denomina fronteira de recursos ou regiões de novas oportunidades.

> Mais da metade do território [nacional] não se encontra ainda economicamente incorporado ao sistema espacial. Em virtude do alto valor de seus recursos naturais e do seu despovoamento, é mais capaz de absorver inovações e atrair *spread effects* do que de perder por *backwash effects* [...] Os estímulos provenientes do *centro* e as correntes migratórias provenientes das áreas deprimidas impulsionam o avanço da *fronteira agrícola* em extensa área, que assume [portanto] individualidade no sistema espacial (BECKER, 1972, p.109).

De acordo com Becker (1972, p.112-113), a *fronteira* amazônica representava tanto um caminho de reorientação dos fluxos migratórios saídos da "periferia deprimida" (o Nordeste), na medi-

---

vés de métodos de aplicação questionários. De acordo com tais critérios, identificaram-se a área de influência dominante e as áreas de concorrência com as capitais regionais.

da em que o Centro-Sul se mostrava saturado, quanto uma questão de soberania (através de sua ocupação, para a qual concorreriam ações governamentais capazes de viabilizá-la). Assim,

> [...] a elaboração de um sistema espacial não é privilégio do Brasil. Também nos países vizinhos da América do Sul, esse processo está em andamento, ainda que com menor intensidade. Também na Venezuela, Colômbia e Peru formam-se centros dinâmicos, periferias deprimidas e excedentes demográficos que se vão dirigindo para suas respectivas Amazônias, num movimento espontâneo ou sob direção governamental. As grandes rodovias em construção aí estão para expressar esse movimento de interiorização do povoamento [...]. Surge daí a necessidade de assegurar a integração das regiões fronteiriças ao sistema nacional e à presença do Brasil na valorização da Amazônia Sul-Americana (BECKER, 1972, p.113).

Brevíssimas considerações

Somente se acirraria ao longo da década de 1970 a retórica militar de ocupação da Amazônia enquanto área de segurança, exemplificada principalmente nos escritos dos geopolíticos militares, salientando-se uma política de pólos interiores de intercâmbio fronteiriço, fundada em eixos rodoviários e em telecomunicações, visando à projeção continental do Brasil. Ao fim das contas, soam os planos de ocupação da Região Norte nos anos de 1960 e 1970 como reedições, sob a roupagem da economia espacial e da Nova Geografia, de discussões já postas em debate naquele longínquo ano de 1948, quando Lúcio Soares e Pierre Gourou travaram contato com as terras amazônicas. Sobre essa *no man's land*, Jean Gallais (1981) afirmaria que a opção dos governos posteriores e, sobretudo, durante o regime militar, pela abertura de estradas, mostraria outra opção do planejamento da Amazônia, abandonando-se a ocupação dos vales. Jean Demangeot (1971, p.31), para quem a geografia seria a "explicação e descrição das paisagens", não deixaria de notar em 1968 que a abertura de rodovias levaria à compra maciça de terras por capitais paulistas.

No caminho proposto por Moraes (1991), quisemos trazer ao conhecimento dos leitores a importância de ideologias gestadas a serviço do Estado ou de elites, aproveitando-se da fragilidade democrática do país, olvidando uma história da formação territorial a partir das classes dominadas – povos originários e povos tradicionais, por exemplo. Pois sem dúvida a relação território, política e cultura remete a ideologias em constante movimento buscando prevalecer os interesses de vários setores da sociedade; e os vazios demográficos só o são quando se é conveniente.

Bibliografia

BASTOS, Aureliano C. Tavares. *A Província*. 2ª ed. São Paulo; Rio de Janeiro; Recife: Companhia Editora Nacional. Série Brasiliana Vol. 105, 1937.

BECKER, Bertha K. Crescimento econômico e estrutura espacial do Brasil. *Revista Brasileira de Geografia*. Rio de Janeiro, 1972, nº 34, tomo 4, p.101-116.

BERNARDES, Lysia Maria C. (coord.). *O Rio de Janeiro e sua região*. Rio de Janeiro: IBGE, Conselho Nacional de Geografia, Divisão de Geografia, 1964.

BIELSCHOWSKY, Ricardo. *Pensamento econômico brasileiro: o ciclo ideológico do desenvolvimentismo*. 3ª ed. Rio de Janeiro: Contraponto, 1996.

CAPEL, Horacio. La regionalización de los países en vías de desarrollo: el caso de Brasil. *Revista de Geografía*. Barcelona: Universidad de Barcelona, 1969, vol. III, nº 1-2, p. 108-129.

<http://www.raco.cat/index.php/RevistaGeografia/article/view/45632/58552>

CARVALHO, Afrânio de. A lei agrária e a geografia. *Revista Brasileira de Geografia*. Rio de Janeiro, 1948, vol. 10, n° 4, pp.535-552.

CLAVAL, Paul; SANGUIN, André-Louis. (org.). *La géographie française à l'époque classique (1918-1968)*. Paris; Montréal: L'Harmattan, 1996.

CNRS (Centre National de la Recherche Scientifique). *La régionalisation de l'espace au Brésil*. Paris: Éditions du Centre National de la Recherche Scientifique, 1971.

CORAGGIO, José L. *Dos ensayos sobre la teoría de los polos de desarrollo*. Buenos Aires: Centro de Estudios Urbanos y Regionales. Instituto Torcuato Di Tella, 1973.

DENIS, Paul-Yves. Le concept de région appliqué au Brésil. *Cahiers de géographie du Québec*, 1968, vol. 12, n° 27, p. 347-363. <https://www.erudit.org/fr/revues/cgq/1968-v12-n27-cgq2601/020826ar/>

DIAS, Catharina Vergolino; GALLAIS, Jean. La régionalisation de l'Amazonie. CNRS. *La régionalisation de l'espace au Brésil*. Paris: Éditions du Centre National de la Recherche Scientifique, 1971, p.91-98.

DEMANGEOT, Jean. Milieu naturel et régionalisation de l'espace au Brésil. CNRS. *La régionalisation de l'espace au Brésil*. Paris: Éditions du Centre National de la Recherche Scientifique, 1971, p.31-47.

DRIVER; Felix; YEOH, Brenda S. A. Constructing the tropics: introduction. *Singapore Journal of Tropical Geography*, 2000, 21 (1), p.1-5.

DOLLFUS, O. Rapport de synthèse. CNRS. *La régionalisation de l'espace au Brésil*. Paris: Éditions du Centre National de la Recherche Scientifique, 1971, p.185-188.

FAISSOL, Speridião. Problemas de colonização na Conferência de Goiânia. *Revista Brasileira de Geografia*. Rio de Janeiro, 1949, vol. 11, nº 2, pp.274-278.

FAORO, Raymundo. *Os donos do poder – formação do patronato político brasileiro*. Porto Alegre: Editora Globo, 1958.

GALLAIS, Jean. L'évolution de la pensée géographique de Pierre Gourou sur les pays tropicaux (1935-1970). *Annales de Géographie*, 1981, vol. 90, n°498, pp.129-150.

GOUROU, Pierre. Um programa geográfico de experimentações e de pesquisas em zona tropical. *Revista Brasileira de Geografia*. Rio de Janeiro, 1948, vol. 10, nº 3, p.381-396.

GOUROU, Pierre. L'Amazonie. Problèmes géographiques. *Les Cahiers d'Outre-Mer*. Bordeaux, 1949a, vol. 2, nº 5, p.1-13.

GOUROU, Pierre. Observações Geográficas na Amazônia. *Revista Brasileira de Geografia*. Rio de Janeiro, 1949b, vol. 11, nº 3, p.355-408.

IBGE (Instituto Brasileiro de Geografia e Estatística). *Esbôço preliminar de divisão do Brasil em espaços homogêneos e espaços polarizados*. Rio de Janeiro: IBGE, Conselho Nacional de Geografia, Divisão de Geografia, 1967.

IBGE. *Subsídios à regionalização. Rio de Janeiro*: Fundação IBGE, Instituto Brasileiro de Geografia, Divisão de Geografia, 1968.

JUILLARD, Étienne. Villes et régionalisation. CNRS. *La régionalisation de l'espace au Brésil*. Paris: Éditions du Centre National de la Recherche Scientifique, 1971, p.19-24.

KAYSER, Bernard. Les divisions de l'espace géographique dans les pays sous-développés. *Annales de Géographie*. Paris: Librairie Armand Colin, 1966, LXXV, nº 412, p.686-697.

KAYSER, Bernard. Les types de région au Brésil. CNRS. *La régionalisation de l'espace au Brésil.* Paris: Éditions du Centre National de la Recherche Scientifique, 1971, p.75-86.

LAFER, Celso. O planejamento no Brasil – observações sobre o Plano de Metas (1956-1961). MINDLIN, Betty. *Planejamento no Brasil.* 5ª ed. São Paulo: Editora Perspectiva, 2001, p.29-50.

LASSERRE, Guy; SANTOS, Milton. Les plantations tropicales et la régionalisation de l'espace au Brésil. CNRS. *La régionalisation de l'espace au Brésil.* Paris: Éditions du Centre National de la Recherche Scientifique, 1971, p.57-72.

LOPES, Lucas. O Vale do São Francisco. Experiência de planejamento regional. *Revista Brasileira de Geografia.* Rio de Janeiro, 1950, vol. 12, nº 1, p.122-136.

MANTEGA, Guido. *A economia política brasileira.* 3ª ed. São Paulo; Petrópolis: Vozes, 1985.

MORAES, Antonio Carlos Robert. *Ideologias geográficas.* 2ª ed. São Paulo: Hucitec, 1991.

MORAES, Antonio Carlos Robert. *Meio ambiente e ciências humanas.* São Paulo: Hucitec, 1994.

MORAES, Antonio Carlos Robert. *Bases da formação territorial do Brasil. O território colonial brasileiro no "longo" século XVI.* São Paulo: Hucitec, 2000.

MORAES, Antonio Carlos Robert. O sertão: um outro geográfico. *Terra Brasilis* (Revista de História do Pensamento Geográfico no Brasil). Rio de Janeiro: 2002/2003, ano III/IV, no 4/5, p.11-24.

MYRDAL, Gunnar. *Teoria econômica e regiões subdesenvolvidas.* Rio de Janeiro: Sâga, 1965.

OLIVEIRA, Francisco de. *A economia da dependência imperfeita.* 2ª ed. Rio de Janeiro: Graal, 1977.

PERROUX, François. *A economia do século XX.* Lisboa: Herder, 1967.

PONTES, Beatriz S. Brasil: *O Estado planejador e as políticas nacionais de urbanização (1937-1979)*. São Paulo: Tese de Doutorado. Área de Geografia Humana. Departamento de Geografia. FFLCH, USP, 1983.

ROCHEFORT, Michel. Villes et organisation de l'espace au Brésil. CNRS. *La régionalisation de l'espace au Brésil*. Paris: Éditions du Centre National de la Recherche Scientifique, 1971, p.127-135.

SANTOS, Milton; SILVEIRA, Maria Laura. *O Brasil: território e sociedade no início do século XXI*. 7ª ed. Rio de Janeiro; São Paulo: Record, 2005.

SINGARAVÉLOU, Pierre. Géographie et colonisation: approches historiographiques. SINGARAVÉLOU, Pierre (org.). *L'Empire des géographes. Géographie, exploration et colonisation XIXe-XXe siècle*. Paris: Belin, 2008, p.45-57.

SIMONSEN, Mario Henrique; CAMPOS, Roberto. *A nova economia brasileira*. 2ª ed. Rio de Janeiro: Livraria José Olympio, 1976.

SPOSITO, Eliseu Savério. *Geografia e filosofia: contribuição para o ensino do pensamento geográfico*. São Paulo: Editora UNESP, 2004.

TROTSTY, Leon. *História da revolução russa* (2 tomos). São Paulo: Sundermann, 2007.

VERNE, Jules. *La Jangada*. Paris: Hetzel, 1881.

A emergência da Geografia Física na História da Geografia: uma primeira aproximação

Alexandre Henrique da Silva dos Santos[1]

A História Civil e a História Natural[2]

Entre os séculos XVII até meados do século XVIII, a História Civil e a História Natural estavam profundamente conectadas. Dado que a diferença entre a História da Terra e a História do Homem seria de apenas sete dias, tal como atestada pela narrativa bíblica, fatos das sociedades humanas poderiam ser utilizados para corroborar eventos naturais e vice-versa. Nesse sentido, o testemunho humano é fundamental não apenas para se compreender a História Natural, haja vista que o homem

---

1 Mestre em Geografia Humana pela Universidade de São Paulo.

2 Rappaport (1997) destaca uma característica importante nas discussões sobre os fenômenos relativos à superfície da Terra nas primeiras décadas do século XVIII. Segundo a autora, as discussões mineralógicas que, em grande medida, ocorriam no mundo alemão, ainda não faziam parte das preocupações dos filósofos localizados no eixo Inglaterra-França-Itália. Os debates e as controvérsias científico-filosóficas sobre esses fenômenos concentravam-se na relação entre a História Civil e a História Natural, sobre a origem e o significado dos fósseis, sobre o Dilúvio relatado pela Bíblia, nas tentativas em se construir uma teoria sobre o surgimento e desenvolvimento do planeta, a qual foi denominada de Teoria da Terra, e, principalmente, nas metodologias e teorias capazes de alinhavar tudo isso.

seria uma testemunha ocular desse processo, mas, principalmente, para se atestar a ocorrência e a regularidade de um evento natural.

Dessa forma, medalhas, estátuas, fósseis, fragmentos de rochas, textos antigos, ruínas etc., tornaram-se testemunhos de eras e processos naturais passados, os quais, diferentemente das práticas realizadas pelas ciências experimentais, não poderiam ser replicados em laboratório.

No entanto, mesmo que tal possibilidade fosse admitida, tal como ocorreu na replicação de alguns fósseis, as práticas laboratoriais ainda não haviam alcançado o consenso de serem capazes de revelar exatamente como a natureza trabalharia. Esta dúvida era justificada pela percepção de que a natureza poderia operar de diversas formas no mundo e, mesmo assim, alcançar resultados idênticos.

Diante disso, como provar que as evidências laboratoriais atestariam o modo escolhido pela natureza para se alcançar determinado resultado? Na visão de muitos filósofos do período, apenas o testemunho humano seria capaz de atestar a verdadeira escolha da natureza.

Nesse processo de resgate de testemunhos históricos, os textos mitológicos antigos, principalmente aqueles oriundos da Antiguidade Clássica, passaram por uma reinterpretação entre os séculos XVII e XVIII. Diferentemente da tradição renascentista, a qual os via como uma alegoria moral, sendo dificilmente reconhecidos como uma fonte de fatos empíricos, os séculos posteriores mudaram o olhar sobre os mitos pagãos por meio de duas interpretações distintas. Por um lado, com o ressurgimento do Evemerismo Clássico, considerou-se deuses e heróis como homens reais. A interpretação era de que as ações extraordinárias desses homens passaram por um processo de deificação ao longo do tempo.

Mas por outro, tais mitos também poderiam ser vistos como a personificação de eventos naturais, fato que lançava um problema para os textos bíblicos. Os milagres descritos nas Escrituras sagradas seriam, portanto, um evento fora do comum ou apenas um fenômeno natural personificado pelos hebreus?

Diante desse contexto, Rappaport (1997) aponta que o início do século XVIII assistiu ao surgimento de um intenso debate entre três correntes intelectuais distintas que disputavam o controle dessa narrativa histórica, seja ela civil ou natural, por meio de um questionamento sobre a sua legitimidade enquanto conhecimento.

A primeira dessas correntes mantinha as discussões iniciadas pela Reforma Protestante e Contrarreforma Católica, onde católicos e protestantes procuravam desqualificar as interpretações bíblicas do adversário. Os católicos alegavam que interpretações sobre passagens bíblicas, sejam elas quais forem, precisavam passar pelo crivo da Igreja, enquanto os protestantes defendiam uma interpretação livre e independente das Escrituras, negando-se, portanto, em submeter-se à autoridade de Roma.

A segunda corrente foi caracterizada pelo renascimento do ceticismo antigo, o qual duvidava da confiabilidade dos sentidos e da mente humana. Mas, além disso, também questionavam sobre a precisão dos testemunhos humanos, seja ele sobre o presente ou sobre o passado, haja vista que, na visão cética do período, o homem está naturalmente inclinado a mentir, distorcer fatos e ser partidário de suas próprias causas. Em consequência dessa interpretação, os relatos históricos não inspirariam confiança.

A última corrente será aquela desenvolvida por Descartes. Para o filósofo, todos os relatos históricos são suscetíveis a dúvidas, pois nenhum observador poderia relatar um simples evento de maneira precisa e desenviesada (RAPPAPORT, 1997). Mesmo os historiadores modernos teriam suas análises sob suspeita, pois, para Descartes, eles seriam responsáveis por distorcer aquilo que realmente foi relatado pelos antigos. Na crítica cartesiana, os historiadores, ao tentarem reconstruir um evento passado, selecionariam apenas os textos e os fatos que lhes interessariam nesse processo. Para o filósofo Nicolas

Malebranche, um dos principais discípulos de Descartes, a História não seria nada mais do que mero pedantismo.

Sendo assim, diante de considerações tão negativas frente ao conhecimento histórico, verificou-se o surgimento de algumas tentativas para tornar esse discurso mais confiável. O desafio era transformar a mera opinião registrada nos relatos antigos, seja ela oriunda da história sagrada ou profana, em um fato confiável.

Nesse sentido, procurou-se estratégias para se validar os registros históricos, buscando uma análise crítica de tais documentos, bem como a utilização dos monumentos construídos pelo homem e pela natureza para validá-los.

A Bíblia, a qual é um relato histórico por excelência, não passou imune a esse processo. No entanto, longe de negá-la, ela foi considerada como uma fonte verdadeira de informações sobre a história da civilização humana e da natureza, mas que precisava ter suas contradições desfeitas e lacunas preenchidas.

Portanto, não se duvidava, por exemplo, da ocorrência do Dilúvio Universal, mas a total ausência de informações bíblicas sobre o modo como os animais espalharam-se no mundo levantava todos os tipos de questionamentos. É possível conceber que uma ave, pousando de ilha em ilha, tenha atravessado os oceanos e conseguido chegar a vários continentes distantes, mas como explicar a migração de cobras, elefantes e ursos?

A cronologia bíblica também enfrentava desafios. No século XVII, os padres jesuítas, em seu contato com a China, encontraram registros chineses datando a Terra e a civilização humana com cerca de 6.000 anos de história, estando, dessa forma, em contradição com as Escrituras sagradas que faziam a mesma datação por muito menos, cerca de 4.000 anos. O resultado não foi a simples negação da datação bíblica ou chinesa, mas uma análise minuciosa dos textos sagrados cristãos, inclusive remontando a suas versões mais antigas. Nesse processo, constatou-se que os textos originais em grego da Bíblia, livros estes denominados de Septuaginta, coincidiam com a datação chinesa.[3]

Mas um livro bíblico era especialmente problemático para ser submetido tanto ao processo de validação histórica, quanto ao de testemunho dos fenômenos naturais, conforme discutido até aqui. Era o livro do Gênesis. Tendo em vista que o homem só surgiu após a criação do mundo, simplesmente não há qualquer tipo de testemunho sobre como, de fato, a natureza operou nesse momento. Quais foram as leis naturais empregadas por Deus na construção do mundo? Ou melhor, ele obedeceu alguma lei natural? Os fenômenos naturais vistos hoje em dia aplicar-se-iam no momento de criação do mundo?

Tais dúvidas estavam colocadas e qualquer resposta definitiva sobre elas era vista como mera conjectura. Em meio a esse debate, surgiu, no final do século XVII, uma tentativa de se compreender quais foram, de fato, os processos que permitiram o surgimento da Terra, desde a sua criação por Deus até o momento do Dilúvio Universal. Essa tentativa constituiu-se no surgimento de um novo campo do saber, o qual foi denominado de Teoria da Terra. (ROGER, 1973; ROSSI, 1992; RAPPAPORT, 1997).

---

3 Rappaport (1997) argumenta que os filósofos do período em questão tinham uma justificativa muito plausível para confiar no tempo bíblico, além da sua fé nas Escrituras. Segundo a autora, a mentalidade da época considerava que a natureza trabalharia de modo rápido, não precisando de muito tempo para realizar suas ações. Para constatar-se isso, bastaria observar os exemplos disponíveis no mundo natural. Uma reação química, um terremoto ou a própria digestão realizada pelos seres vivos, por exemplo, são fenômenos naturais que ocorrem de maneira rápida, não precisando de uma enorme escala de tempo para serem concluídos.

A Teoria da Terra

De acordo com Roger (1973), a Teoria da Terra constitui-se como um amplo campo de estudos, capaz de agrupar todos os temas que hoje compreendemos como pertencentes às Ciências da Terra. Segundo o autor, tal teoria surgiu no século XVII, por meio dos trabalhos de Descartes, alcançou seu auge durante o século XVIII e perdurou até meados do século XIX.

A Teoria da Terra procurou construir um sistema explicativo para a Terra enquanto um planeta, rompendo com as tradicionais teorias platônicas e aristotélicas sobre o surgimento e desenvolvimento do mundo. Nesse sentido, essa teoria caracterizou-se pela elaboração de uma explicação histórica e física do planeta, a qual considerava tanto sua estrutura interna quanto os fenômenos de sua superfície.

Para Roger (1973), a Teoria da Terra é um produto direto da chamada "Revolução Copernicana", pois, de acordo com o autor, foi por meio da teoria heliocêntrica que a Terra deixou de ser o centro do Universo e passou a ser caracterizada apenas como um planeta tão banal quanto qualquer outro.

Dessa forma, tal teoria permitiu construir uma história individualizada para Terra, não havendo mais a necessidade de se explicar os fenômenos terrestres vinculados aos fenômenos cosmológicos e vice-versa.[4]

Nesse contexto, a Teoria da Terra teve como principal característica separar a Terra da Cosmologia, a partir do momento em que constrói sua individualidade por meio de um processo histórico.

---

4   O modo como Aristóteles explica a dinâmica dos elementos (terra, água, fogo e ar) que compõem o mundo, considerado o centro do Cosmos, e o Universo ilustra a perspectiva trazida por Roger (1973). Aristóteles via que os elementos sempre caminhariam em direção ao seu local natural. Assim, o local natural do elemento fogo era os céus, por isso ele acendia, enquanto o local natural do elemento terra era o centro da Terra, por isso

Diferentemente do verificado na nova Cosmologia do século XVII, onde leis regiam as órbitas e os comportamentos dos astros e dos planetas de maneira precisa, dando-lhes, dessa forma, previsibilidade, a Teoria da Terra apresentou a formação do planeta como uma sucessão de eventos únicos que não se repetiriam no decorrer do tempo.

Desse modo, a eternidade do Cosmos aristotélico, sem início e sem fim, estava rompida por meio de uma narrativa que, a partir do livro bíblico do Gêneses, apontava para um princípio, um meio e um final para a Terra.

A primeira tentativa de se construir uma interpretação sobre o surgimento e o desenvolvimento da Terra antes da presença humana e desvinculada dos fenômenos cosmológicos foi proposta por Descartes no ano de 1644, através de seu livro Princípios de Filosofia.

A Cosmogonia de Descartes

Conforme discutido por Roger (1973), Descartes inicia a apresentação de sua teoria tendo como ponto de partida os princípios do caos original, da inexistência de vácuo, da matéria divisível ao infinito e da quantidade de movimento constante. A teoria cartesiana chama a atenção por um aspecto muito importante: ela desconsidera aquilo que sempre foi admitido como o único testemunho da criação do mundo, ou seja, a narrativa mosaica presente no Gênesis como sendo um princípio fundamental a ser adotado para a investigação da origem do planeta.

---

as pedras cairiam. Sendo assim, tendo em vista que a combinação desses elementos forma tudo o que há no Cosmos, o elemento terra, por exemplo, sempre realizaria uma trajetória em direção ao centro da Terra, independente do lugar onde ele estivesse no Universo. Portanto, a dinâmica dos fenômenos terrestres obrigatoriamente passaria pela compreensão dos fenômenos cosmológicos, resultando, desse modo, em uma continuidade inabalável entre a Terra e o Cosmos.

No entanto, Descartes estava ciente dos problemas que tal perspectiva lhe traria. Como forma de evitar um conflito direto com as autoridades religiosas, Descartes afirmou, nesse mesmo livro, que a sua teoria seria apenas um exercício de imaginação, uma conjectura, uma fantasia, cabendo somente à Igreja a palavra final sobre estas questões.

Isto posto, Descartes apresenta sua "fantasia". Em linhas gerais, tal como discutido por Roger (1973) e Rossi (1992), o filósofo considera que, no início, a Terra foi um astro luminoso semelhante ao Sol, atestando, dessa forma, a origem ígnea do planeta. Nesse momento, o que impera é o caos, com todos os seus elementos misturados de maneira indistinta. Com o passar do tempo, esses elementos separaram-se em camadas superpostas da seguinte maneira: a primeira camada era formada pelo núcleo, o qual era composto de uma matéria semelhante a do Sol; acima dele, encontraríamos uma outra camada de matéria dura e opaca; após, uma crosta de terra pesada e sólida, a qual originaria todos os metais; a seguir, uma camada de água, outra de ar e mais uma crosta de terra menos sólida composta por argila, areia e lodo; por último, mais uma nova camada de ar. Finalizado o processo de decantação, a camada menos sólida, composta por argila, areia e lodo, fissura-se e entra em colapso, submergindo sobre as camadas inferiores e, nesse processo caótico de revolvimento de camadas, origina os sedimentos, as montanhas, os mares etc.

Embora esse relato de Descartes sobre a origem do mundo possa parecer um relato histórico, haja vista que há uma sucessão de eventos únicos no decorrer de um espaço temporal, a Teoria da Terra cartesiana não pode ser interpretada dessa forma. Para Descartes, a natureza obedeceria a rigorosas leis mecânicas e, portanto, caso o mundo fosse criado novamente por Deus, ele sempre se desenvolveria do mesmo modo, repetindo infinitamente os mesmos acontecimentos independentemente da quantidade das vezes em que fosse reiniciado. O mundo, dessa forma, sempre estaria submetido à imutabilidade das leis naturais e de seus resultados.

Assim, nessa "fantasia" de Descartes, não apenas o Gênesis foi excluído como fonte de informação segura sobre o processo de criação do mundo, o que, por si só, já seria algo grave para o pensamento seiscentista, mas o próprio livre-arbítrio divino é anulado pelas leis naturais, na medida em que a intervenção divina não se faz mais necessária. Tais características não passaram desapercebidas de seus contemporâneos, os quais acusaram a doutrina cartesiana de promover e compactuar com o ateísmo.

No entanto, mesmo diante de severas críticas, a teoria cartesiana sobre a formação do mundo continuou a exercer forte influência na elaboração de outras teorias sobre a origem da Terra desenvolvidas posteriormente. A primeira a ser elaborada após a publicação do trabalho de Descartes, a qual foi um marco definitivo para o surgimento do campo de estudos denominado de Teoria da Terra, foi elaborada justamente por um discípulo de Descartes em solo inglês, o padre Thomas Burnet.

A Teoria da Terra de Thomas Burnet

Thomas Burnet publicou sua Teoria da Terra no livro denominado *Teoria Sacra da Terra* em 1681, no qual, embora tenha adotado como ponto de partida as concepções físicas de Descartes, propôs algo diferente daquilo elaborado por seu mentor. Burnet procurou conciliar o texto bíblico e a Filosofia Mecanicista, de modo a se evitar qualquer tipo de contradição entre as evidências físicas debatidas pelo século XVII e o relatado no texto mosaico (ROGER, 1973; ROSSI, 1992; RAPPAPORT, 1997).

Com essa perspectiva em mente, Burnet relata a formação da Terra de maneira semelhante àquela produzida por Descartes.

Assim, no princípio, a Terra era um composto de elementos indistintos, os quais, com o passar do tempo, foram se organizando em camadas de maneira semelhante a um ovo. O núcleo seria constituído pelo fogo central, acompanhado por uma imensa camada de água e, por fim, tudo isso seria envolto por uma fina e lisa camada sólida superficial formada pela mistura de óleo e poeira. Rossi (1992) destaca que, nesse momento da história da Terra de Burnet, não existiriam montanhas, lagos ou oceanos, ou seja, não haveria rugosidades na superfície terrestre, sendo ela completamente lisa e uniforme.

No entanto, segue Burnet, a ação do sol, aquecendo essa camada superficial, provoca o seu ressecamento, a qual, acompanhada do fervilhar da camada aquosa imediatamente abaixo dessa crosta, provoca o seu dilaceramento. Será justamente essa verdadeira catástrofe verificada sobre a antiga superfície terrestre que resulta no surgimento das montanhas, das cavernas, dos oceanos, enfim, de todas as irregularidades terrestres.

Isto posto, Burnet inicia um processo de conciliação de sua teoria com o texto bíblico, utilizando os eventos históricos descritos pela narrativa mosaica para atingir este objetivo. Nesse processo, define o passado da Terra como tendo sido composto pelo Paraíso e Dilúvio, enquanto o futuro estaria reservado à Conflagração Final, isto é, ao Apocalipse, e de um novo Paraíso (ROSSI, 1992).

Burnet caracterizou o momento do Paraíso como tendo ocorrido sobre esta crosta terrestre lisa, perfeita, sem qualquer tipo de irregularidade, onde teria vivido uma comunidade antediluviana pura, inocente e simples. A catástrofe que se seguiu a este momento, caracterizada pela ruptura dessa camada e sobreposição das águas, foi o momento do Dilúvio.

Desse modo, para Burnet, as montanhas, os picos, os imensos oceanos etc, seriam o testemunho de um paraíso perdido, um mundo de escombros e detritos de um passado glorioso. Tais estruturas seriam, na realidade, os monumentos históricos que atestariam uma antiga era vista como gloriosa para os seres humanos (ROSSI, 1992; RAPPAPORT, 1997).

Nesse sentido, para Burnet, a humanidade viveria atualmente sobre grandes ruínas, sobrevivendo em meio aos escombros daquilo que não era, de fato, o projeto inicial de Deus para os homens (ROSSI, 1992).

Rossi (1992) também chama a atenção para outra questão importante da obra de Burnet: sua dimensão estética. Da mesma forma que o tema das ruínas tem uma importância central para as Artes no século XVII, na medida em que ela se liga às ideias de envelhecimento, decadência e corrupção do mundo, a Teoria Sacra da Terra apresenta um mundo caminhando na mesma direção. Na visão de Burnet, esse não seria o melhor dos mundos, muito menos o espelho da sabedoria divina, mas um Paraíso desgastado, resultado de um lento processo de corrupção e decadência, o qual estaria caminhando para a sua destruição total.

Convém ressaltar que estes escombros também serviriam para atestar o dogma do pecado, tendo em vista que o Dilúvio é a consequência direta desse fato religioso. Nessa perspectiva, o homem não é apenas culpado pela sua própria queda do Paraíso, mas também por toda a movimentação e descontinuidades existentes no relevo terrestre. Portanto, as montanhas, os mares, as quedas d'água, os desertos etc, seriam marcos históricos, relembrando continuamente o homem do pecado que ele carregaria.

A Teoria Sacra da Terra foi um sucesso editorial, tendo, em 1726, alcançado a marca de 16 edições e revisada inúmeras vezes pelo seu autor (ROGER, 1973). Esse sucesso também foi acompanhado por um intenso debate realizado por seus contemporâneos, os quais criticaram, sobretudo, a forte influência cartesiana de sua teoria e as consequências disso para o mundo cristão (ROGER, 1973; RAPPAPORT, 1997).

Uma outra perspectiva sobre a História da Terra

Diante dessas discussões, uma outra teoria distante do rígido mecanicismo cartesiano corria em paralelo na tentativa de se compreender o surgimento e o desenvolvimento da Terra. Profundamente influenciada pelas tradições paracelsista e hermética, o vitalismo surgido entre os séculos XVI e XVII, o qual teve Athanasius Kircher, Thomas Robinson e Joachim Becker entre seus seguidores, propunha interpretar a Terra como um organismo vivo, traçando paralelos entre os processos físicos ocorridos no planeta com aqueles vivenciados pelos seres vivos (ROSSI, 1992). Por meio de analogias e interpretações químicas, tais autores construíram teorias onde o universo, definido como um macrocosmo, estaria refletido no homem, visto como um microcosmo, e vice-versa.

No entanto, embora mesclassem diferentes tradições, todas essas discussões partiam do pressuposto básico de que a Terra é um organismo vivo e que o princípio seminal está em toda parte.

Nesse sentido, muitos filósofos admitiam um princípio modelador ou plástico que governaria o crescimento e o desenvolvimento de todos os organismos. A Terra, sendo um ser vivo, também seria regida pelo mesmo princípio, sendo capaz de manifestar afinidades e relações com todos os outros seres vivos. Nessa intrincada rede de relações entre os organismos, as rochas poderiam imitar letras, formas de árvores, símbolos misteriosos etc, em um processo denominado de *lusus naturae*, os quais seriam capazes de conduzir a profundos significados religiosos sobre a natureza do mundo ou simplesmente serem interpretados como uma brincadeira da natureza.

Diante dessa perspectiva, a Terra teria se originado a partir de um amontoado de matéria inerte, onde, após a ação de Deus em conceder-lhe vida, foi transformada em um grande animal dotado metaforicamente de pele, carne, sangue, ossos e nervos.

Desse modo, segundo Rossi (1992), o fato de a Terra ser capaz de produzir, por si mesma, o movimento de rotação, era prova incontestável de que se tratava de um organismo realmente vivo. As grandes cadeias montanhosas, por sua vez, longe de serem o resultado de um processo rigidamente estabelecido e conduzido por leis físicas ou de eventos miraculosos oriundos única e exclusivamente da vontade divina, eram interpretadas como uma espécie de coluna vertebral do planeta, a espinha dorsal responsável por sustentar toda a superfície terrestre. Os rios, por sua vez, são comparados ao sistema circulatório humano, enquanto os metais e os minerais são vistos como produtos da fecundação entre céu e terra, os quais germinariam no interior do planeta concebido como um grande ventre.

De acordo com o discutido por Rossi (1992) e Rappaport (1997), tais teorias sobre o surgimento e desenvolvimento da Terra nunca chegaram a alcançar o destaque verificado pela Teoria da Terra de Burnet. Na realidade, elas foram duramente combatidas pelos filósofos ingleses e franceses durante os séculos XVII e XVIII, com destaque àqueles ligados à Academia de Ciências de Paris.

No entanto, o simples fato de terem sido combatidas por tantos filósofos, indica que tais ideias realmente tinham uma boa circulação no mundo intelectual europeu.

A História Natural e a Teoria da Terra de Buffon

Considerada por Rappaport (2008) como uma síntese das discussões sobre a origem e o desenvolvimento da Terra realizadas até meados de 1750, a Teoria da Terra de Georges-Louis Leclerc de Buffon foi publicada naquela que viria a ser, segundo Schimitt & Crémière (2007), a obra mais importante de sua vida, a História Natural – Geral e Particular – com a descrição da Casa de Sua Majestade (*Histoire Naturelle, génerale et particulière, avec la description du Cabinet du Roi*).

Constituída por 44 volumes publicados entre 1749 e 1797, sendo que 36 volumes foram lançados antes do seu falecimento em 1788, a História Natural de Buffon esteve entre os maiores sucessos editoriais do século XVIII (SCHIMITT & CRÉMIÈRE, 2007). De acordo com Heill (2008), foi o livro de História Natural mais lido durante este século.

Em seus três primeiros volumes, os quais inauguraram a obra em 1749, Buffon debateu sobre os modos de se fazer História Natural, realizando uma discussão epistemológica profundamente crítica à matematização do mundo natural, e apresentou sua Teoria da Terra. Aqui, nos deteremos apenas em discutir alguns aspectos de sua teoria sobre os fenômenos terrestres, de modo a auxiliar no entendimento do verbete Geografia Física.[5]

A Teoria da Terra de Buffon

A teoria de Buffon sobre a formação e desenvolvimento dos fenômenos terrestres não se constituiu em uma tese isolada, tal como fora realizado por Thomas Burnet. Buffon tem um objetivo claro na construção de sua Teoria da Terra. De acordo com Schimitt & Crémière (2007), ela foi desenvolvida de modo a servir de suporte para os capítulos posteriores sobre a história dos animais e dos vegetais. Portanto, a Teoria da Terra de Buffon deve ser compreendida no contexto da História Natural que ele produziu.

É com esta perspectiva em mente que Buffon, por exemplo, procura relacionar as características físicas das diversas regiões já debatidas por sua Teoria da Terra com aquelas dos animais que ali vivem, inclusive o homem, ou relacionar sua teoria dos climas com o processo de migração de várias espécies. Nesse sentido, Schimitt

---

5   Para este trabalho, utilizou-se a edição científica da História Natural de Buffon, elaborada por Schimitt & Crémière (2007).

& Crémière (2007) vê em Buffon aquele que proporcionou as condições necessárias para a emergência de um novo campo científico no final do século XVIII, o qual será denominado de Biogeografia e desenvolvido, sobretudo, por Humboldt.

Ao iniciar sua Teoria da Terra, Buffon a define como um campo específico da História Natural, pois, segundo ele, "[...] a História Natural é a fonte de outras ciências físicas e a mãe de todas as artes [...]".[6]

A partir daí, promove uma análise crítica dos principais autores que discutiram a formação e o desenvolvimento da Terra, encontrando um ponto em comum em todas essas teorias. Segundo Rossi (1992), Buffon identificou que o Dilúvio Universal era visto como o único evento natural responsável pela completa transformação da superfície terrestre.

Para Buffon, o Dilúvio ocorreu de fato, mas, como tratou-se de um evento extraordinário, simplesmente não deveria ser levado em consideração, pois, diante de sua concepção de natureza,

> [...] causas cujo efeito seja raro, violento ou imprevisto não devem nos tocar, pois elas não se encontram no caminho ordinário da natureza, mas os efeitos que chegam todos os dias, os movimentos que se sucedem e se renovam sem interrupção, as operações constantes e sempre repetidas, estas são as nossas causas e as nossas razões.[7]

No entanto, isto não significa que Buffon ignora a ação de eventos rápidos e extraordinários, ou seja, catastróficos, como terremotos, vulcões, maremotos etc., na modelagem da superfície da Terra. Ele apenas não os considera como fenômenos suficien-

---

6 Buffon, 2007, p. 177.

7 Ibid., p. 274

temente capazes de produzir as grandes estruturas terrestres, tais como as montanhas e os mares, por exemplo. Para Buffon, é apenas a ação lenta e contínua dos fenômenos naturais que, no decorrer do tempo, produz importantes impactos na paisagem.[8] Desta maneira, em sua concepção, foi a atuação vagarosa, porém constante, das marés alta e baixa a verdadeira responsável pela construção dos litorais; as chuvas sempre presentes desgastaram as montanhas e carregaram sedimentos para os vales, os golfos e as desembocaduras dos rios; os mares, por sua vez, depositaram em seu leito camadas e mais camadas de rochas umas sobre as outras, e assim por diante. A natureza, portanto, longe de ser estática ou caminhar em direção a sua própria destruição, em uma Conflagração Final, tal como foi proposto por Burnet, estaria em contínua e lenta transformação.[9]

Sendo assim, é no princípio da regularidade dos fenômenos naturais e em sua ação constante sobre a superfície da Terra que o filósofo dedicado à História Natural deve ater sua atenção, conforme preconizado por Buffon.

---

8   Embora Buffon não discuta abertamente em sua História Natural a escala cronológica apresentada pelos estudos bíblicos de sua época, ele é um defensor da longa duração dos eventos naturais. Para ele, o tempo dos eventos é longo, cíclico e os acontecimentos naturais mais extraordinários são imperceptíveis à escala de vida humana. Buffon apresentará suas teorias sobre o tempo em seu importante artigo intitulado *Des Époques de la nature*, 1778, o qual o insere definitivamente no centro dos debates que originaram o tempo geológico. Para uma discussão mais ampla sobre o tema, cf. RUDWICK (2005)

9   De acordo com Schimit & Crémière (2007), Buffon apresenta a mesma perspectiva sobre o desenvolvimento dos seres vivos. Todos eles, sejam animais ou vegetais, estariam submetidos a um processo contínuo e lento de transformação. É com esta perspectiva que Buffon torna-se um crítico contundente das classificações, pois, tendo em vista a dinâmica da natu-

Além disso, Buffon também promove uma ruptura importante com as tradicionais formas de se fazer História Natural. Segundo Rossi (1992) e Rappaport (1997), ele separou a História Civil da História Natural. Pela proposta buffoniana, não seria mais necessário recorrer ao testemunho humano para se validar uma teoria ou um evento natural. A partir de Buffon, os monumentos naturais (fósseis, rochas, montanhas etc), os quais são considerados como os verdadeiros arquivos da natureza, se sobrepõem aos monumentos históricos nas interpretações sobre os fenômenos terrestres e na construção de uma História da Terra.

Nesse sentido, a experiência com o mundo empírico assume vital importância para o desenvolvimento da Teoria da Terra de Buffon. Para o autor, apenas a observação cuidadosa e detalhada dos monumentos naturais e da ação da natureza sobre a superfície terrestre seriam capazes de identificar, de modo satisfatório, as leis naturais que estariam em operação no mundo desde a sua criação. É justamente por esse motivo que Buffon tem preferência pelos relatos de viagens realizados por naturalistas, muitas vezes amadores, em detrimento das elaboradas teses acadêmicas (SCHIMITT & CRÉMIÈRE, 2007).

Porém, apesar de tamanha preocupação com a observação do mundo empírico, Buffon manteve uma importante tradição das Teorias da Terra. Ele deu continuidade à discussão sobre os primeiros momentos de formação do planeta.

Considerado um campo altamente especulativo pelo próprio autor, haja vista que o surgimento do planeta caracterizar-se-ia como um evento único, sem ciclicidade, Buffon procurou conciliar

reza em seu processo de transformação contínua, todas essas sistematizações, por serem estáticas, apresentar-se-iam como absolutamente inúteis para se compreender o mundo natural.

as mecânicas cartesiana e newtoniana na elaboração de sua teoria (SCHIMITT & CRÉMIÈRE, 2007).

Nesse processo, elaborou uma série de hipóteses probabilísticas sobre o modo como os planetas se organizaram e colocaram-se em movimento, atribuindo tal fato não ao simples acaso, mas devido a passagem de um cometa. A mesma metodologia de hipóteses probabilísticas é empregada por Buffon para explicar a formação da Terra e seu desenvolvimento nos primeiros tempos de sua existência.

Críticas à História Natural de Buffon

Tais considerações acerca da formação Terra foram duramente criticadas por D'Alembert, o qual afirmara que se Buffon tivesse utilizado os princípios da Geometria, constataria que as probabilidades para a formação do planeta teriam sido bem mais restritas (SCHIMITT & CRÉMIÈRE, 2007).

Mas D'Alembert não restringe sua crítica apenas a este aspecto da obra de Buffon. D'Alembert também é crítico à discussão epistemológica e à Teoria da Terra presentes na História Natural. Nesse aspecto, também foi acompanhado por Malesherbes, Voltaire e Turgot, notadamente o círculo enciclopedista[10], os quais acusaram Buffon de construir sistemas e de escolher apenas os dados empíricos que melhor se encaixavam nas teses defendidas por sua visão de mundo (ROSSI, 1992; SCHIMITT & CRÉMIÈRE, 2007).

No entanto, isto não impediu que os enciclopedistas utilizassem inúmeros dados presentes no trabalho de Buffon para compor os vários verbetes relativos à História Natural na Enciclopédia (*Encyclopédie*), sendo que alguns deles são cópias integrais do apresentado originalmente pelo autor (SCHIMITT & CRÉMIÈRE, 2007).

---

10 Uma importante exceção é Diderot, o qual manteve uma forte amizade com Buffon.

Além disso, se o círculo enciclopedista não foi simpático às teses buffonianas, os religiosos franceses também não expressaram a menor simpatia diante do que leram. Ao abolir a intervenção divina no mundo e classificar o Dilúvio Universal como um evento de pouca importância para a História da Terra, Buffon não só rompeu com as tradicionais Teorias da Terra profundamente alinhadas ao mundo cristão, como também provocou incômodos na ortodoxia religiosa.

Foi diante de tal fato que os teólogos da Sorbonne o convocaram a prestar esclarecimentos sobre a sua tese. O resultado desse processo foi a publicação de uma carta de retratação assinada por Buffon em 1753, onde o autor afirmava que sua discussão sobre a Teoria da Terra tratava-se apenas de uma hipótese, não alterando nada daquilo que havia sido dito por Moisés nas Escrituras.

No entanto, apesar das inúmeras edições e críticas que sua História Natural recebeu ao longo do tempo, Buffon jamais alterou uma palavra do que havia escrito originalmente.

Mas tais considerações não fazem de Buffon propriamente um ateu ou um religioso fervoroso. Conforme apresentado por Schimitt & Crémière (2007), Buffon apresentou uma posição ambígua no tocante à religião, pois, embora tenha se recusado em adotar a intervenção divina como uma forma válida de explicação para os grandes fenômenos naturais, em alguns momentos recorre à autoridade das Escrituras para fazer valer sua opinião.

É deste modo que atribui a Deus a causa primeira de tudo e, até mesmo, adota a ocorrência de milagres para explicar fenômenos considerados por ele como subalternos, tal como foi sua explicação sobre as verdadeiras causas do Dilúvio.

Por fim, a chegada da química alemã ao mundo intelectual francês a partir da década de 1750, começou a tornar grande parte das teses buffonianas completamente ultrapassadas (RAPPAPORT, 1997). A popularização e o desenvolvimento verificado na química durante as décadas posteriores transformaram, na visão de muitos autores contemporâneos ao autor, a Teoria da Terra de Buffon em uma obra obsoleta (RAPPAPORT, 1997).

É justamente neste contexto geral das discussões sobre a Terra na primeira metade do século XVIII que Nicolas Desmarest elaborará o verbete Geografia Física para a Enciclopédia (*Encyclopédie*) de Diderot e D'Alembert.

O verbete Geografia Física

A Geografia Física no verbete Geografia

O verbete Geografia (*Géographie*) classificou a Geografia Física como uma das áreas da Geografia Moderna[11]. Redigido pelo cartógrafo Didier Robert de Vaugondy[12] para o sétimo volume da Enciclopédia (*Encyclopédie*) de Diderot e D'Alembert em 1757, o verbete define a Geografia como uma ciência essencialmente descritiva, "Geografia é a descrição da Terra"[13].

No entanto, Vaugondy (1757) apresenta uma interpretação sobre a Geografia Física que destoa do modo de como ele definiu a própria Geografia. Em uma curta passagem, justamente quando está demonstrando as várias áreas nas quais a Geografia se subdividiria, o autor define a Geografia Física como um campo que não está restringido às descrições das feições físicas do planeta.

---

11   A outras seriam: Geografia Natural, Geografia Histórica, Geografia Civil ou Política, Geografia Sagrada e Geografia Eclesiástica. Cf. VAUGONDY, 1757, p. 613.

12   Didier Robert de Vaugondy foi um dos cartógrafos oficiais da Coroa francesa. Em 1755, publicou o livro denominado *Essai sur l'histoire de la géographie, ou sur son origine, ses progrès et son état actuel*, a qual foi considerada a mais influente e importante obra sobre a História da Geografia durante o século XVIII (GODLEWSKA, 1999).

13   VAUGONDI, 1757, p. 608.

Segundo ele, a Geografia Física "[...] considera o globo terrestre, não tanto por aquilo que forma sua superfície, mas pelo que constitui sua substância."[14]

Para o pensamento científico-filosófico do século XVIII, substância é um termo complexo. Na definição trazida pela própria *Enciclopédie* no verbete "substância" (*substance*)[15], ela é interpretada como sendo a natureza última da matéria, sua essência, a qual o conhecimento jamais teria acesso. No entanto, ela apresentaria fenômenos, ou seja, qualidades manifestadas como a dureza, o calor, o movimento etc, as quais, por meio da experiência empírica, permitiria guiar a razão na formulação de hipóteses sobre a sua verdadeira natureza.

Diante disso, a Geografia Física surgiria como uma ciência preocupada em interpretar os fenômenos manifestados pela Terra, a qual foi definida como uma substância. Esta será, justamente, a proposta de Geografia Física elaborada por Nicolas Desmarest.

A Geografia Física de Nicolas Desmarest

Publicado no mesmo volume do verbete Geografia, o verbete Geografia Física (*Géographie Physique*) foi redigido pelo então professor de Geometria, Nicolas Desmarest[16].

De acordo com Cuvier (1819), o verbete foi o resultado do desejo de D'Alembert em apresentar uma nova abordagem para as discussões acerca dos fenômenos terrestres realizadas até o mo-

---

14 Ibid., p. 613
15 A autoria do verbete *substance* é desconhecida. Nas Referências, o verbete pode ser localizado como *substance*.
16 Nicolas Desmarest (1725 – 1815), de origem camponesa, foi empregado pelos ministros Turgot e Trudaine como inspetor de manufaturas em 1757. Nesse posto, revolucionou a produção de papel na França e alcançou altos cargos na burocracia do Antigo Regime francês, sendo nomeado,

mento. D'Alembert discordava dos modos de como a história da Terra estava sendo discutida, principalmente por Buffon.

Para Laboulais-Lesssage (2004), o verbete Geografia Física apresenta, de fato, uma proposta metodológica, a qual teria por objetivo a construção de um novo campo disciplinar.

De maneira geral, o verbete Geografia Física pode ser dividido em três partes bem distintas, mas que de forma alguma apresentam-se de maneira isolada. Cada uma delas faz parte de um todo inter-relacionado, o qual nos permite compreender o que, de fato, foi a proposta de Geografia Física elaborada por Desmarest e legitimada pela *Encyclopédie*.

Em primeiro lugar, Desmarest (1757) tece considerações sobre a natureza e o objeto da Geografia Física, definindo, claramente, qual seria a sua origem e seu campo de estudos.

Em seguida, o autor apresenta a metodologia que deve ser utilizada por aqueles que se dedicam à Geografia Física. Nessa parte, descreve esquematicamente todos os processos envolvidos na investigação realizada por esta disciplina, apontando os principais erros metodológicos cometidos e os objetivos a serem alcançados.

Por fim, oferece um panorama geral sobre os conhecimentos em Geografia Física, abarcando vários campos do que hoje atribuiríamos às Ciências da Terra.

---

em fins do século XVIII, vice-presidente da Academia Real de Ciências de Paris (1785), diretor da Academia Real de Agricultura (1788) e ministro das indústrias de Louis XVI (1788). Também debateu com Werner sobre a natureza das rochas basálticas, as quais interpretou como tendo origem vulcânica. Por esses estudos, é considerado pela moderna Geologia como o primeiro autor a defender esse entendimento sobre a origem dos basaltos. Além disso, também elaborou a *Encyclopédie Méthodique – Géographie Physique*, publicada entre 1778 e 1828. Para maiores detalhes sobre a vida de Nicolas Desmarest, cf. CUVIER (1819) e TAYLOR (2008; 2009).

Para o presente capítulo, nos deteremos apenas na discussão acerca da natureza da Geografia Física.¹⁷

A natureza e o campo da Geografia Física

Desmarest (1757) apresenta a Geografia Física como o resultado da relação entre dois campos do saber: a Física, compreendida pelo século XVIII como Filosofia Natural, e a Geografia.

> A medida que a Geografia e a Física aperfeiçoam-se, relacionam-se os princípios luminosos desta com os detalhes secos e desencarnados daquela. Em consequência dessa feliz associação, nossa própria estadia, nossa habitação, a qual não nos foi apresentada outra imagem daquela de um amontoado de detritos e de um mundo em ruína, daquela de irregularidades em sua superfície, daquela de desordens aparentes em seu interior, se oferece ao nossos olhos iluminados pelo exterior; onde a ordem e a uniformidade destacam-se, onde as relações gerais descobrem-se sob nossos pés. [...].¹⁸

Esta associação permite a Desmarest (1757) definir o que, de fato, seja a Geografia Física. Ao seus olhos, ela seria uma ciência que buscaria determinar os grandes fenômenos naturais que estariam em operação na Terra.

> [A] Geografia Física é a descrição razoada dos grandes fenômenos da terra e a consideração dos resultados gerais, deduzidos de observações locais e particulares, combinados e reunidos metodicamente sobre diferentes classes e em um plano capaz de se fazer ver a economia natural do

---

17 Sobre outros aspectos do verbete, cf. SANTOS (2018).
18 DESMAREST, 1757, p. 613.

globo, de modo que o vejamos somente como uma massa que não é habitada e nem fecunda.[19]

Nesta definição, Desmarest (1757) também revela a metodologia a ser empregada pela Geografia Física para a determinação de tais fenômenos. De acordo com o autor, ela deve partir unicamente do mundo empírico, por meio de observações, e, posteriormente, caminhar em direção à generalização dessas observações, em um nítido processo de indução. Mas Desmarest (1757) tem claro qual seja o propósito dessas generalizações. Elas tem por objetivo revelar as próprias leis naturais.

> Desta generalização, tira-se com vantagem princípios constantes, que podemos ver como o suco extraído de um rico fundo de observações, os quais lhes mantém o lugar de provas e raciocínios. Parte-se desses princípios, como de um ponto luminoso, para esclarecer alguns novos assuntos por analogia; e, em consequência da regularidade das operações da natureza, vê-se nutrir de novos fatos, os quais se organizam por eles mesmos em ordem de sistema. Estes princípios são para nós as leis da natureza, sob o império das quais nós submetemos todos os fenômenos subalternos; [...].[20]

Diante do exposto, é possível definir a Geografia Física elaborada por Desmarest como uma ciência indutiva e experimental, a qual teria por objetivo final a determinação das leis naturais que regeriam os fenômenos observados na superfície da Terra.

Por outro lado, o verbete também faz uma crítica sutil a determinadas concepções expressas pelas Teorias da Terra que lhe precederam.

---

19   Ibid., p. 613
20   Ibid., p. 618

Primeiramente, cabe destacar que a Geografia Física adota o mesmo objeto de estudo verificado dessas teorias, ou seja, ambas possuem o planeta como o seu principal foco de análises. No entanto, é nítida a posição de Desmarest em diferenciar a Geografia Física das Teorias da Terra, a começar pelo texto profundamente dessacralizado do verbete. Em nenhum momento Deus, o Dilúvio ou a Bíblia integram a metodologia ou são propostos como meio de explicação para qualquer tipo de fenômeno terrestre. Diferentemente do que se verifica na História Natural de Buffon, Deus não é mencionado em nenhum momento, nem sequer metaforicamente.

Além disso, ao definir o globo como "uma massa que não é habitada e nem fecunda", portanto, um objeto inerte, Desmarest apresenta um rompimento com a perspectiva vitalista de se interpretar a Terra como um organismo vivo. Conforme verifica-se ao longo de todo o seu verbete, não há qualquer tipo de analogia entre os fenômenos terrestres e aqueles identificados nos seres vivos. Não se encontra, na discussão realizada por Desmarest, metais tendo sido gerados no ventre da terra e muito menos a visão de que o planeta é um animal vivo.

Outro ponto a ser destacado é a perspectiva de Desmarest em considerar a Terra como um planeta não habitado. Nesse aspecto, ele afasta-se da proposta buffoniana de construir uma Teoria da Terra a serviço da História Natural dos seres vivos. Dessa forma, tanto o homem quanto os outros animais, bem como as relações que eles podem estabelecer com o seu meio natural, estão absolutamente fora do escopo de análise da Geografia Física.

Desmarest também se coloca em oposição à visão de uma Terra interpretada como um "amontoado de detritos e de um mundo em ruínas", em uma clara alusão à Teoria da Terra de Thomas Burnet. Para a Geografia Física, a Terra possui uma ordem implícita, sendo que seus fenômenos operam de maneira constante e uniforme.

Nesse sentido, o autor segue bem alinhado à proposta de Buffon, inclusive mantendo a separação entre a História Natural e a História Civil. Tal como na História Natural de Buffon, o verbete Geografia Física considerou que apenas os elementos naturais passíveis de observação na natureza seriam os legítimos testemunhos para os processos naturais, dispensado, assim, o relato histórico sobre tais eventos. Talvez seja justamente por essa forte convergência metodológica com Buffon, que o fez ser visto pelos seus contemporâneos como um buffoniano.

Mas Desmarest (1757) não se propõe em construir mais uma Teoria da Terra e rebatizá-la de Geografia Física. Para o autor, há uma diferença metodológica profunda entre essas duas concepções, haja vista que

> [...] um sistema de Geografia Física não é outra coisa que um plano metódico, onde apresentamos a ele os fatos averiguados e constantes, e onde os relacionamos para tirar de sua combinação resultados gerais; [...]. Nas Teorias da Terra seguem-se outras perspectivas; todos os fatos, todas as observações, são relacionados a certos agentes principais para recuar e elevar, do estado presente e bem discutido, a um estado que o precedeu[21]; em uma palavra, dos efeitos às causas. O objeto das Teorias da Terra é grande, elevado e imbuído de curiosidade, mas elas não devem ser mais do que as consequências gerais de um plano de Geografia Física bem completo.[22]

---

21 Desmarest refere-se às interpretações que atribuem ao Dilúvio bíblico a responsabilidade por transformar toda a paisagem terrestre, acompanhando, novamente, a crítica de Buffon às Teorias da Terra que os antecederam.

22 Ibid., p. 626

Portanto, na visão de Desmarest, tendo em vista o caráter fortemente dedutivo das Teorias da Terra, elas deveriam, na realidade, estarem subordinadas à Geografia Física, uma ciência de caráter indutivo e experimental.

Considerações Finais

A Geografia Física apresentada pelo verbete da *Encyclopédie* revela um aspecto importante sobre a prática geográfica realizada pelo século XVIII. Comumente interpretada pela História da Geografia como tendo sido apenas descritiva e cartográfica[23], o verbete demonstra uma Geografia muito bem inserida nas discussões sobre a formação e desenvolvimento da Terra, bem como sobre os seus fenômenos naturais e os meios de serem determinados.

Longe de ser um sinônimo para a simples descrição dos aspectos físicos do planeta, a Geografia Física proposta por Desmarest (1757) se propõe a operacionalizar esse vasto volume de informações produzidas pela própria Geografia em seu trabalho de descrição e cartografação do mundo.

Nesse processo, Desmarest (1757) produz uma interpretação sobre os aspectos físicos do planeta profundamente alinhada com as perspectivas da Filosofia Natural, tal como foi discutida pelas ciências experimentais dos séculos XVII e XVIII.

Assim, da mesma forma que fenômenos naturais como a gravidade, o movimento, a pressão atmosférica etc, obedeceriam a leis naturais, as quais poderiam ser compreendidas por meio de um processo de experimentação e observação, os fenômenos verificados sob a superfície da Terra também seriam interpretados e identificados da mesma maneira.

---

23 Godlewska (1999) define a Geografia francesa produzida no período entre os séculos XVII e XVIII como uma ciência absolutamente descritiva.

Diante do exposto, a compreensão dos modos de como essa Geografia Física foi apropriada e desenvolvida pelo século XVIII, coloca-se como um importante campo de pesquisas. Verificar os locais de circulação dessa proposta, seus espaços de discussão e quem, de fato, a empregou, pode auxiliar não apenas no entendimento do que foi essa prática, mas também em um melhor entendimento do processo de formação da Geografia e Geologia enquanto campos do saber científico modernos.

Bibliografia

BUFFON, G. L. L. *Histoire naturelle, générale et particuliére, avec la description du Cabinet du Roy.* (Eds) S. Schmitt & C. Crémière. Tome 1. Paris: Honoré Champion, 2007.

CUVIER, G. Nicolas Desmarets. IN: CUVIER, G. *Recueil des Éloges Historiques de L'Institut Royal de France.* Vol. 2. Paris: F. G. Levrault, 1819. p. 350-374. Disponível em: <https://books.google.com.br/books?id=Ws5HAAAAIAAJ&dq=Recueil+des+%C3%89loges+Historiques+de+L%E2%80%99Institut+Royal+de+France&hl=pt-BR&source=gbs_navlinks_s>. Acessado em 31 jul. 2018.

DESMAREST, N. Géographie Physique. IN: Diderot, D. & D'Alembert, J. R. (Eds.) *Encyclopédie ou Dictionnaire Raisonné des Sciences, des Arts et des Métiers.* Vol. 7. Paris: Chez Briasson; Chez David; Chez Le Breton; Chez Durand, 1757. p. 613-623. Disponível em: <https://artflsrv03.uchicago.edu/philologic4/encyclopedie1117/navigate/7/1971/>. Acessado em: 31 jul. 2018.

GODLEWSKA, A. M. C. *Geography unbound: French geographic science from Cassini to Humboldt.* Chicago: The University of Chicago Press, 1999.

HEILL, P. The Legacy of "Scientific Revolution": Science and Enlightenment. IN: PORTER, R (Ed). *The Cambridge History of Science: The Eighteenth-Century Science.* Vol. 4. Nova York: Cambridge University Press, 2008. p 23-43. doi:10.1017/CHOL9780521572439.

LABOULAIS-LESSAGE, I. Voir, Combiner et Décrire: La Géographie physique selon Nicolas Desmarest. IN: *Revue d'Histoire moderne et contemporaine.* Vol. 2, n. 51 e 52, p. 38 a 57, 2004. Disponível em: <http://www.cairn.info/revue-d--histoire-moderne-et-contemporaine-2004-2-page-38.htm>. Acessado em: 31 jul. 2018.

RAPPAPORT, R. *When geologists were historiens (1665-1750).* New York: Cornell University Press, 1997.

_____ The Earth Sciences. IN: PORTER, R (Ed). *The Cambridge History of Science: The Eighteenth-Century Science.* Vol. 4. Nova York: Cambridge University Press, 2008. p 417-435. doi:10.1017/CHOL9780521572439.

ROGER, J. La théorie de la Terre au XVIIe siècle. *Revue d'Histoire des Sciences,* tome 26, n° 1, p- 23-48, 1973. Disponível em: <http://www.persee.fr/doc/rhs_0151-4105_1973_num_26_1_3311>. Acessado em: 31 jul. 2018.

ROSSI, P. *Os sinais do tempo. História da Terra e história das nações de Hooke a Vico.* São Paulo: Cia. das Letras, 1992.

RUDWICK, M. J. S. *Bursting the limits of time. A reconstruction of Geohistory in the age of revolution.* Chicago: University of Chicago Press, 2005.

SANTOS, A. H. S. *Organizando a Terra: Nicolas Desmarest e o verbete Geografia Física na Enciclopédia de Diderot e D'Alembert.* 2018. 176 f. Mestrado em Geografia Humana - Faculdade de Filosofia, Letras e Ciências Humanas, Universidade de São Paulo, São Paulo, 11/09/2018.

SCHMITT, S. & CRÉMIERE, C. Introduction. IN: BUFFON, G. L. L. *Histoire naturelle, générale et particuliére, avec la description du Cabinet du Roy*. Tome 1. Paris: Honoré Champion, 2007. p. 2-112.

SUBSTANCE. IN: Diderot, D. & D'Alembert, J. R. *Encyclopédie ou Dictionnaire Raisonné Des Sciences, Des Arts et des Métiers*. Vol. 15. Paris: Chez Briasson; Chez David; Chez Le Breton; Chez Durand, 1765. p. 583-585. Disponível em: <https://artflsrvo3.uchicago.edu/philologic4/encyclopedie1117/navigate/15/2837/>. Acessado em: 31 jul. 2018.

TAYLOR, K. L. Nicolas Desmarest. IN: *Complete Dictionary of Scientific Biography*. 2008. Disponível em: <https://www.encyclopedia.com/people/history/historians-miscellaneous-biographies/nicolas-desmarest>. Acessado em: 31 jul. 2018.

_____. Desmarest's determination of some epochs of nature through volcanic products. IN: *Journal of International Geoscience*. Vol. 32, p. 114-124, 2009.

VAUGONDY, R. Géographie. IN: Diderot, D. & D'Alembert, J. R. *Encyclopédie ou Dictionnaire Raisonné Des Sciences, Des Arts et des Métiers*. Vol. 7. Paris: Chez Briasson; Chez David; Chez Le Breton; Chez Durand, 1757. p. 608-613. Disponível em: <https://artflsrvo3.uchicago.edu/philologic4/encyclopedie1117/navigate/7/1970/>. Acessado em: 31 jul. 2018.

Modos de especiação e os princípios de seleção natural e divergência de caracteres em Charles Darwin[1]

Carlos Francisco Gerencsez Geraldino[2]

Introdução

A especiação é a razão da biodiversidade encontrada nas diversas paisagens de nosso planeta. E especiação nada mais é do que o modo pelo qual as espécies transformam-se em outras, multiplicando as formas de vida na Terra. Dentro do atual paradigma biogeográfico, todas as formas vivas são, em maior ou menor grau, descendentes de um ancestral em comum. Seres humanos, cavalos, girafas, tubarões, sequoias etc. são, por essa razão, todos, primos um dos outros. Isso se deve porque as espécies hoje são entendidas como expressões ramificadas de uma grande árvore da vida, onde cada espécie existente seria uma folha. O lugar clássico que encontramos na literatura científica a proposição de tal imagem arbórea é a obra *On the origins of species by means of natural selection* [doravante Origem] escrita pelo famoso naturalista inglês Charles Robert Darwin, em 1859. É nessa obra que encontramos as bases do pensamento evolutivo que hoje vigora em todas as ciências da vida e, portanto, na própria biogeografia. Interessante ver que dentro dela encontramos uma série

---

1 Texto baseado em parte dos resultados da pesquisa de doutorado, Geraldino (2016).

2 Professor Doutor do Instituto Federal de São Paulo

de discussões cujo papel da geografia (entendida aqui como as formas da superfície terrestre) se faz bem presente. O próprio processo de especiação ali apresentado não é possível de ser compreendido sem o bom entendimento do papel do meio geográfico ao qual se encontram as espécies e, também, sem o entendimento do papel dos acidentes geográficos que as isola reprodutivamente. A geografia, sem dúvida, participa de forma importante no processo de especiação ideado por Darwin. Em razão disso, é de suma importância que nós geógrafos saibamos operar os conceitos evolutivos com precisão, isso, para que não corramos o risco de cairmos em simplificações que nos levem a equívocos. Vale dizer que dentre tais equívocos, o neolamarckismo ainda é digno de nota.

Nesse artigo discutiremos dois dos conceitos basilares para a compreensão do processo de especiação, a saber, o Princípio de Seleção Natural [PSN] e o Princípio de Divergência de Caracteres [PDC]. Apesar de parecer associados no fenômeno de especiação, o PSN e PDC são bem diferentes entre si. Saber bem diferenciá-los é passo fundamental para poder entender os processos que resultam na especiação. Enquanto um dá conta da descendência com modificação, outro diz respeito da multiplicação das espécies. Esse texto visa, portanto, fazer uma leitura desses dois princípios mencionados buscando enfatizar ao máximo de que maneira ambos demandam em suas fundamentações da base geográfica onde se encontram as espécies. Outro objetivo, decorrente desse, é oferecer à comunidade geográfica uma distinção conceitual cara ao pensamento evolutivo, e que isso possa vir a contribuir para o ensino de biogeografia nos cursos de licenciatura e bacharelado em Geografia. O texto se divide em duas partes. Primeiro se apresenta o PSN e sua relação com o papel do meio geográfico e depois apresenta as características e processos do PDC em relação ao papel dos acidentes geográficos.

Princípio de Seleção Natural (PSN)

Após apresentar ao leitor a existência da perene competição na natureza, a luta pela existência, no capítulo três da *Origem* e de ter abordado o papel da ação mesológica na promoção da variabilidade em estado natural, no capítulo dois, e em estado doméstico, no capítulo um, Darwin traz à apreciação sua teoria de seleção natural em sua forma mais completa no quarto capítulo da obra. Esse, sem dúvida, é o mais importante do livro. Paradoxalmente, é dizendo o que não é seleção natural que Darwin, a partir da terceira edição da *Origem*, de 1861, introduz o leitor em suas ideias. Não seria por menos, afinal, o impacto das propostas apresentadas nas duas primeiras edições fez com que uma parte expressiva dos leitores levantasse dúvidas a partir de más interpretações sobre o assunto tratado. Por isso, Darwin logo procurar esclarecer ao menos três equívocos que viam sendo alimentados desde o lançamento da *Origem*; em suas palavras:

> Vários escritores compreenderam mal ou objetaram o termo seleção natural. Alguns chegaram até a imaginar que a seleção natural induz a variabilidade, quando, na verdade, ela implica apenas na preservação de tais variações que ocorrem e são benéficas para o ser nas suas condições de vida. Ninguém contesta os agricultores quando falam dos potentes efeitos da seleção do homem; e, neste caso, as diferenças individuais dadas pela natureza, que o homem seleciona para alguns objetivos, devem necessariamente ocorrer primeiro. Outros objetaram que o termo seleção implica numa escolha consciente nos animais que se modificaram; e ainda tem sido instado que, como plantas não têm vontade própria, a seleção natural não é aplicável a elas! No sentido literal da palavra, sem dúvida, a seleção natural é um equívoco; mas quem se opõe aos químicos que falam das afinidades eletivas dos vários elementos? –

ainda que não possa estritamente ser dito que um ácido eleja a base com a qual ele irá ter a preferência por combinar. Tem sido dito que eu falo da seleção natural como um poder ativo ou Deidade; mas quem se opõe a um autor falando da atração da gravidade como governadora dos movimentos dos planetas? Todos sabem o que significam tais expressões metafóricas; e elas são quase necessárias para a concisão. Então, novamente, é difícil evitar a personificação da palavra Natureza; mas o que eu quero dizer por natureza é apenas a ação agregada e o produto de muitas leis naturais, e por leis entendo a sequência de eventos comprovados por nós. Com um pouco de familiaridade, tais objeções superficiais seriam logo esquecidas (1861, p. 84-85, tradução nossa).

Na passagem citada encontram-se importantes elementos para discussão. O primeiro deles refere-se à causação da variabilidade. Mesmo o assunto já tendo sido objeto de escrutínio nos dois primeiros capítulos da *Origem*, Darwin retoma o raciocínio afirmando que a seleção natural não deve ser entendida, por si só, como promotora de variabilidade. Tanto os seres em estado natural quanto aqueles em criação doméstica estão sujeitos à variação. A variabilidade seria uma condição necessária e inata dos seres vivos. E a seleção – seja a artificial, seja a natural – agiria só após a realização desse fato; sendo ela, portanto, nada mais que uma preservação diferencial das características surgidas da variação. Darwin não esconde sua crença que animais confinados em ambientes domésticos tendem a variar mais do que os encontrados livres na natureza, isso porque entende que a variação é causada, em parte, pelas alterações ambientais. Assim, os seres mantidos em criadouros estariam em condições ambientais bem mais alteradas e instáveis do que aos quais se encontram os selvagens, mas, em ambos os casos, afirma que devemos sempre esperar, em maior ou em menor grau, algum tipo de variação. Além disso, diz que não podemos atribuir às características ambientais a promoção de variações específicas destinadas a serem as selecionadas como úteis ou benéficas pela seleção natural ou artificial. Da mesma maneira que o criador não consegue produzir as características que deseja para uma espécie – fazendo com que a prole nasça com uma propriedade inovadora dentro da linhagem a qual pertence –, mas apenas selecioná-las caso elas eventualmente ocorram, a seleção natural pinçará os indivíduos e variedades que trouxerem consigo, já desde seu nascimento, características vantajosas em relação aos meios que habitam. Essa incapacidade humana de produzir determinadas características para as espécies que cria se faz também presente nelas próprias, ou seja, a variação ocorre independente de qualquer suposta vontade ou necessidade para o aumento de vantagens à própria espécie. Aqui, Darwin responde a segunda objeção à seleção natural presente na citação. O aparecimento de características que serão preservadas pela seleção natural e que, por isso, serão consideradas vantajosas, em nada se relaciona às necessidades diretas dos indivíduos de determinada espécie. Podem elas aparecer cedo ou tarde, ou mesmo, nunca aparecer. Assim, a seleção natural não promove a variação vantajosa nem externamente, em relação às influências exercidas pelo ambiente, nem internamente, em relação a algum tipo de força imanente gerada pelos seres pelo desejo de possuir específica característica. O acaso manifesta-se na variação.

Junto a isso, Darwin aproveita para desfazer o terceiro, e mais importante, equívoco interpretativo que vinha sendo gestado em relação à seleção natural, aquele que afirmava ser ela uma amostra de uma entidade permanentemente operante. Afinal, diziam os críticos da época, se há a seleção natural deve haver algo que responda como o selecionador ou, em outras palavras, um agente externo ciente e feitor do processo: Qual seria o selecionador do mecanismo de seleção natural? A esses, Darwin respondeu que não entenderam que, em última instância, a seleção natural não seria outra coisa senão uma metáfora. E, justamente por ser metafórica, a expressão realmente poderia suscitar certas dúvidas. No entanto, lembra que não foi o primeiro a usar essa figura de linguagem na história da ciência e que, certamente, não seria o último a fazê-lo. Químicos falam de elementos que elegem uns os outros e astrônomos discutem o efeito das forças atrativas gravitacionais quando bem sabemos que os elementos químicos e a gravidade não têm qualquer intenção em "eleger" ou "atrair" corpos. São apenas modos de expressar fenômenos naturais cujo sentido último é redutível às próprias leis mecânicas que as regem. As metáforas trazem, junto ao risco de serem erroneamente interpretadas, o seu lado bom, a saber: o poder de sintetizar as ideias. Assumindo esse risco, Darwin pode assim conseguir sintetizar ideias como essa: "O Homem seleciona apenas para seu próprio bem; a Natureza apenas para o bem do ser que ela atenta. Cada característica selecionada está totalmente exercida por ela; e o ser é colocado sob condições bem adequadas de vida (1859, p. 83, tradução nossa)." Como podemos ver, o exposto trata da diferença entre a seleção artificial e a natural. Se em muitos aspectos ambas se relacionam, fato que justificou o uso da analogia entre elas, há um importante aspecto que as diferencia. Enquanto o beneficiado na seleção artificial é o selecionador, na seleção artificial o beneficiado é o que foi selecionado. É justamente aqui, onde cessa a analogia, que se inicia a necessidade do reconhecimento do uso da metáfora. A seleção artificial possui um agente selecionador intencional, o ser humano. A seleção artificial possui um agente selecionador não intencional, a natureza. Apenas tendo isso em mente que podemos ler a passagem supracitada sem o risco de interpretar a Natureza (em maiúsculo, tal como se encontra expressa: "Nature") como um ser que age movido por alguma proposta preestabelecida, tal qual o Homem ("Man"). O próprio conteúdo dessa passagem faz por evidenciar o caráter metafórico de sua forma.

Com isso esclarecido, Darwin encerra procurando deixar claro que a seleção natural não é algo que induz a variação, nem algo relativo a algum tipo de vontade de melhora presente nos organismos e, muito menos, a manifestação de uma entidade selecionadora. A natureza não é por ele entendida como algo com intenções, com fins a se cumprir, mas sim como um arranjo de leis físicas, químicas e biológicas, todas, interagindo entre si.

Exposto o que não é a seleção natural, poderemos agora nos debruçar sobre o que ela é e, principalmente, como se relaciona com outros princípios ao ponto de promover a criação de novas espécies e a extinção de outras. Das várias passagens na *Origem* que buscam sintetizar a ideia de seleção natural, a que se segue, estrategicamente colocada no final do capítulo quatro, certamente é uma das mais bem sucedidas; nela Darwin diz:

> Se durante o longo curso das eras e sob as diversas condições de vida, os seres orgânicos variam nas diversas partes da sua organização, e acho que isso não pode ser contestado; se houver, devido aos altos poderes geométricos de crescimento de cada espécie, em alguma idade, temporada, ou ano, uma luta severa pela vida, e isso certamente não pode ser contestado; então, considerando a complexidade infinita das relações de todos os seres orgânicos uns aos outros e às suas condições de existência, causando uma infinita diversidade na estrutura, constituição e hábitos, que possa ser vantajosa a eles, eu acho que seria um fato extraordinário se nenhuma variação útil não tivesse ocorrido para o próprio bem-estar de cada ser, da mesma forma como tantas variações úteis ocorreram ao homem. Mas se ocorrerem variações úteis para qualquer ser orgânico, seguramente indivíduos assim caracterizados terão a melhor

chance de serem preservados na luta pela vida; e, a partir do forte princípio de hereditariedade, eles tenderão a produzir prole com tal característica semelhante. Este princípio de preservação, eu chamei, por razões de brevidade, de seleção natural (1859, p. 126-127, tradução nossa).

O juízo expresso na passagem parte de uma conjunção de pressupostos que já haviam sido apresentados nos capítulos anteriores. Há uma tendência, passível de ser verificada em todas as espécies, de aumento exponencial da população. Essa tendência seria o verdadeiro motor da seleção natural. É com ela que todo o processo se inicia. No entanto, frente a isso, há uma escassez de recursos necessários à manutenção da sobrevivência de todos. Havendo, portanto, limites na capacidade de carga dentro da economia da natureza. É nessa tensão existente entre aumento exponencial das populações e a escassez de recursos que se dá a luta pela existência. Essa luta acontece em dois níveis articulados entre si: o *inter*específico e o *intra*específico. Há a disputa pela sobrevivência entre as espécies distintas e há essa disputa dentro da própria população de uma espécie. Se a competição interespecífica já se fazia bem observada antes de Darwin, em figuras como De Candolle e Lyell, a ênfase na competição no nível interno das espécies, uma inspiração malthusiana, foi uma de suas contribuições principais. Em verdade, a seleção natural é algo que acontece, fundamentalmente, na esfera intraespecífica. Não que não envolva a competição interespecífica, mas a explicação do mecanismo centra-se internamente às populações das espécies. Dentro do conjunto de indivíduos de uma espécie haverá aqueles que na luta pela existência sobreviverão e outros que padecerão. Essa sobrevivência diferencial não se dá ao acaso. Num cenário hipotético, se todos os indivíduos de uma espécie tivessem exatamente a mesma configuração física e comportamental – sendo, portanto, idênticos – não haveria como a seleção natural operar. Nesse caso, a sobrevivência diferencial se daria de modo aleatório, pois o porquê de alguns conseguirem sobreviver a despeito de outros seria puramente contingencial. A explicação seria algo próximo à ideia de apenas estarem no lugar e no momento correto quando na aquisição de alimentos ou quando na proteção dos predadores; em outras palavras, a sobrevivência seria um caso de sorte de alguns indivíduos dentro daquela população, nada mais. Porém, o que justamente quebra esse esquema casuístico é o fato dos indivíduos não serem idênticos. A singularidade individual acoplada à luta pela existência é o que permite a seleção natural atuar dentro de padrões passíveis de determinação. A sobrevivência diferencial não é fortuita. Numa população sempre haverá indivíduos com características diferentes entre si, haverá singularidades mesmo dentro do quadro de semelhanças que permitem caracterizá-los como de uma mesma espécie. E, da mesma forma que sem a singularidade individual a seleção natural não pode ocorrer, sem a contextualização dessas características dentro de um cenário de luta pela existência a seleção natural também não ocorrerá, pois tais características serão apenas consideradas enquanto características diferentes, não sendo nem vantajosas nem desvantajosas aos indivíduos que as possuam. Assim, a singularidade individual intraespecífica apresenta sutis diferenças nas características fisiológicas e comportamentais dos espécimes, essas, fora de um complexo cenário geoecológico, não podem ser consideradas vantajosas ou desvantajosas, pois a valoração delas é sempre relativa ao contexto em que se dão. A modificação dos *seres*, portanto, será concernente aos seus *estares*. Indivíduos que nascerem mais altos, com mais pelos ou mais rápidos, por exemplo, só verão essas características tornarem-se vantagens caso estejam em cenários onde, respectivamente, se alimentem de frutas em árvores altas, ou estejam em lugares frios ou então necessitem alcançar presas velozes. Não há qualquer característica com valor absoluto e universal. Nem mesmo a inteligência, pois essa depende, em contrapartida, de um alto custo energético, por exemplo. A valorização das singularidades que aparecerem nos indivíduos de uma espécie é dependente do ambiente, sem as determinações geográficas essas características jamais serão vantajosas por si. Ou seja, a seleção natural só ocorre na tensão existente entre o par formado pelo polo da singularidade individual e pelo polo da luta pela existência (lembrando que esse último é, por sua vez, também originário da tensão entre dois outros polos: o aumento exponencial da população e o da escassez de recursos). Um sem o outro impossibilita o mecanismo, dando espaço ou à seleção ao acaso, num cenário hipotético de falta de singularidade individual intraespecífica, ou mesmo então do impedimento de seleção, num outro cenário hipotético de falta de luta pela existência.

Isso bem marcado, ainda falta um importante elemento para que de fato se realize a evolução por seleção natural. Esse é o princípio da hereditariedade. Não ocorreria uma mudança nos traços físicos e comportamentais de uma espécie, ao longo do tempo, se não houvesse a herança na prole das características que foram outrora selecionadas da tensão entre a singularidade individual e a luta pela existência. Caso a prole não resguardasse ao menos um pouco das características que foram responsáveis pelo sucesso reprodutivo de seus pais, com o passar das gerações, aquela população ainda se manteria com a mesma forma ou, caso a prole apresentasse características completamente distintas do sucesso reprodutivo de seus pais, a população correria o grande risco de logo se extinguir. Nas próprias palavras de Darwin: "A menos que as variações favoráveis sejam herdadas por pelo menos alguns dos descendentes, nada pode ser efetivado pela seleção natural" (1861, p. 107, tradução nossa).

Portanto, resumidamente, a evolução por seleção natural é o resultado da interação de três fatores, a saber: a luta pela existência, a singularidade individual e a herança da singularidade individual dos sobreviventes da luta pela existência. A articulação desses três fatores resulta num mecanismo não casuístico e não intencional proporcionador de sobrevivência e reprodução diferenciais que, com o passar de gerações, causa a alteração físico-comportamental de uma espécie, ou seja, evolução ou, como Darwin mesmo preferiu chamar, "descent with modification" [descendência com modificação] (1859, p. 331). O expresso acima se encontra sintetizado visualmente na Figura 1.:

Figura 1. Modelo sintético da evolução por seleção natural de Darwin

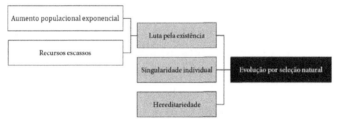

Adaptado a partir de Mayr (1991)

Dentro do esquema explicativo da seleção natural há outro mecanismo que foi brevemente explorado na Origem, mas que cumpriu um importante papel na elucidação de processos evolutivos tratados em obras posteriores, dentre os quais, a própria origem das diferenças entre os povos humanos. Esse outro mecanismo, interno à seleção natural, é o da seleção sexual. Darwin optou por também o expor no quarto capítulo da Origem, no entanto, o deu muito menos espaço em relação à seleção natural. Isso porque a seleção sexual só se dá durante o êxito que uma espécie vem tendo na seleção natural. O que quer dizer que a seleção sexual não é uma alternativa à seleção natural, mas sim sua subsidiária; está contida nela, e só se realiza dentro de seus princípios. Apenas quando uma determinada espécie consegue manter sua sobrevivência frente à luta interespecífica que lhe envolve e quando a seleção natural opera a sobrevivência diferencial de certos indivíduos com características mais vantajosas em relação os seus pares intraespecíficos, abre-se a possibilidade da seleção sexual atuar. É por isso que seleção sexual é tida por Darwin como menos rigorosa do que a seleção natural, pois ela não está diretamente vinculada à sobrevivência, mas sim à reprodução. A seleção sexual não selecionará aqueles que vão ou não conseguir sobreviver, mas aqueles que vão ou não conseguir reproduzir, passando para as próximas gerações suas características. Ela é mais passível de ser identificada na luta dos machos para conseguir o maior número de acasalamento de fêmeas diferentes, fazendo assim que seus filhos tenham maior presença na população do que os filhos de outros machos. Essa luta intraespecífica entre os machos envolve uma série de diferentes circunstâncias, desde as mais agressivas até as que envolvem os mais sutis apelos estéticos. Ao exemplificar o assunto, Darwin lembra o caso da juba do leão macho funcionado como um escudo a outro leão que o queira atingir com mordida no pescoço na luta pelo acasalamento e, também, o caso da cauda do pavão funcionando como um chamariz aos gostos estéticos próprios da pavoa. Assim, uma das importantes consequências da seleção sexual será a diferenciação das características entre ambos os sexos de uma população, o chamado dimorfismo sexual. A distinção físico-comportamental intraespecífica entre machos e fêmeas pode, portanto, encontrar uma explicação por meio desse tipo particular de seleção.

Princípio de Divergência de Caracteres (PDC)

Os dois tipos de seleção apresentadas – natural e sexual – são teorias que explicam, com suas peculiaridades, como ocorrem as mudanças das características das espécies ao longo do tempo. Explicam o processo de transformação, ao nível populacional, de uma espécie em outra, ou, melhor dizendo, de uma espécie em outra *uma* nova espécie. A ênfase no número aqui se deve ao fato que, até o momento, a explicação da transformação das espécies não se debruçou nos processos de como uma espécie pode se transformar em duas ou mais, isso, principalmente, no caso na seleção natural. Ou seja, ainda não foi problematizado, como pôde ter havido um acréscimo de biodiversidade no planeta. A descendência com modificação dá perfeitamente conta de explicar como ocorre a especiação, porém, apenas com o passar de gerações de uma mesma população. Ou seja, havendo mudanças nas pressões seletivas, uma população com determinadas características verá estas se transformarem em outras, via seleção natural, até o ponto que os classificadores de espécies bem entenderem que aquela população datada do *tempo 1* já não resguarda características suficientemente semelhantes daquela população transformada e presente no *tempo 2*, daí, os taxonomistas as classificariam como duas espécies diferentes. Nesse caso, só poderíamos entender que houve um aumento da biodiversidade se a considerássemos dentro de uma perspectiva da biogeografia histórica. Teríamos, numa mão, um fóssil que já não mais se verifica enquanto espécie viva na superfície terrestre e, na outra mão, um espécime vivo e atual que é o descendente direto da população do espécime fossilizado. Portanto, ao longo da história da vida na Terra, duas espécies surgiram dentro de uma mesma linha filética; esse processo é hoje entendido sob uma palavra: anagênese. Porém, se houve um aumento da quantidade de espécies que viveram na Terra, não houve um aumento da biodiversidade contemporaneamente coexistente. Uma espécie teria se sucedido a outra, substituindo-a no habitat e nas relações com as outras espécies. A rede ecológica mesmo, não teria, assim, ganho mais uma espécie para compor suas relações. Daí que sob uma perspectiva da biogeografia ecológica a anagênese não acrescenta em número de espécies. Sem dúvida, modifica qualitativamente as relações – haja vista que a transformação das características que fizeram uma espécie se transformar em outra forçosamente alterará algo da rede ecológica local – mas não as acrescenta em quantidade, ou seja e mais uma vez, não a amplia em sua biodiversidade. Deixando isso claro, podemos voltar à questão: Como Darwin explica a multiplicação das espécies? A seleção natural, por si só, como vimos, apenas explica como as espécies se transformam em outras ao longo do tempo e, atento a isso, Darwin acoplará a essa teoria outro princípio fundamental que, sem o qual, não é possível entender a multiplicação das espécies e o consequente incremento de biodiversidade na superfície terrestre, esse princípio é o de divergência de caracteres. É nele que encontramos qual é o papel da geografia no processo de especiação inserido na teoria evolutiva de Darwin.

Antes de tudo, é importante enfatizar que o princípio de divergência não é um princípio paralelo à seleção natural, mas sim, é acoplado a ela, quanto em ato, se dão conjuntamente, porém, para via de análise, trataremos dele, por ora, separadamente. Darwin, de certa forma, também o fez assim. Ainda que em poucas páginas, o destacou como um dos elementos que compõem o quarto capítulo da *Origem*. E, também da mesma forma com que fez com a seleção natural, introduziu esse princípio dentro da analogia entre o surgimento de espécies na natureza e o surgimento delas operado pelos criadores de produções domésticas. Assim, remontando às metodologias dos criadores, lembrará ao leitor que eles sempre tiveram uma predileção pelas formas extremas que aparecem na prole. Isso porque é a partir delas que conseguiram acelerar o processo de seleção artificial que modificaram as estruturas fisiológicas das espécies domésticas para suprimento de seus diversos anseios. Darwin cita um ditado comum da época: "[...] criadores não admiram e não admirarão um padrão médio, mas gostam de extremos" (1859, p. 112, tradução nossa). A partir da variação individual naturalmente dada, os criadores sempre escolheram, dentro do conjunto de uma prole ou de uma colheita, os indivíduos que nasciam e desenvolviam as características singulares que por bem achavam interessantes. Cachorros mais mansos, espigas de milho maiores, porcos mais gordos, cavalos mais velozes etc. Os indivíduos com tais características eram separados dos demais com características médias da espécie ou mesmo danosas, ao julgo dos criadores, e postos a reproduzir. Ou seja, no processo da seleção artificial, os criadores separavam, como ainda hoje o fazem, os indivíduos com características mais extremadas e os isolavam reprodutivamente dos demais para que eles, pelo princípio de hereditariedade, passassem para as próximas gerações tais características. Quanto mais divergentes na média da espécie fossem os indivíduos, de uma prole ou colheita, maiores seriam as chances de serem selecionados pelos olhos dos criadores e colocados a reproduzir entre si. É claro que aqui no caso não bastava ser apenas divergente, mas que também, e principalmente, que a característica divergente presente no indivíduo fosse algo que os criadores achassem por bem e, para seu único bem, reproduzirem. Lembremos que a seleção artificial serve ao que seleciona, ao ser humano, diferentemente da seleção natural que serve àquele que é selecionado, à espécie. Daí, a partir de uma população com indivíduos apresentando pequenas variações entre si, os criadores podem também explorar múltiplos caminhos com o objetivo de desenvolver duas ou mais espécies. E é aqui que a seleção artificial começa a se diferenciar do princípio de divergência. Primeiro desenvolverão variedades e, com o passar de gerações selecionadas e isoladas reprodutivamente, desenvolverão novas espécies a partir de uma única matriz. Por exemplo, numa população de cavalos, podem selecionar os indivíduos, garanhões e éguas, menores, mais fortes e resistentes para fins de transporte de cargas e fazê-los procriar, ao passo que também podem selecionar os indivíduos dessa mesma população que sejam maiores, mais leves e velozes, isolá-los reprodutivamente, e ter ao cabo de algumas gerações uma variedade destinada à corrida. Então, cabe enfatizar que o que estamos tratando aqui, não é o caso da transformação de uma espécie em outra *uma* espécie, mas sim a transformação de uma espécie em *outras*, duas ou mais, espécies. Se, no primeiro caso, vimos, que se trata de anagênese, nesse caso agora se trata daquilo que a biogeografia contemporânea entende por cladogênese; efetivamente, de um aumento da biodiversidade coexistente. Não apenas uma transformação da espécie numa mesma linha filética, mas uma ramificação de formas, como diversos galhos se abrindo de um mesmo tronco. A seleção natural, por si só, não dá conta de explicar tal ramificação; consegue sim explicar a anagênese, porém, não a cladogênese.

Assim, poderemos nos perguntar: Se na seleção artificial o isolamento reprodutivo, meio necessário para que haja a multiplicação de espécies, é feito pelos criadores, como se dá esse isolamento reprodutivo na natureza? Como que uma única espécie consegue se multiplicar em duas ou mais sem que haja um sujeito consciente operando o isolamento reprodutivo dela? É precisamente aqui que entra o princípio de divergência acoplado à seleção natural. Se na seleção artificial a divergência, feita a partir do isolamento reprodutivo, é operada pelos criadores, na seleção natural tal divergência ocorre por fatores geográficos e ecológicos. Na passagem a seguir Darwin questiona, para tão logo responder, como o princípio de divergência opera analogamente os dois tipos de seleção artificial e natural; vejamos:

Mas como, talvez se possa perguntar, qualquer princípio análogo aplica-se na natureza? Acredito que pode e que se aplica de forma mais eficiente (embora isso fosse a um longo tempo antes de eu saber como), a partir da circunstância simples que quanto mais diversificada os descendentes de qualquer espécie tornarem-se na estrutura, constituição e hábitos, mais estarão a ser mais bem habilitados para aproveitar os muitos e diversificados lugares na política da natureza, e assim ter a possibilidade de aumentar em número (1861, p. 118, tradução nossa).

Da mesma forma que os criadores têm a preferência por selecionar de uma prole os indivíduos que apresentam características físico-comportamentais mais pronunciadas para fazê-los cruzar e perpetuá-las para próximas gerações, a natureza também o fará, com o importante porém que, nesse caso, não haverá qualquer plano subjacente ou intencionalidade. Numa população de pombos, por exemplo, os criadores procurarão alguns indivíduos com caudas mais pronunciadas e outros com bicos mais diferenciados da média para, daí, separá-los e colocá-los a reproduzir com indivíduos que nasceram com essas características semelhantes; ao longo de gerações, teriam duas variedades pronunciadas surgidas de uma única e mesma população. Continuado esse processo, as variedades pronunciadas se tornariam duas espécies distintas, ou seja, os criadores observariam o fenômeno de cladogênese. Na natureza esse processo ocorrerá sem que haja um agente intencional selecionador. A separação de uma espécie em duas ou mais se dará a partir da tensão existente entre dois polos, a saber: o índice de variabilidade individual de uma população e a capacidade de suporte de carga no habitat em que se localiza. Nas palavras de Darwin: "Assim, na economia geral de qualquer lugar, quanto mais ampla e perfeitamente os animais e plantas são diversificados para diferentes hábitos de vida, maior será maior o número de indivíduos que será capaz de suportar" (1859, p. 116, tradução nossa)." Lembremos que há sempre uma pressão causada pela tendência de aumento exponencial da população frente à limitação imposta pela escassez de recursos ambientais; fato gerador da luta pela existência. Por isso, quando maior for a diferença físico-comportamental que um indivíduo tiver em relação à média da sua espécie, maior chance terá de ocupar lugares ainda não explorados por ela dentro economia da natureza. Lugares outrora obstáculos à espécie podem se tornar seus novos habitat. Isso fará que uma espécie aumente cada vez mais sua população se, dentre os indivíduos que a compõe, aumentar as variações. Nesse sentido, o índice de variabilidade individual presente numa espécie será diretamente proporcional à capacidade de suporte de carga da população no habitat. O aumento da diferenciação qualitativa individual proporcionará um aumento da quantidade de indivíduos de uma espécie, ou seja, o aumento da biodiversidade intraespecífica resultará num aumento de sua biomassa. É por isso que Darwin explorou, mais uma vez, a analogia com os criadores para apresentar seu princípio de divergência. Tal como eles, a natureza também "gosta de extremos".

Não bastasse essa analogia, Darwin agregará à exposição do princípio de divergência outra, esta agora relacionada à divisão de tarefas das partes e um organismo. Dirá: "A vantagem da diversificação entre os habitantes da mesma região é, de fato, a mesma que a da divisão fisiológica do trabalho nos órgãos do corpo do mesmo indivíduo – caso tão bem elucidado por Milne Edwards" (1859, p. 115-116, tradução nossa)". Ou seja, a natureza não só tem predileção por formas extremadas, variações mais pronunciadas em relação à média da espécie, mas também encontra na diversificação das formas um melhor funcionamento. Fazendo uma analogia com a divisão fisiológica do trabalho, Darwin apresentará a diversificação, a partir da variação individual intraespecífica, como vantajosa devido ao seu contínuo efeito de especialização das espécies em seus habitat. Enquanto Milne Edwards via a especialização dos órgãos como benéfica ao funcionamento geral do corpo dos indivíduos, Darwin entendeu que a especialização físico-comportamental dos indivíduos de uma população beneficiará a espécie na promoção de novas conquistas por habitat. Assim, quando maior for o índice de variação individual numa população, melhor será o encaixe ou ajustamento da espécie dentro da economia da natureza; em outras palavras, melhor será o acoplamento dos seres aos estares.

Sendo isso, porém, não poderíamos deixar de notar que, ao fazer uso da proposta de Milne Edwards para fundamentar o princípio divergência em sua segunda analogia, Darwin implicitamente aqui também se deixa mostrar como um filho de sua época. A inspiração nos ares liberais da revolução industrial carregados pela ânsia de perene competição e pelo aumento de produtividade sob a forma da divisão social do trabalho fabril se faz patente na perspectiva em que olha a natureza. Na publicação da *Origem* não foi preciso citar Adam Smith para fazer o leitor remeter-se às suas então vigentes teses econômicas; elas já bem se expressavam nas paisagens inglesas. A eficácia da produção sob a divisão social do trabalho, ainda que com o inumano custo derivado das péssimas condições do trabalho e de vida, era incontestável. Darwin deixou Smith subentendido ao citar Milne Edwards. Referindo-se a divisão fisiológica do trabalho proposta pelo segundo, Darwin argumentou: "Nenhum fisiólogo duvida que um estômago adaptado para unicamente digerir matéria vegetal, ou unicamente carne, consegue absorver mais nutrientes destas substâncias" (1859, p. 116, tradução nossa). Porém, pouco afetaria a analogia ao princípio de divergência se Darwin tivesse citado o primeiro: "O maior aprimoramento das forças produtivas do trabalho, e a maior parte da habilidade, destreza e bom senso com os quais o trabalho é em toda parte dirigido ou executado, parecem ter sido resultados da divisão do trabalho" (SMITH, 1988, p. 17). Se o princípio de seleção natural resguarda-se explicitamente em Malthus, o princípio de divergência de caracteres resguarda-se explicitamente em Milne Edwards e, implicitamente, em Adam Smith. Enquanto para o último o aprimoramento da produção de mercadorias é resultado da especialização do operário na linha de montagem dentro da divisão social do trabalho, para o penúltimo o aprimoramento do funcionamento dos corpos vivos é resultado da especialização funcional de seus órgãos dentro da divisão fisiológica do trabalho. Acompanhando ambos, Darwin verá o aprimoramento e o crescimento da biodiversidade na natureza como o resultado da especialização físico-comportamental dos espécimes em seus habitats, isso, dentro da divisão ecológica (ou econômica-natural) do trabalho. Darwin verá na especialização a especiação ocorrer espacialmente.

Contudo, há ainda questões a serem respondidas em relação ao processo que a especiação ocorre: Como é possível uma espécie se partir em duas ou mais? De que forma ocorrerá o isolamento reprodutivo para que aquilo que hoje chamamos por cladogênese ocorra? Bem, de certa maneira, Darwin já havia indicado como isso poderia ocorrer ao abordar o princípio de divergência. No entanto, a questão foca-se mais especificamente agora como que dentro do princípio de divergência ocorre o necessário grau de isolamento reprodutivo para que haja a especiação. Afinal, Darwin mesmo reconheceu que o intercruzamento entre variedades de uma mesma espécie que começam a se apartar cada vez mais resulta num arrefecimento ou atraso no processo de especiação justamente por misturar as características divergentes numa só média populacional. Em suas palavras: "O entrecruzamento desempenha um papel muito importante na natureza ao manter os indivíduos da mesma espécie, ou da mesma variedade, verdadeiros e uniformes em caráter" (1859, p. 103, tradução nossa). Sendo o intercruzamento um fator de uniformização das variedades pronunciadas, o desafio então se centra em encontrar explicações para como ele pode ser temporariamente evitado a ponto de permitir que a divisão de variedades torne-se uma divisão de espécies. Para explicar isso Darwin mais uma vez usa da analogia com os criadores. Primeiro, lembra o leitor a existência dos dois tipos de seleção artificial que previamente abordara, a metódica e a inconsciente. Afirma que o que ocorre na natureza relaciona-se mais com a do segundo tipo. Isso, pois, na primeira, a seleção artificial metódica, os criadores estão sempre atentos evitando a todo custo que haja o intercruzamento dos espécimes escolhidos com aqueles outros da população que, aos seus julgo, não apresentam características vantajosas pronunciadas. Nesse aspecto, o intercruzamento entre variedades é evitado conscientemente. Com isso, conseguem produzir uma gama de variedades, criteriosamente pinçadas e protegidas, a partir de uma mesma população. No entanto, Darwin observa que o que se verifica na natureza não é esse modelo de uma entidade exterior ativamente apartando os seres da prole com características pronunciadas em comum, fazendo-as reproduzir, a fim de dividir as espécies em mais. Entende que a melhor analogia para esse processo é encontrada no tipo de seleção artificial inconsciente, onde os criadores de diversas regiões tendem a conceber tipos de padrões diferentes para a mesma espécie, que trabalham na domesticação, resultando em variedades diferenciadas uma das outras sem que haja intenção conjunta de formatar novas espécies a partir de uma. Diferenciando-se, assim, da seleção artificial metódica por justamente criar novas variedades por conhecimentos tácitos, não firmados expressamente entre si. Tal é a forma análoga, segundo Darwin, que a especiação ocorre na natureza. Sem uma separação forçada entre os indivíduos, mas uma separação sem um agente consciente externo; há, portanto, o impedimento do intercruzamento sem que haja uma intencionalidade subjacente a isso. Vejamos como Darwin ilustrou este fenômeno:

> Assim será na natureza; dentro de uma área fechada, com alguns lugares na política natural não tão perfeitamente ocupados como poderiam ser, a seleção natural tenderá sempre preservar todos os indivíduos que variam na direção certa, embora em graus diferentes, de modo a melhor preencher o lugar desocupado. Mas, se a área for grande, os seus vários distritos quase certamente irão apresentar diferentes condições de vida; e então a seleção natural modificará e melhorará uma espécie nos vários distritos, haverá cruzamentos com outros indivíduos da mesma espécie sobre os limites de cada distrito (1859, p. 102, tradução nossa).

Nessa importante passagem dois elementos estão pressupostos e devem ser esclarecidos antes mesmo de adentramos na análise de seu conteúdo. Ambos envolvem uma leitura não essencialista das espécies. O primeiro diz respeito ao encaixe sempre imperfeito entre os seres e seus estares, ou seja, a lacuna existente entre os seres vivos e seus habitat. Darwin, em outro trecho do livro, já havia dito que: "Não há lugar qualquer do qual todos os habitantes nativos estão agora tão perfeitamente adaptados uns aos outros e às condições físicas em que vivem, que nenhum deles poderia de alguma forma ser melhorado" (1859, p. 82-83, tradução nossa). Ou seja, as espécies estão sempre aquém ao encaixe perfeito para com seus meios. Esta lacuna representa uma perene possibilidade de desenvolvimento orgânico cujo fim é o ajuste para com aquele determinado ambiente que a circunda, porém, mudado as configurações mesológicas, aumenta-se novamente a lacuna entre os seres e seus estares. O fator não essencialista nesse tópico se deve à consideração que as espécies não foram formadas para habitarem os ambientes aos quais vivem, não estando, por conseguinte, harmonicamente formatadas aos seus arredores. Isso implica num processo cujo fim nunca é alcançado e, por vezes, quando eventualmente se encontra próximo, como dito, uma reconfiguração das características físico-orgânicos do meio obriga uma reconfiguração físico-comportamental das espécies, começando o processo de adaptação novamente. Junto a esse fator, há um segundo não menos importante. Esse diz respeito ao ilimitado processo de variação. Darwin entende que a variação, que se inicia na singularidade individual presente em cada espécime da prole, não apresenta barreiras que a limitam a um arquétipo ou patrão de espécie. Nesse aspecto, há um entendimento comum entre os estudiosos de Darwin que sua proposta vai num caminho contrário à proposta essencialista de raízes platônicas – que influenciou toda uma corrente de pensamento fixista, pensadores como Cuvier e Agassiz, entre outros – de que existe uma essência pré-estabelecida para cada espécie e que as singularidades individuais encontradas nos espécimes são desvios do tipo ideal da espécie que, por sua vez, e, no entanto, jamais a extrapolarão. As características ideais da espécie nunca poderiam ser alcançadas pelos espécimes, porém, a singularidades dos espécimes estariam limitadas às características modulares da espécie. Desse modo, pode ser dito que enquanto Platão via negativamente a singularidade do espécime como um desvio da espécie e limitada ao protótipo dela, Darwin verá a singularidade individual sob um aspecto positivo de inovação – posto que ela se faça com um dos três pilares para que haja a evolução por seleção natural, junto à luta pela existência e à hereditariedade – e, também, de fonte de variação ilimitada. Darwin, não vendo as espécies como entidades asseguradas em essências, crerá não haver limites para que a fonte da singularidade individual, a variação, se expresse na natureza. Tais são os dois elementos não essencialistas pressupostos na passagem: as espécies não estão perfeitamente adaptadas aos seus ambientes e não há limites para que a variação se dê ao longo do tempo.

Pois bem, tendo esses elementos retidos, passemos para o conteúdo propriamente expresso na passagem. Nela, Darwin diz que em uma área pequena as espécies terão poucos lugares para se adaptarem, porém, em uma área grande encontrarão vários. Isso, pois, uma área grande tende a apresentar uma maior variedade de formas geográficas e, principalmente, contextos ecológicos ou meios geográficos. Assim, na exploração da pluralidade de "distritos", grupos de indivíduos das espécies se acomodarão e tenderão a se cruzarem com os seus pares intraespecíficos que nesses distritos se alocaram. O resultado disso será que uma espécie poderá se ramificar em variedades e, posteriormente, em outras espécies, graças ao relativo isolamento reprodutivo propiciado pela variedade de lugares naturais ou "distritos" que uma grande área tende a se constituir. Devemos bem notar aqui o uso diferenciado que Darwin faz para os termos "área" e "distrito". Enquanto *área* é entendida pelo aspecto de sua dimensão física e locacional, *distrito* aparece associado às "condições de vida" ["conditions of life"], algo que reflete mais a condição ecológica das espécies, a sua rede de relações, do que a posição tópica delas. No jargão da ciência geográfica, *área* teria como correspondente terminológico a palavra *sítio*, enquanto que *distrito* seria correspondente ao conceito de *situação*. Já no jargão da biogeografia contemporânea, o que Darwin chamou de *área* seria provavelmente melhor entendido como *habitat* e o que chamou de *distrito*, por sua vez, por *nicho*. Autores como Whittaker, Levin e Root (1976) apresentaram uma importante discussão conceitual sobre os termos habitat e nicho, associando ambos, ainda, a um terceiro, o de ecótono. A definição entre os conceitos deve sempre ser aprofundada e o artigo referido faz-se como um bom exemplo disso. No nosso caso, no entanto, basta aqui a definição mais conceitualmente vigente onde habitat se refere ao lugar onde as espécies vivem e o nicho à função ecológica que exercem. Interpretando a área e o distrito ditos por Darwin como, respectivamente, habitat e nicho, conseguimos entender o papel que a geografia, mais especificamente, o isolamento geográfico, exerce em seu pensamento sobre especiação. Para Darwin, o isolamento reprodutivo entre variedades da mesma espécie pode se dar sem a necessidade do isolamento geográfico. O isolamento reprodutivo ocorre, segundo sua visão, mais pelo isolamento ecológico. É precisamente aqui que cabe a distinção entre habitat e nicho. Em um habitat é possível haver vários nichos. Isso, pois, num mesmo lugar as espécies podem exercer funções diferentes. Não só as espécies, mas também grupos de indivíduos de uma mesma espécie podem se adaptar a funções ligeiramente desiguais de seus pares intraespecíficos, permanecendo em nichos distintos dentro de um mesmo habitat. Essa permanência de grupos intraespecíficos em nichos diferenciados pode promover o isolamento reprodutivo necessário para que se dê um segundo passo, que seria o de surgimento de variedades locais, e, posteriormente, um terceiro passo, esse, em direção à própria especiação. O que se descreve é o princípio de divergência, associado à seleção natural, realizando a especiação de grupos intraespecíficos na exploração de nichos diferentes dentro de um mesmo habitat. Em cada nicho a seleção natural ocorre diferentemente, o que decorre na diversificação das formas. A seleção natural é o que diferencia os grupos intraespecíficos apartados em nichos pelo princípio de divergência. O princípio de divergência e a seleção natural, portanto, agem conjuntamente na especiação. O intercruzamento ainda se faz como um fator importante de homogeneização das formas, no entanto, não consegue impedir que a seleção natural se realize quando essa está acoplada ao princípio de divergência. Darwin procurou deixar isso claro ao afirmar:

> Mesmo no caso de animais de reprodução lenta, que se unem para cada reprodução, não devemos superestimar os

efeito de intercruzamentos em retardar a seleção natural; posso trazer um catálogo considerável de fatos, mostrando que dentro da mesma área, variedades do mesmo animal podem por muito tempo permanecerem distintas por frequentarem recintos diferentes, por cruzarem em ligeiramente diferentes estações do ano ou por variedades da mesma espécie que preferirem permanecerem juntas entre si (1859, p. 103, tradução nossa).

O que Darwin está afirmando nessa passagem é que é possível haver especiação cladogênica mesmo essa se dando num mesmo habitat ["same area"]. Considera importante o fator do intercruzamento de variedades e indivíduos no retardamento da divergência via seleção natural, porém, não entende que por isso deva-se admitir que esse a anule por completo. O princípio de divergência conjugado à seleção natural seria mais forte em prol à especiação do que o poder de arrefecimento dela dado pelo intercruzamento. Com isso, argumenta a favor da preservação das formas divergentes de grupos intraespecíficos que cruzam entre si em nichos diferentes dentro de um mesmo habitat. Ou seja, Darwin não considera o isolamento geográfico do habitat como único meio possível de evitar o intercruzamento de variedades de uma mesma espécie. A cladogênese poderia se dar sem a necessidade de haver imponentes acidentes geográficos dividindo habitat. Darwin está mais atento ao papel da geografia em relação à sua diversidade de *meios* do que em relação à sua quantidade de acidentes enquanto fator promotor de especiação.

Na biogeografia contemporânea, o evento de cladogênese – a ramificação de uma espécie em duas ou mais, com ou sem o isolamento geográfico – é discutida a partir de dois conceitos, a saber: a especiação alopátrica, que se dá com a presença de barreiras geográficas; e a especiação simpátrica, que se dá sem a presença de barreiras geográficas. Segundo James Mallet *et al* (2009), tais termos foram cunhados por dois pesquisadores em momentos diferentes. Tal como comentam os autores, Edward Bagnall Poulton (1856-1943), em 1904, criou o conceito de especiação simpátrica a partir da junção de duas palavras gregas, sim que quer dizer "junto" ou "igual" e *pátria* que significa "terra natal". Poulton teria inventado também o neologismo "asimpátrica" para designar a especiação derivada do isolamento geográfico. No entanto, Ernst Mayr (1904-2005), em 1942, apesar de ter mantido a terminologia para a especiação simpátrica de Poulton, sugeriu que a especiação asimpátrica fosse renomeada por especiação alopátrica; onde o termo *alo*, também de origem grega, significa "outra". Nas próprias palavras de Mayr podemos conferir a definição de ambos os termos: "Duas formas ou espécies são simpátricas, se eles ocorrem em conjunto, isto é, se as suas áreas de distribuição se sobrepõem ou coincidem. Duas formas (ou espécies) são alopátricas, se eles não ocorrem em conjunto, isto é, excluem-se geograficamente" (apud MALLET et al, 2009, p. 2333, tradução nossa).

Dentro do quadro de discussão atual sobre formas de especiação deve-se ainda fazer menção a, ao menos, duas outras além da simpátrica e da alopátrica, essas seriam a parapátrica e a peripátrica. Na primeira, a parapátrica, a especiação ocorreria dentro de uma população que apresenta um contínuo de variações ao longo da área que ocupa; apresentando faixas ou zonas contíguas de variedades se sobrepondo em seus limites, não havendo, portanto, uma linha divisória clara – um acidente geográfico, por exemplo – como no caso da especiação alopátrica, nem uma dispersão pontual de formas variadas da espécie na área, como no caso da especiação simpátrica. Na segunda, a peripátrica, a especiação ocorreria pelo isolamento de parte da população perto dos limites do habitat da espécie. O isolamento, nesse caso, se daria pela distância de grupos da espécie do centro da área em que ela ocupa; seria um tipo de especiação alopátrica por isolamento periférico, deflagrando, junto a isso, o próprio porquê de seu nome. Na *Figura 2* a seguir, podemos visualizar um esquema explicativo de alguns conceitos biogeográficos que estamos nos referindo:

Figura 2. Classificação dos tipos de especiação

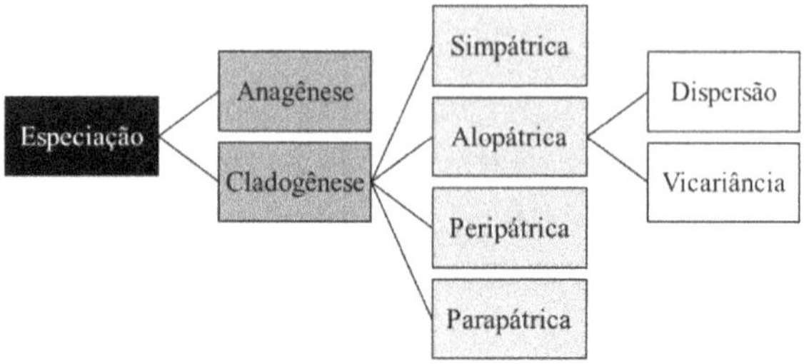

[Diagrama: Especiação → Anagênese, Cladogênese; Cladogênese → Simpátrica, Alopátrica, Peripátrica, Parapátrica; Alopátrica → Dispersão, Vicariância]

Org. e Adaptado por Carlos Geraldino a partir de Ridley (2006).

Na *Figura 2* podemos ver alguns modos atuais de classificação de especiação. De início, há uma primeira ramificação bipartida de tipos de especiação entre a anagênese e a cladogênese. Vimos que a primeira trata-se das mudanças de uma espécie em outra uma espécie ao longo do tempo, dentro de uma mesma linha filética, e a segunda trata-se da multiplicação de uma espécie em duas ou mais. Vale a ressalva que essa divisão entre anagênese e cladogênese não as faz como meios de especiação excludentes, do tipo essa ou aquela. Na natureza, ambas podem perfeitamente se dar em conjunto. O passar do tempo e mudanças ambientais podem deflagrar evolução anagênica para uma espécie ao passo que, no mesmo momento, imposições de acidentes geográficos ou explorações diferenciadas de nichos podem fazê-la se apartar em grupos de variedades que futuramente irão se *especiar*. Portanto, reitera-se que essa divisão dá-se mais para fins analíticos e didáticos. Diferente, por exemplo, da segunda subdivisão, contida na *Figura 2.*, a partir da cladogênese. As quatro formas apresentadas – simpátrica, alopátrica, peripátrica e parapátrica – trazem a característica de excluírem-se entre si, no entanto, suas definições ainda são objeto de um intenso debate entre os biogeógrafos. A *Figura 2*. apresenta ainda uma subdivisão entre as formas de especiação alopátrica, essa seria entre a dispersão e a vicariância. Na *Origem* Darwin vai trazer uma grande quantidade de tipos de dispersão possíveis entre os seres vivos no intuito de fundamentar sua tese contrária aos múltiplos centros de criação. Desse modo, quando ele entendia que determinados casos de multiplicação de espécies a partir de um ancestral comum havia ocorrido devido ao isolamento geográfico entre variedades, configurando o caso de especiação alopátrica, primeiro ia buscar os caminhos possíveis de dispersão dessa espécie. Ou seja, quando admitia casos de especiação alopátrica, dava mais ênfase à busca por meios de dispersão do que por meios de vicariância. A diferença entre os tipos de especiação alopátrica por dispersão e por vicariância é justamente a presença anterior de barreiras geográficas. No caso da dispersão, uma parte da população da população de uma espécie migra – ou é levada por algum fenômeno natural, um tornado, por exemplo – e não consegue voltar à sua terra natal devido a imposição de barreiras geográficas de algum tipo. O que se seguirá, desse evento, será o isolamento reprodutivo por isolamento geográfico derivado da transposição de barreiras geográficas já preexistentes. No caso da vicariância, no entanto, o isolamento reprodutivo ocorre quando uma determinada população enfrenta a imposição de uma barreira geográfica – uma montanha ou rio, por exemplo – que separa seu habitat em duas áreas intransponíveis. Darwin vai utilizar esse caso de imposição de barreiras geográficas não para argumentar a favor da especiação alopátrica, mas sim a favor da especiação simpátrica. Ou seja, no concernente à especiação alopátrica, Darwin foi um dispersionista.

Considerações finais

Por fim e utilizando-nos desses termos biogeográficos contemporâneos, resguardando os cuidados dos anacronismos subjacentes a essa leitura, podemos dizer que a proposta de especiação cladogênica de Darwin hoje estaria associada mais aos tipos simpátrico e parapátrico do que aos tipos alopátrico e peripátrico. Isso, pois, enquanto as especiações simpátrica e parapátrica se definem pela possibilidade de existir a cladogênese num habitat contínuo, as especiações alopátrica e peripátrica envolvem algum tipo de isolamento geográfico, seja ele, causado por acidentes geográficos (rios, cadeias de montanhas, ilhas etc.), como no caso da alopátrica, seja ele causado pela distância, caso da peripátrica. Como vimos, Darwin entendeu não haver a necessidade do isolamento geográfico, como a presença de barreiras de diversas formas, para que houvesse a ramificação das espécies. Como ele mesmo descreveu, em sua última passagem aqui citada, é possível que haja especiação cladogênica dentro de uma área contígua por, pelo menos, três fatores, a saber: *I.* os grupos intraespecíficos frequentarem diferentes nichos; *II.* se cruzarem em diferentes momentos ou; *III.* preferirem permanecerem juntos entre si devido às pequenas características semelhantes que alguns indivíduos possuem dentro da espécie. Esses três fatores, sozinhos ou combinados, permitiriam, segundo Darwin, que a especiação ocorra por critérios ecológicos ou comportamentais sem a estrita necessidade de isolamento geográfico para evitar o cruzamento das variedades intraespecíficas ou, como ele insistia em chamar, "espécies incipientes".

Desse modo, mesmo que o isolamento de grupos intraespecíficos em nichos fosse menor do que aquele assegurado por acidentes geográficos intransponíveis em relação aos meios de locomoção de cada espécie, ainda assim seria um meio de isolamento capaz de evitar constantes intercruzamentos homogeneizantes de variedades. A variabilidade intraespecífica se acentuaria mais e mais na exploração especializada de nichos diferentes dentro do mesmo habitat. Os grupos não teriam impedimentos físico-geográficos de cruzamento, mas sim tendências distintas de comportamento promovidas por suas ligeiramente diferentes aptidões ecológicas.

Bibliografia

DARWIN, Charles Robert. *On the origin of species by means of natural selection*, or the preservation of favoured races in the struggle for life. London: Murray, 1859.

_____. *On the origin of species by means of natural selection*, or the preservation of favoured races in the struggle for life. 3ª ed. London: Murray, 1861.

GERALDINO, Carlos F. G. *A questão da geografia na "Origem das Espécies" de Charles Darwin*. Tese (Doutorado em Geografia) – Instituto de Geociências, Universidade Estadual de Campinas, Campinas-SP, 2016.

MALLET, J. et al. Space, sympatry and speciation. *Journal of Evolutionary Biology*, 22, 2009, p. 2332-2341.

MAYR, Ernst. *Systematics and Origin of Species*. Columbia University Press, New York, 1942.

_____. *One Long Argument*: Charles Darwin and the Genesis of Modern Evolutionary Thought. Printed in USA: Harvard University Press, 1991.

POULTON, Edward Bagnall. What is a species? *Proc. Entomol. Soc. Lond.* n. 1903, LXXVII-CXVI, 1904.

RIDLEY, Mark. *Evolução*. Trad. Henrique Ferreira, Luciane Passaglia e Rivo Fischer. 3ª ed. Porto Alegre: Artmed, 2006.

SMITH, Adam. *A Riqueza das Nações*. São Paulo: Nova Cultural, 1988.

WHITTAKER R; LEVIN, S; ROOT, R. Niche, Habitat, and Ecotope. *The American Naturalist*, v. 107, n. 955, p. 321-338, 197

A formação do estado do Acre nos arquivos do IHGB, da SGRJ e Biblioteca do Palácio do Itamaraty[1]

Maria de Jesus Morais[2]

Introdução

A temática deste texto perpassa pela questão fronteiriça, tanto do ponto de vista político quanto do ponto de vista econômico. Político, no sentido da definição dos limites internacionais e, econômico, no sentido da valorização da borracha, e a integração de sua área produtora ao mercado internacional. As fronteiras, como ressaltam Rafestin (1993), Mezzadra e Nielson (2017) e Moraes (2009), são construções históricas e não entidades fundamentadas na natureza. Estas, jogam um papel chave na produção dos tempos e espaços do capitalismo global.

As fronteiras são "construções geopolíticas datadas, são tempos inscritos nos espaços e, participam de diferentes jogos de interesses" (RAFESTIN, 1993, p. 67). Estas, devem ser compreendidas a "partir de sua historicidade, uma vez que o sentido de fronteira muda ao longo do tempo" (p. 70). No caso da fronteira do Acre/Brasil, Madre de Dios e Ucayali/Peru e Pando e Beni/Bolívia, o atual limite inter-

---

1 Texto produzido a partir da pesquisa do estágio de pós-doutoramento, realizado no Programa de Pós-Graduação de Geografia Humana na USP, sob a supervisão do professor Manuel Fernandes de Sousa Neto.

2 Professora da Universidade Federal do Acre.

nacional se consolidou historicamente sobre territórios ancestrais de diversos povos indígenas e fora definida em dois momentos históricos, em conexão com interesses de nações estrangeiras.

O histórico da definição das fronteiras do Acre (Brasil) com o Madre de Dios e Ucayali (Peru) e Pando (Bolívia), se deram em dois momentos principais. O primeiro foi no contexto da campanha pela abertura da bacia do rio Amazonas à livre navegação, onde se tinha como maiores interessados a Inglaterra e os EUA (MACHADO, 1989). Aliado a este contexto, no caso da Bolívia, o Império do Brasil temia que esta, se aliasse ao Paraguai, no conflito da tríplice aliança (1864/1870). O segundo momento foi o da valorização das gomas elásticas no mercado internacional. O que ocasionou a denominada *Guerra del Acre*, conflito armado de 1899 a 1903, entre os "brasileiros do rio Acre" contra a soberania do governo boliviano.

O povoamento do lado brasileiro não respeitou os tratados de limites e os acordos internacionais e isto, desencadeou conflitos e disputas para afirmação ou redefinição dos limites geográficos, em uma região, até então considerada despovoada. Como ressalta Tocantins (2001, p. 58), os rios "pareciam indicar o caminho natural para os brasileiros, donos de quase toda a bacia hidrográfica da Amazônia" e, os nordestinos "ávidos em cortar a árvore da fortuna", não encontraram "nenhum impedimento quando transpuseram, aos milhares, a linha fronteiriça", e nem havia, naquele tempo, "qualquer demarcação no terreno" (p. 44). Nem os governos sabiam onde começavam e terminavam as linhas imaginárias que definiam Brasil, em relação ao Peru e a Bolívia.

A definição da fronteira política desta região esteve no jogo de interesses econômicos de alguns países, como a Inglaterra e EUA. A definição de seus limites foi o resultado das ações políticas, além da econômica, que como lembra Moraes (2011) só podem ser "devidamente explicados, enquanto formação e em suas particularidades" (p. 09). Ou seja, dentro do processo de valorização do espaço

(MORAES, 2002). Que no caso foi a discussão da livre navegação nos rios amazônicos e, o interesse industrial pelas gomas elásticas.

O movimento expansionista decorrente da frente de expansão das gomas elásticas e o jogo de interesse dos patrões e compradores do látex obrigaram os governos do Brasil, Bolívia e Peru, a tomarem decisões para consolidar a soberania naqueles territórios, para assegurar suas fronteiras políticas e, assim atender aos interesses da exploração econômica da região.

A atual fronteira trinacional do Peru, Brasil e Bolívia tem origem em meados do século XIX, no contexto da exploração do látex e do caucho em um entrelaçado processo de escala local, nacional e mundial (ARRUDA, 2009).

Este texto trata da questão da formação e definição das fronteiras políticas da região formada pela Amazônia peruana, boliviana e parte da Amazônia brasileira na porção sul/ocidental. E, se insere na discussão em torno da geografia histórica. Esta, segundo Moraes (2011), é uma "abordagem interpretativa de forte ênfase retrospectiva. Com intuito de captar no passado elementos de explicação da territorialidade contemporânea" (p. 09).

Este trabalho segue, portanto, a geografia histórica, como caminho de reconstituição do processo de formação do atual estado do Acre. E, seu objetivo principal foi rastrear o saber produzido sobre a Amazônia peruana, boliviana e o atual estado do Acre na Revista do Instituto Histórico e Geográfico Brasileiro/IHGB, no Boletim da Sociedade de Geografia do Rio de Janeiro/SGRJ e biblioteca do Palácio do Itamaraty, no Rio de Janeiro, bem como discutir os "bastidores" da definição dos limites entre o Brasil, a Bolívia e o Peru. Em destaque os jogos de interesses estrangeiros subjacentes à disputa entre os três países.

Na produção deste texto identificamos e selecionamos a produção bibliográfica e cartográfica nos Boletins da SGRJ, na Revista do IHGB e Biblioteca do Palácio do Itamaraty, pois estes tiveram um papel importante na produção de informações sobre a produção do espaço nesta parte da região amazônica.

O texto está dividido em duas partes. A primeira traz uma discussão sobre a formação e contexto da definição das fronteiras da região em tela. E, a segunda parte, traz a discussão sobre os arquivos como fonte para o trabalho de geografia histórica da região, seguido das considerações finais.

Acre: formação e contexto da definição de suas fronteiras

O processo inicial da colonização da Amazônia peruana, boliviana e acreana está relacionado com a extração das gomas elásticas, tanto das *Castilloas Ullei* quanto das *heveas*,[3] consideradas na época o ouro negro. Neste contexto não podemos entender a colonização não indígena desta região, sem nos referirmos ao *caucho* e a seringa.

A extração das *heveas* e do *caucho* e o processo de invasão/ocupação decorrente foi diferenciado. A extração do *caucho* implicava na derrubada da árvore. O que resultou em um povoamento nômade, de avanço contínuo em busca de novas árvores. O *Caucho* era abundante nos vales dos rios Alto Juruá, Alto Purus, Madeira, Napo, Putumayo. Já as *heveas* predominavam na Amazônia brasileira e boliviana e sua exploração resultou em uma ocupação permanente, com a formação de núcleos populacionais estáveis e de fixação do homem na floresta. A exploração do *caucho* e da seringa foram a base da configuração espacial entre Brasil, Peru e Bolívia, na região hoje compreendida pelos estados do Acre, Rondônia, no Brasil, pelos departamentos de Beni e Pando, na Bolívia e Madre de Dios e Ucayali, no Peru (CUNHA, 1999, 2000).

---

3   Seringa em português (*shiringa* em espanhol) diz respeito às *heveas*: *brasiliensis*, *discolor*, *rigidofolia* e *spuceana* (REIS, 1953).

A empresa extrativista, constituída para a produção da borracha natural na Amazônia brasileira, caracterizou-se pela formação de grandes latifúndios, conhecidos como seringais, estruturados sob um sistema de exploração fundado nas relações mercantis. A região em tela foi de domínio dos barões do *caucho* e da seringa, principalmente brasileiros, peruanos e bolivianos. Áreas que até a segunda metade do século XIX eram consideradas *non descubiertas* e inexploradas. Ignoradas, longes dos centros de poder e, sem despertar muita importância econômica, a região formada pelos rios Ucayali, Maranan, Madre de Dios, Mamoré, Beni, Purus/ Acre, Juruá e seus afluentes foram os caminhos para a exportação das gomas pelo porto de Belém, no Brasil (BELTRÁN, 2001).

Na segunda metade do século XIX, a Amazônia ainda era um mistério, pouco conhecida. Para Vergara (2013), um dos desafios do Império do Brasil foi o efetivo conhecimento do território herdado de Portugal. E, nesse contexto a conquista territorial foi constituída de diversas maneiras, como na definição e delimitação de suas fronteiras políticas. E, no inventário da população nativa e, potencial econômico. Esta região, "passou a ser singrada pelos regatões em busca das drogas do sertão, depois pelas expedições de reconhecimento, seja nacional ou internacional" (p. 83), e, nesse sentido os viajantes tiveram um papel importante nas incursões de viés expansionistas no território amazônico.

A Guerra contra o Paraguai (1864 a 1870), revelou a deficiência das comunicações entre as províncias e, também o desconhecimento do território nacional e de seus limites. A Guerra reforçou a ideia que era necessário empreender estudos para conhecer as 'regiões desconhecidas' e, "estreitar as comunicações entre as diversas províncias, ... era primordial para a defesa das fronteiras e para a garantia da integridade territorial" (CARDOSO, 2007, p. 02). Paralela a esta questão, outra estava posta, que era a pressão da Inglaterra e EUA pela livre navegação dos rios amazônicos.

Havia um interesse de "romper as barreiras à livre navegação dos países recentemente industrializados" (MACHADO, 1989, p. 333) e, nessa perspectiva, os EUA foi costurando acordos com os países da América do Sul que faziam fronteira com a Amazônia brasileira. Com Nova Granada (hoje Colômbia) assinou um acordo em 1852. E, com a Bolívia, Paraguai e Equador, em 1853. O que deixava o Brasil em situação de isolamento, como ressalta Soares (1973) a "diplomacia do império do Brasil pressentia o perigo ... onde a diplomacia norte-americana procurava obter o direito de navegar rios internos amazônicos que corressem através dos seus respectivos territórios" (p. 167).

Naquele contexto o Brasil assina em 1851, com o Peru o Tratado de Comércio, Navegação, Limites e Extradição, este já vinha sendo negociado desde 1841, sob a responsabilidade de Duarte da Ponte Ribeiro. E, em 1867 assina com a Bolívia o Tratado de Amizade, Limites, Comércio, Navegação e Extradição (conhecido com o Tratado de Ayacucho), como forma de neutralizar o possível apoio da Bolívia ao Paraguai.

A navegação à vapor e a entrada de empresas estrangeiros deu novo ritmo a vida nos rincões da Amazônia. E, intensificou o interesse pelo desvendamento das "regiões menos conhecidas", para atender às necessidades do nascente capitalismo industrial pois, como salienta Machado (1989), o desenvolvimento da tecnologia estava vinculado aos avanços das ciências naturais e das ciências aplicadas.

Até meados da década de 1880 o espaço que hoje corresponde ao departamento de Pando aparecia nos mapas bolivianos como *território desconhecido, ignorado*. Da mesma forma, os espaços que correspondem ao atual estado do Acre e ao departamento de Madre de Dios e Ucayali foi, durante séculos, inexplorado economicamente por uma população não indígena (MORAIS, SILVA, SILVA MANCHINERY, ESPÍNDOLA, 2012).

A partir do final da década de 1880 teve início, de forma mais intensa, a ocupação da Amazônia Sul Ocidental por uma população não indígena, que adentrou mata adentro para extrair o "leite da seringueira". Esta região foi "incorporada à la dinámica económica mundial en las últimas décadas del siglo XIX por el impulso que provocó el explosivo incremento en el consumo masivo de electricidad transportada por cables forrados de goma, y también, por el desarrollo de la industria automovilística y el consecuente uso de pneumáticos" (BELTRÁN, 2001, p. 01). A extração do látex foi "las fuerzas dinamizadoras de su despertar como espacio productor de goma elástica" (p. 01). A crescente demanda do mercado internacional, valorizou as terras "donde crecían árboles cuya savia se convertiría en goma elástica, o sea, la siringa y el caucho" (p. 02). O uso industrial elevou as gomas elásticas à categoria de produtos "estratégicos", o que provocou interesses do capital internacional, como companhias europeias e norte-americanas.

E, foi a exploração do látex que motivou a *Guerra del Acre*, conflito armado de brasileiros do rio Acre contra a ocupação boliviana de terras ricas em árvores de seringa. Vale ressaltar que quando iniciou a exploração gomífera, sob comando de seringalistas brasileiros, as terras exploradas por estes, de acordo com o Tratado de *Ayacucho* de 1867, pertenciam à Bolívia. E foi a disputa pelo domínio das árvores de leite que provocou tensões e negociações entre o governo brasileiro e boliviano em um primeiro momento e, depois com o governo peruano para definição do limite internacional (MORAIS, SILVA, SILVA MANCHINERY, ESPÍNDOLA, 2012). Este conflito, luta por recursos econômicos, foi o propulsor das negociações que definiu a atual fronteira política entre os três países na Amazônia (BÉLTRAN, 2001).

A *Guerra del Acre*, como é denominado o conflito armado, pelos peruanos e bolivianos e Revolução Acreana, como é denominada na Amazônia, iniciou em 1889 quando o governo boliviano funda um posto aduaneiro, Puerto Alonso, em território ocupado por brasileiros do rio Acre e, finda em 1903, o conflito com a Bolívia e, em 1909, o conflito com o Peru. Até 1902, o governo brasileiro considerava estas terras como bolivianas, pelo Tratado de 1867. Mas, em 1902, diante da formação do *Bolivian Syndicate*, o governo brasileiro muda a interpretação do Tratado com a Bolívia, e, a partir de então passa a ser um "território ocupado por nacionais", que deve nos pertencer.

A pesquisa empreendida nos arquivos do IHGB, no Boletim da SGRJ e na biblioteca do Itamaraty foi no intuito de localizar os saberes produzidos por estas instituições, sobre a região transfronteiriça, para entender as entrelinhas da sua formação e os jogos de poderes na definição de seus limites políticos.

Os arquivos como fonte para o trabalho de geografia histórica

As instituições por nós pesquisadas, como dito anteriormente, diz respeito ao IHGB, ao boletim da SGRJ e biblioteca do Palácio do Itamaraty. O IHGB pelo papel que teve na produção de um saber pátrio em seu objetivo primordial que foi "coligir, metodizar, publicar ou arquivar os documentos necessários para a História e a Geografia do Brasil...". A SGRJ por ter impulsionado o debate e/ou práticas científicas com o intuito de obter maiores informações acerca do território, dos seus habitantes e de suas potencialidades econômicas. E a biblioteca do Itamaraty, por este ter sido a sede do Ministério das Relações Exteriores do Brasil, no período de 1899 a 1970 e, por possuir rico acervo sobre as fronteiras do Brasil, como o acervo do Barão do Rio Branco.

As duas primeiras instituições foram criadas no século XIX, que dentre outras funções possuíam a de recolhimento e guarda de documentos, elaboração e publicação de estudos, realização de conferências e reuniões e, também de produção de saberes sobre a nação. Já a biblioteca do Itamaraty possui acervos sobre a definição dos limites do Brasil com os países vizinhos.

O Instituto Histórico e Geográfico Brasileiro/IHGB

O Instituto foi fundado em 1838, pela elite imperial, para formular um projeto de nação. O IHGB, segundo Cardoso (2007), quando foi criado era um aparelho estatal comprometido com o projeto de uma memória nacional. E, tinha como meta "coletar o maior número de documentos e informações geográficas e históricas", que subsidiaria os "embates diplomáticos em caso de demarcação de limites territoriais com as nações limítrofes ou no reconhecimento de regiões distantes e "inóspitas"" (p. 02). O seu projeto de atuação estava, portanto, intimamente ligado às demandas do aparelho estatal comprometidos com o projeto de uma memória nacional e da definição dos limites políticos.

O IHGB foi responsável pelo levantamento de dados do território e pelo subsídio a formulação dos projetos territoriais no império. Levar a civilização para os "sertões" era o objetivo básico que justificava a construção estatal-nacional no período monárquico, em um discurso onde a "missão civilizatória" realizada e antevista era equacionada com a ocupação e a exploração de novos espaços" (MORAES, 2011, p. 125). Segundo Pereira (2005a, p. 113):

> a partir da Independência, a extensão de um domínio territorial em grande parte 'desconhecido' e os riscos de sua fragmentação política, somados à ausência de uma história oficial capaz de selecionar elementos do passado que alimentassem uma ideia nacional, eram percebidos com preocupação por um Estado nascente como o brasileiro, que buscava definir uma identidade própria capaz de orientar sua atuação tanto no plano interno quanto no externo.

Para isso "foram convocadas diversas áreas do conhecimento e da produção intelectual, dando origem, no começo do Império, a órgãos de cultura oficiais, criados com a missão política de tornar mais objetiva e palpável a noção abstrata de pátria, ou seja, para "desenhar-lhe um rosto [...], moldar sua imagem de realidade" (MORAES, 2011, p. 130). A sua origem vincula-se, portanto, estritamente ao processo de formação do Estado nacional.

Em 1839 foi criada a Revista do IHGB (RIHGB), a qual era destinada a divulgação da "produção do corpo social do Instituto, bem como contribuições de historiadores, geógrafos, antropólogos, sociólogos, arquitetos, etnólogos, arqueólogos, museólogos e documentalistas de um modo geral" (https://ihgb.org.br/publicacoes/revista-ihgb.html). A mesma foi criada com objetivos de divulgar "um saber sobre o Brasil".

Dentre as publicações da Revista, no período da segunda metade do século XIX e primeira década do século XX, sobre a região por nós estudada, identificamos os artigos sistematizados no quadro 01. A temática com maior número de artigos é o tema da navegação dos rios interiores, principalmente os da bacia amazônica e da bacia da Província do Mato Grosso. Dos quais 02 artigos se dedicariam a discussão sobre uma comunicação de Belém, no Pará à Cuiabá, no Mato Grosso. 02 artigos sobre o rio Amazonas e 01 sobre o rio Purus, este, escrito por Euclides da Cunha, então chefe da Comissão Brasileira de Reconhecimento do Alto Purus.

Outra temática discutida na Revista do Instituto foi a questão de limites do Brasil com a Bolívia e Peru, que inclui um discurso do embaixador boliviano, Marcelo Terceiros Banzer, que foi republicado em 1975. Um outro conjunto de artigos foi escrito pelo jurista e professor José Moreira Brandão Castelo Branco Sobrinho, que viveu na cidade de Cruzeiro do Sul, no então Território do Acre e realizou uma pesquisa histórica, com forte conteúdo patriótico sobre a formação do atual estado do Acre, que foi publicado entre a década de 1940 ao início da década de 1960.

Sobre navegação dos rios interiores	
Artigo	Observações
Roteiro geográfico da viagem de Martinho de Souza e Albuquerque, governador do Estado do Brasil, determinou fazer ao rio Amazonas, ...	Publicado em 1849.
Notícias geográficas da Capitania do rio Negro no grande rio Amazonas.	Conego André Fernandes de Sousa. Publicado em 1870.
Notas ilustrativas dos primeiros 2 capítulos da segunda parte do tesouro descoberto no rio Amazonas.	Coronel Antônio Ladislau Monteiro Baena. Publicado em 1870.
Rio Purus – rio abandonado.	Euclides da Cunha. Publicado em 1905.
Mato Grosso: navegação do rio Tapajós para o Pará pelo tenente coronel Ricardo Franco de Almeida Serra, escripta em 1779, sendo governador Caetano Pinto de Miranda Montenegro.	Publicado em 1947.
Sobre a questão dos limites políticos	
Sesquicentenário da República da Bolívia e da República Oriental do Uruguai.	Arthur César Ferreira Reis. Publicado em 1975.
Discurso do embaixador da Bolívia.	Marcelo Terceiros Banzer. Publicado em 1975.
Apontamentos sobre as primeiras relações diplomáticas entre a República do Peru e o Império do Brasil	Manoel Cícero Peregrino da Silva. Publicado em 1926.
Apontamentos sobre as primeiras relações diplomáticas entre a República do Peru e o Império do Brasil.	Manuel Cícero Peregrino da Silva. Publicado em 1926.
O Brasil e o conflito peruano-equatoriano.	Vasco Mariz. Publicado em 1995.

O incidente de Chiquitos: uma crise abortada nas relações entre o Brasil e a Bolívia.	Publicado em 1976.
Rio Branco, Euclides da Cunha e o Tratado com o Peru.	Hélio A Scarabôtotio. Publicado em 1991.
O barão do Rio Branco e as questões de limites.	Geraldo Eulálio do Nascimento Silva. Publicado em 1993.
Sobre formação territorial	
Caminhos do Acre.	José Moreira Brandão Castelo Branco Sobrinho. Publicado em 1947.
Cartografia acreana.	José Moreira Brandão Castelo Branco Sobrinho. Publicado em 1954.
Descobrimento das terras da região acreana.	José Moreira Brandão Castelo Branco Sobrinho. Publicado em 1958.
Acreânia.	José Moreira Brandão Castelo Branco Sobrinho. Publicado em 1958.
Peruanos na região acreana.	José Moreira Brandão Castelo Branco Sobrinho. Publicado em 1959.
Povoamento da Acreânia.	José Moreira Brandão Castelo Branco Sobrinho. Publicado em 1961.

Os artigos do Instituto têm um caráter mais descrito, de sistematização das informações, já as produções da SGRJ têm um caráter mais propositivo, de investigação e discussão das questões relacionadas à geografia do Brasil.

A Sociedade de Geografia do Rio de Janeiro/SGRJ

A SGRJ foi fundada em 1883 em um momento de crise do poder imperial e crescente integração do Brasil na economia capitalista mundial. A mesma foi criada com inspiração na Sociedade de Geografia de Paris, criada em 1821. A Sociedade de Paris estava atrelada a política expansionista francesa e, sua Revista dedicou-se à publicação de relatos de descobertas de territórios, bem como homenagens aos exploradores. As sociedades de geografia foram instituições com papel ativo nas tarefas de formação territorial e na elaboração de um discurso geográfico com legitimidade científica e porta voz das posturas oficiais (MORAIS, 2002).

A SGRJ quando foi criada tinha o intuito de preencher a lacuna de uma sociedade nacional que propiciasse o estudo, a discussão, investigações e explorações científicas e, com especialidade, o estudo e conhecimento dos fatos e documentos concernentes à geografia do Brasil, conforme os Estatutos da Sociedade, de 1885.

Em 1885 foi criado o Boletim/Revista da Sociedade, como órgão divulgador do conhecimento produzido. A mesma tratava de questões referentes tanto às delimitações fronteiriças quanto a descobertas arqueológicas. Divulgava o conhecimento científico por meio de intercâmbio de publicações, da participação em congressos e da troca de correspondência com congêneres estrangeiras (PEREIRA, 2005[a]).

A publicação do Boletim funcionava como um instrumento de comunicação entre outras instituições nacionais e estrangeiras fazendo, inclusive, propagandas das potencialidades nacionais. As sessões da Sociedade de Geografia, no período de 1883 a 1889, contava, quase sempre com a presença do Imperador ou seu representante, o que pressupõe que este tinha conhecimento dos debates produzidos na entidade.

A pesquisa nos arquivos da SGRJ foi no intuito de discutir a produção do conhecimento sobre a região, por nós estudada.

A Amazônia, de um modo geral, no final do século XIX era assunto de debates na SGRJ. Esses debates eram frutos das expedições científicas e seus relatos, em uma região com poucas informações e, com questões de fronteiras relevantes. Estes debates suscitavam o desejo de conhecer o território nacional, de estreitar as comunicações entre as províncias e de defesas das suas fronteiras. No que diz respeito à Amazônia Sul Ocidental a temática mais discutida foi a questão da navegação dos rios interiores. Outra temática, foi a possível ligação do rio Purus com o sistema Beni/Madeira a fim de evitar as terríveis cachoeiras do rio Madeira. E, a construção da estrada de ferro Madeira-Mamoré/EFMM.

Estes temas discutidos, estão em estreita relação com a questão do desconhecimento do Oeste, que foi revelado pela Guerra contra o Paraguai. Que revelou a deficiência das comunicações entre as províncias e, também o desconhecimento do território nacional e de seus limites. E, o interesse do império do Brasil em 'trazer' a Bolívia para o lado brasileiro, o que evitaria que a mesma buscasse uma saída para a sua produção através do rio Prata, o que beneficiaria a Argentina (PEREIRA, 2005b).

Em 1867 fora assinado o Tratado de limites do Império do Brasil com a República da Bolívia, com o intuito de evitar que a Bolívia se aliasse ao Paraguai, na Guerra da Tríplice Aliança e, disciplinar o uso da navegação nos rios amazônicos. No texto deste Tratado fora insinuado a construção de uma estrada de ferro para evitar as cachoeiras do rio Madeira. No artigo IX do referido Tratado, o Brasil se obrigou a conceder à Bolívia o uso de qualquer estrada de ferro que viesse a construir por si, ou por empresa particular, desde a primeira cachoeira na margem direita do rio Mamoré até a de Santo Antônio, no rio Madeira. A "fim de que a

República da Bolívia possa aproveitar para o transporte de pessoas e mercadorias os meios que oferecer à navegação abaixo da dita cachoeira de Santo Antônio" (SOARES, 1973, p. 212).

Já as tentativas de construção da EFMM, segundo Cardoso (2017), demonstram as conexões entre as dimensões do capitalismo expansionista internacional e os arranjos internos do Império do Brasil. A concepção inicial do projeto da estrada de ferro foi pensada por norte-americanos e, "estava em sintonia com a ampliação do sistema ferroviário dos Estados Unidos no século XIX" (p 234). O objetivo era, segundo Soares (1973) "construir um império econômico" que abrangia o rio Beni, "parte do território do Mato Grosso, tendo o rio Madeira como canal de desague das riquezas encontradas na região" (p. 210).

O Tenente Coronel George Earl Church foi o primeiro a tentar construir a EFMM. Sua "ideia era fixar os trilhos às margens do Madeira, ao lado do seu extenso trecho encachoeirado, onde a navegação era quase impossível". Com esta estrada as "embarcações vindas da Bolívia poderiam descarregar seus produtos em uma das pontas da EFMM, que saltaria as corredeiras e entregaria os carregamentos na parte navegável rio abaixo" (CARDOSO, 2017, p. 235). Em 1872, a comitiva formada de engenheiros norte-americanos, contratada para avaliar a área de Santo Antônio do Rio Madeira, chega na região, mas no ano seguinte desiste do projeto em decorrência das tensões com os indígenas.

Anos depois, houve uma nova tentativa de dar prosseguimento ao projeto. Em 1878 o grupo empresarial dos irmãos Philip e Thomas Collins, reiniciaram o projeto da construção da ferrovia. Segundo Cardoso (2017), o grupo empresarial introduziram cerca de 1500 operários, vindos de diversos países e também de outras províncias do Império brasileiro, mas não deram continuidades pelas mesmas razões da questão anterior. Em 1879 o projeto foi novamente abandonado.

Após a confirmação dessa segunda desistência o poder imperial inicia um novo processo de avaliação para a continuidade da obra. Para tanto foi criada a Comissão Morsing,[4] com o objetivo de avaliar o projeto. A comissão, como ressalta Cardoso (2017) encontrou em Santo Antônio do Rio Madeira um cenário de ruína, "as matas e as populações tidas como "incultas" pareciam relutantes em aceitar o avanço daquele que seria um dos ápices do deslocamento rumo à Amazônia Ocidental no século XIX" (p 236). Em 1885, o engenheiro Julio Pinkas assume a chefia dos trabalhos sobre a construção da estrada de ferro Madeira Mamoré.

Esta temática foi muito discutida nas reuniões/conferências da Sociedade e foram publicadas no seu Boletim. Sobre a EFMM o Boletim publicou várias conferências: 04 de Júlio Pinkas, entre os anos de 1885 e 1887, as quais contou com a presença do imperador, do Conde D'Eu e do Ministro da República da Bolívia no Rio de Janeiro, Juan Francisco Velarde. 02 de Antônio Rodrigues Pereira Labre, seringalista e deputado pela província do Amazonas. 01 do engenheiro, comissionado pela província do Amazonas, Alexandre Haag. 01 de Juan Francisco Velarde, Ministro da República da Bolívia no Rio de Janeiro, também de 1886 (ver quadro 02).

---

4   A comissão foi formada pelo: engenheiro chefe Carlos Alberto Morsing. Primeiro engenheiro, Julio Pinkas. Chefes de sessão, Abel Ferreira de Mattos e Domingos Guilherme Braga Torres. Secretário, Ernesto Mattoso Maia Forte. Engenheiros-condutores, Pedro Leitão da Cunha, Alfredo de Freitas Reis, Damaso Pereira, Candido Ferreira de Abreu, Thomaz Joaquim de Cerqueira e Alfredo Índio do Brazil e Silva. Médico Dr. F. Betim Paes Leme. Farmacêutico, José da Fonseca e Silva. Desenhador, Camillo Vedani. E, auxiliares, João Martins da Silva e José Coelho Ferreira Junior" (FORTE, 1885).

Navegação no rio Madeira e construção da EFMM	
Título	Autor e observações
O Alto Madeira e sua ligação com o Mamoré.	1ª Conferência de Julio Pinkas, em 14 de agosto de 1885. Publicado no Boletim nº 3, em 1885.
O Alto Madeira e sua ligação com o Mamoré.	2ª Conferência de Júlio Pinkas, em 19 de agosto de 1885. Publicado no Boletim nº 4, em 1885.
Estrada de Ferro Madeira e Mamoré.	Júlio Pinkas, 3ª Conferência de 05 de agosto de 1886. Publicado no Boletim nº 3, em 1886.
O Alto Madeira.	Julio Pinkas. Artigo que trata de características como: navegabilidade, exploração econômica, população, características físicas, como: clima, fauna. Publicado no Boletim nº 4ª, em 1887.
O rio Madeira e seus afluentes: as últimas explorações nos rios Beni, Madre de Dios, Orton e Abunã.	Juan Francisco Velarde, Conferencia do ministro da Rep. Da Bolívia no Brasil e sócio da SGRJ, em 28 de junho de 1886. Publicado no Boletim nº 3, em 1886. Este foi reproduzido no tomo 8 do boletim da Sociedade de Geografia de Paris).
Sobre a Bolívia, seu comércio, industrias e vias de comunicação....	Conferencia do engenheiro Alexandre Haag, em 23 de junho de 1886. Publicado em 1886 – nº 3.
Viagem exploradora do rio Madre de Dios ao Acre-vias de comunicação entre os rios Purus, Madeira e Beni. O rio Acre e Madre de Dios: entre o Madeira e o Guaporé, pelo rio Jamary	Conferencia de Antônio R Pereira Labre. Publicado em 1888 – nº 2. Reproduzido no tomo X, n. 3 do boletim de Geografia da Sociedade Comercial de Paris.

Exploração do rio Ituxy.	Conferencia de Antônio Rodrigues Pereira Labre. Publicado em 1888 - n° 2. Reproduzido no tomo X, n. 3 do boletim de Geografia da Sociedade Comercial de Paris.
Linha telegráfica Amazonas.	Conferencia de Torquato Tapajós, em 10 de outro de 1889. 1890 - n° 2

Julio Pinkas, em suas quatro conferências defendeu a importância da ferrovia do ponto de vista estratégico, político e comercial. Destacou a necessidade de comunicações transversais no continente americano e o papel que o Império do Brasil representava na América do Sul. Defendeu o potencial que os rios Madeira e Amazonas ofereciam, desde que eliminados os obstáculos das cachoeiras do alto Madeira. Justificava as vantagens da EFMM para o Brasil, rebatia os argumentos contrários e, criticava outras alternativas propostas para o problema da integração do país através de seu interior navegável, como ressalva Pereira (2005b).

O *Boletim* publicou 02 Conferências de Antônio Rodrigues Pereira Labre, em 1888. Labre chegou na Província do Amazonas em 1871, se estabeleceu no rio Purus, onde fundou uma colônia de povoamento e a 'fazenda dos campos'. O povoado e a fazenda foram pontos de apoio para futuras explorações, alimentado pelo desejo de encontrar uma comunicação entre o sistema fluvial do Purus e os formadores do rio Madeira. De suas viagens escreveu vários artigos, como *Rio Purus*, que foi publicado pela Typ. do Paiz, Imp. M. F. V. Pires no Maranhão, no ano de 1872. Publicou também *A Seringueira*, pela Typ. do Commercio do Amazonas, em 1880. E, *Itinerário de exploração do Amazonas à Bolívia*, publicado em 1887, pela Typ. D'a província do Pará (ROCHA, 2006). Todos eles com informações sobre potencial econômico e populações indígenas. E, conferiu duas conferências na SGRJ, fruto de suas viagens.

Na conferência *Exploração do rio Ituxy*, publicado no Boletim em 1888, Labre inicia dizendo que desde 1872 a 1883 viaja pelos afluentes do rio Purus, em busca pela passagem para o rio Beni. Não encontrou a 'passagem', mas descobriu sobre sua navegabilidade, riquezas naturais e os "habitantes selvagens". Na segunda conferência, também publicada em 1888 e reproduzida no Boletim da Sociedade de Paris *Viagem exploradora do rio Madre de Dios ao Acre-vias de comunicação entre os rios Purus, Madeira e Beni. O rio Acre e Madre de Dios: entre o Madeira e o Guaporé, pelo rio Jamary*, fruto da viagem que realizou em 1887, partindo do porto de Lábrea, descendo o rio até Manaus, de lá subindo o rio Madeira até o povoado de Santo Antônio e dali para as terras do rio Acre. Do Acre desce para o porto de Lábrea (ROCHA, 2016).

Nesta segunda conferência, Labre tinha como objetivo, "mostrar vias de comunicação fáceis do Brazil com a Bolívia, entre o departamento do Beni e a província do Amazonas, e entre esta a de Mato Grosso" (LABRE, 1888, p. 102). Este, além de sócio da SGRJ, foi deputado pela Província do Amazonas e prefeito de Lábrea. Labre estava disposto a construir uma estrada que fosse uma via de comunicação de Lábrea (rio Purus, na província do Amazonas) com a Bolívia. Este fez o pedido ao império do Brasil que o concede através do Decreto 10.027 de 1888 e, a província do Amazonas envia um engenheiro para avaliar a proposta de Labre.

O engenheiro escolhido foi Alexandre Haag. Este fora nomeado anteriormente pelo governo imperial para fiscalizar o trabalho das companhias construtoras da EFMM (nos anos 1874 e 1878-79). Haag foi escolhido para realizar estudos referentes às estradas que ligariam a foz do Beni ao Purus. Mais precisamente, fora enviado para avaliar a proposta de construção de uma estrada de rodagem que ligasse a foz do Beni com a povoação de Labria, no rio Purus, proposta de Antônio Rodrigues Pereira Labre. Haag, contesta as informações de Pinkas e propõe uma estrada de ferro entre o Madre de Dios ao rio Acre, afluente do Purus (PEREIRA, 2005b). Esta proposta era diferente da de Antônio Labre.

O quarto autor que publicou conferências sobre a temática foi Juan Francisco Velarde, ministro boliviano residente no Brasil. Velarde fez uma conferência sobre explorações nos afluentes do rio Madeira, os rios Beni, Madre de Dios, Orton e Abunã, que foi publicada no Boletim, em 1886. Nesta conferência Velarde defendeu o projeto de Julio Pinkas e refutou a proposta de Labre e de Haag, pois:

> "o natural, o lógico, o que aconselha o simples bom senso e o estudo serio e consciencioso é procurar sahida pelo rio que recebe todos os affluentes, p. navegáveis que a Bolívia possue e que facilmente ligarão os centros prodctores e de consume com o mundo externo, em uma palavra pelo Madeira (VELARDE, 1886, p. 189)

Outra temática publicada na Revista/Boletim foi a questão da delimitação da fronteira do Brasil com a Bolívia e mais tarde com o Peru. Sobre a questão foram publicadas duas Conferencia de Paula Freitas, em 1898, como podemos observar no quadro 03. Paula Freitas faz um histórico do trabalho das comissões de demarcação das fronteiras e dos trabalhos de limites, mas não entra no mérito do conflito bélico do Acre/Brasil com a Bolívia.

Limites e fronteiras	
Título	Autor e observações
Limites do Brazil com a Bolívia.	Paula Freitas. 1ª Conferencia de 01 de dezembro de 1898. Publicado em 1900.
Carta do Comandante Cunha Gomes.	Cunha Gomes. De 19 de janeiro de 1900. Publicada na Gazetinha em 22 de fevereiro de 1901. Publicado em 1900.

Limites do Brazil com a Bolívia.	Paula Freitas. 2ª Conferencia de 10 de abril de 1900. Publicado em 1900.
Limites do Brazil com a Bolívia.	Paula Freitas. 3ª Conferencia de 27 de setembro de 1900. Publicado em 1900.
Limites do Brazil com a Bolívia.	Paula Freitas. 4ª Conferencia de 20 de dezembro de 1900. Publicado em 1900.
Chiquitos	Castilhos Goyocochea. Publicado em 1941, 1º boletim
Homenagens ao Barão do Rio Branco, por ocasião do centenário do seu nascimento	Parecer, publicado em 1945
Rio Branco, geógrafo e geopolítico	Everardo Backeuser. Homenagem ao Barão. Publicado em 1945. 1º boletim
O Barão do Rio Branco	J. S. da Fonseca, conferência de 24 de maio de 1945, em homenagem à memória do Barão. Publicado em 1946. 1º boletim

Sobre a questão de limites destacam-se as homenagens ao barão do Rio Branco, pelo reconhecimento do papel deste na definição das fronteiras do Brasil. São dois artigos que o enaltece como grande negociador, com elogios também a Euclides da Cunha, pelo papel que este teve através da viagem de reconhecimento do alto rio Purus, condição para a negociação do Tratado do Brasil com o Peru, em 1909.

No quadro 04 elencamos os artigos referente à temática expedições. As publicações dizem respeito à navegação interior, principalmente das províncias do Amazonas e Mato Grosso. Um grande destaque são as publicações de Antônio Luiz von Hoonhotz, condecorado com o título de Barão de Tefé, por ter sido o "primeiro homem civilizado que explorou o Javary até as nascentes". E, também as publicações em homenagens a este. O barão de Tefé foi sócio da SGRJ e fez parte da comissão de geografia física da Sociedade.

Expedições	
Título	Autor
Eldorado: Trecho de uma longa memória do Barão de Tefé sobre os primeiros navegadores do Amazonas.	Barão de Tefé. Publicado em 1885. 4º boletim
Explorações de Pedro Teixeira. Trecho de uma longa memoria inédita sobre o Amazonas.	Barão de Tefé. Publicado em 1885. 4º boletim
Um explorador brasileiro.	Jurien de la Gravière. Trajetória do Barão de Tefé. Publicado em 1891 1º boletim.
Episódios da viagem de exploração as vertentes do famoso rio Javary, afluente meridional do alto Amazonas.	Diário de campo do Barão de Tefé Barão de Tefé. Publicado em 1888, no 3º boletim.
Elogio geográfico-histórico do Almirante Barão de Tefé	Cesar Feliciano Xavier. Comemoração do Centenário de nascimento do Barão. Publicado em 1938, no boletim 1º.
Relatórios sobre o rio Jutahy	Barrington Brown. Exploração executada por ordem de Antonio Pimenta Bueno, gerente da companhia do Amazonas em 1875. Publicado em 1886 – nº 2.
Memoria sobre a descoberta de uma nova viagem da cidade de Cuiabá para a do Pará.....	Antonio Peixoto de Azevedo. Realizada por ordem do tenente general Francisco de Paula Magessi Tavares de Carvalho, gov. e capital general da prov. De Mato Grosso. Publicado em 1885 – nº 1.
Informações officiaes sobre as fronteiras das capitanias de Mato Grosso, Goiaz e Pará com as possessões espanholas.	Publicado em 1885. 2º boletim

Comunicação do Amazonas com o Prata: rios Tocantins, Araguaya e das Mortes.	Correia de Moraes. Empresário da navegação do Araguaya. 1886 4° boletim.
Navegação do Araguaya e Tocantins.	José Negreiros de Almeida Sarinho. Extrato da conferência de 13 de setembro de 1886. Publicado em 1887 2° boletim.
Explorações em Mato Grosso.	Pela redação. 1889 - Tomo V - 3° boletim.
Amazonas.	Torquato Tapajós. Conferencia de 10 de outubro de 1889. 1889 - Tomo V - 4° boletim 1889.
Uma excursão na valle do Amazonas.	Trabalho oferecido por Miguel Ribeiro Lisboa. 1889 - Tomo V - 4° boletim
O povoamento da Amazônia.	Frederico José de Sant'Ana Nery. Conferencia de 09 de agosto de 1887. 1887 3° boletim.
A Amazônia.	Alvaro Berford, publicado em 1909.
Os índios Cachararys.	José Alberto Maso. 1909 1° boletim.

Biblioteca do Palácio do Itamaraty, no Rio de Janeiro

O Palácio Itamaraty foi sede do Ministério das Relações Exteriores de 1899 a 1970. E, hoje abriga a Fundação Alexandre de Gusmão (FUNAG) e o Instituto Rio Branco (IRBr). Na sua biblioteca há um amplo acervo sobre a questão de limites do Brasil com os seus vizinhos na América do Sul.

A pesquisa no acervo da biblioteca foi motivada pelas questões elencadas abaixo. A assinatura dos tratados de limites no século XIX, do Império do Brasil coma República da Bolívia e República do Peru tinham algumas questões pendentes na medida que ia aumentando o conhecimento e exploração econômica desta região e, a demarcação no solo dos limites políticos. A questão principal era determinar as nascentes do rio Javari, marco da fronteira do Brasil com o Peru e, da Bolívia com o Brasil. E, foi sobre essas questões que empreendi a pesquisa nos arquivos da biblioteca do Itamaraty, como o acervo do Barão de Tefé, Duarte da Ponte Ribeiro, Thaumaturgo de Azevedo e Barão do Rio Branco, para discutir os bastidores da questão e o jogo de poder na definição desta fronteira em seus dois momentos.

O rio Javari, como ressalta Vergara (2010) já era mencionado como linha divisória desde os Tratados de Madri e Santo Ildefonso, no caso entre os domínios espanhóis e portugueses na Amazônia. Apesar da imprecisão da localização de suas nascentes, o Javary foi referido no Tratado de Amizade, Limites, Navegação e Comércio, de 1867, entre o Brasil e a Bolívia, como um marco para o estabelecimento da fronteira:

> Deste rio [o Madeira] para oeste, seguirá a fronteira por uma paralela, tirada da sua margem esquerda na latitude sul de 10º 20' a encontrar o rio Javari. Se o Javari tiver as suas nascentes ao norte daquela linha leste-oeste, seguirá a fronteira desde a mesma latitude por uma reta a buscar a origem principal do dito Javari (SENADO FEDERAL, 2009, p. 79).

Os trabalhos de demarcação iniciam em 1870, com o fim da guerra da tríplice aliança e houveram 07 conferências das comissões mistas até a sua conclusão em 1878. Tendo como base as nascentes dos rios descobertos pelo Barão de Tefé. Em 1895, em detrimento da exploração do látex, novo protocolo foi iniciado para a demarcação da linha divisória Madeira/Javari.

Para a nova comissão foi nomeado pelo lado brasileiro Gregório Thaumaturgo de Azevedo. O Protocolo de maio de 1895 instruía que a comissão deveria traçar uma linha geodésica entre os rios Madeira e Javari, passando pelo rio Acre e avançando preferencialmente por terra. O texto, segundo Vergara (2010), advertia que não havia necessidade de verificar a posição da nascente principal do Javari porque os governos do Brasil e da Bolívia adotariam os mesmos cálculos utilizados na demarcação dos limites entre o Brasil e o Peru, apesar de se suspeitar que o cálculo das nascentes encontrada por Tefé em 1874 estavam errados.

Nesse sentido, a nascente do Javari estaria, para todos os efeitos de demarcação entre o Brasil e a Bolívia, situada aos 7° 1' 17" de latitude Sul e 74° 8' 27" de longitude Oeste de Greenwich. Segundo o protocolo, "fica entendido que a dita linha deve partir da latitude 10° 20' Sul marcada no tratado de limites e nesta conformidade procederá a Comissão Mista à demarcação dos limites e colocação dos marcos destinados a indiciar os pontos de intersecção" (BRASIL, 1894, p. 165).

O chefe da comissão brasileira, Gregório Thaumaturgo de Azevedo, contesta a interpretação ministerial do Tratado de 1867 e adverte que a área estava na iminência de conflito. Pois o Tratado possibilitava várias interpretações sobre o traçado da linha geodésica. E, aceita-la seria subtrair ao território nacional uma grande área já povoada por brasileiros. Ele descobriu vários pontos duvidosos na demarcação feita pelo Barão de Tefé e, em ofício, datado de julho de 1895, informava ter notícias por fonte segura de que "a nascente do Javari estava muito acima da latitude achada [por Tefé]" (BRASIL, 1897, p. 7).

Thaumaturgo de Azevedo pediu exoneração do cargo e passou a fazer críticas na imprensa. A crítica maior como ressalta Vergara era a "inoperância do governo do Brasil em defender os interesses de seus compatriotas naquela região" (2010, p. 351).

Thaumaturgo de Azevedo foi substituído pelo comissário Augusto Cunha Gomes, nomeado chefe da comissão em 1898. Este escreveu o relatório "Reexploração do Javari". Apesar dos esforços do capitão-tenente, a determinação das coordenadas das nascentes não foi aceita pelo governo boliviano, pois o comissário boliviano não estava presente no momento em que o brasileiro lá chegou. Para todos os efeitos, o governo boliviano ainda estava utilizando as coordenadas da expedição do Barão de Tefé. Cunha Gomes foi substituído por Luis Cruls, e, em agosto de 1901, a Comissão Mista Brasil-Bolívia ergueu um marco de ipê nas coordenadas 7º 6' de latitude e 73º 47' de longitude na nascente principal do rio Javari.

Do ponto de vista da fronteira política, os acervos pesquisados foi o existente na biblioteca do Palácio do Itamaraty, na cidade do Rio de Janeiro. As temáticas pesquisadas foram: arquivos relacionados as comissões de demarcação, como relatórios e atas de reunião. A questão das nascentes do Javari, nos arquivos do barão de Tefé, Thaumaturgo de Azevedo, Cunha Gomes e Luis Cruls.

Outro momento da definição das fronteiras entre os três países foi no contexto da valorização das gomes elásticas no mercado internacional. Em 1903 foi assinado o Tratado de Petrópolis entre a República do Brasil e a República da Bolívia e, em 1909 foi assinado o Tratado do Rio de Janeiro entre a República do Brasil e República do Peru.

Para tanto acessamos arquivos sobre: limites com o Peru (Barão da Ponte Ribeiro e Barão do Rio Branco). Limites com a Bolívia (Barão da Ponte Ribeiro/Lopes Netto e Barão do Rio Branco). Além dos arquivos, listados acima, recomendamos os livros abaixo que tratam dos "bastidores" das negociações dos limites da região em tela.

AZEVADO, Thaumaturgo de. *O Acre: limites com a Bolívia – cartas inéditas 1900/1901*. Rio de Janeiro, Typ. do Jornal do Comércio, 1901.

BRASIL. *O Acre: o direito da Bolívia – documentos para julgar a questão. Pensamento da Chancelaria brasileira*. Rio de Janeiro, Ministério das Relações Exteriores, 1900.

ARGUEDAS, Alcides. *Historia General de Bolívia*. La Paz, Archivo y Bibliografia nacionales de Bolívia, 1922.

BOLÍVIA, Ministério de Relações Exteriores de la República de. *El arbitraje: entre as Repúblicas de Bolívia e el Peru u su última negociación sobre fronteras – documentos diplomáticos*. La Paz,1909.

CUNHA, Euclides da. *Relatório da comissão brasileira/peruana de reconhecimento do alto Purus*. Rio de Janeiro, Imprensa Nacional, 1906.

RIBEIRO, Duarte da Ponte. *Observações aos apontamentos sobre o estado atual da fronteira do Brasil*. Rio de Janeiro, Imprensa Nacional, 1944.

RIBEIRO, Duarte da Ponte. *Observações aos apontamentos sobre o estado atual da fronteira do Brasil*. Rio de Janeiro, Imprensa Nacional, 1946.

Considerações Finais

Ao empreender esta pesquisa objetivamos desconstruir a naturalização da definição dessas fronteiras, como um dado natural, fruto da audácia de 'seringueiros cearenses' que forjaram uma revolução. Como se fosse uma história que se desenrolou no tempo, em um espaço destituído de interesses geopolíticos.

Os arquivos por nós pesquisados nos revelaram uma série de particularidades sobre a região em sua formação e no detalhamento dos estudos que subsidiaram a definição dos limites políticos. As publicações da Revista do IHGB e o Boletim da SGRJ nos revelaram as informações/estudos que serviram para "descortinar o país aos brasileiros", despertar sentimentos cívicos e, subsidiar o debate sobre a conquista do último oeste brasileiro.

Referências bibliográficas

ARRUDA, R. S. V. Fronteiras e identidades: os povos indígenas na tríplice fronteira Brasil-Bolívia-Peru. In: ALMEIDA, Maria Geralda de (Org.) *Territorialidades na América Latina*. Goiânia, EUFG, 2009.

BELTRÁN, C. L. *La exploración y ocupación del Acre (1850-1900)*. Revista das Índias, La Paz: 2001.

BRASIL. *Relatório do ministério das Relações exteriores*. 1894. Disponível em: <http://brazil.crl.edu/bsd/u 1609>. Acesso em: 02 set. 2018.

BRASIL. *Relatório do ministério das Relações exteriores*. 1897. Disponível em: <http://brazil.crl.edu/bsd/u 1609>. Acesso em: 02 set. 2018.

CARDOSO, A. A. I. *O Eldorado dos Deserdados: indígenas, escravos, migrantes, regatões e o avanço rumo ao oeste amazônico no século XIX*. Tese (Doutorado em História). USP. Programa de Pós-Graduação em História Social. São Paulo, 2017.

CARDOSO, L. P. C. Sociedade de Geografia: espaço como projeto político. São Leopoldo, *Anais da Associação Nacional de História/ANPUH*. XXIV Simpósio Nacional de História, 2007.

CUNHA, E. da. *À margem da história*. São Paulo, Martins Fontes, 1999.

CUNHA, E. da. *Um Paraíso Perdido*. Brasília: Senado Federal. 2000.

FORTE, E. M. M. *Do Rio de Janeiro ao Amazonas e Alto Madeira. Itinerário e Trabalhos da Comissão de Estudos da Estrada de Ferro do Madeira e Mamoré: Impressões de Viagem por um dos membros da mesma comissão*. Rio de Janeiro: Typ. a Vap. de Soares & Niemeyer, 1885.

LABRE, A. R. P. Viagem exploradora do rio Madre de Dios ao Acre-vias de comunicação entre os rios Purus, Madeira e Beni.

O rio Acre e Madre de Dios: entre o Madeira e o Guaporé, pelo rio Jamary. Rio de Janeiro, *Boletim da SGRJ,* 1888.

MACHADO, L. O. *Mitos e realidades da Amazonia brasileira no contexto geopolítico internacional (1540/1912).* Tese (doutorado em Geografia). Barcelona, Universidad de Barcelona, 1989.

MEZZADRA, S. e NIELSON, B. *La frontera como método.* Madri, Traficantes de sueños, 2017.

MORAES, A. C. R. *Território e história no Brasil.* São Paulo, Hucitec, 2002.

MORAES, A. C. R. *Geografia histórica do Brasil.* São Paulo, AnnaBlume, 2009.

MORAES, A. C. R. *Geografia histórica do Brasil*: capitalismo, territorio e periferia. São Paulo, AnnaBlume, 2011.

MORAIS, M. J. SILVA, D. C. SILVA MANCHINERY, A. S. ESPÍNDOLA, M. S. Fronteiras e mobilidade territorial: trajetórias de famílias seringueiras na região fronteiriça do Acre, BR, Pando, BOL e Madre de Dios, PE. In. PINTO, M. C. O. B. S, MORAIS, M. de J. e LIMA, J. C. (orgs.). *Processos de territorialização e identidades sociais.* São Carlos, Rima, V. 2, 2012. 389 p.

PEREIRA, S. N. Obsessões geográficas: viagens, conflitos e saberes no âmbito da Sociedade de Geografia do Rio de Janeiro. *Revista da SBHC,* Rio de Janeiro, v. 3, n. 2, p. 112-124, jul. | dez. 2005ª.

PEREIRA, S. N. Navegação fluvial e vias auxiliares: uma controvérsia geográfica no Brasil no final do século XIX. *Anais do X Encontro de Geógrafos da América Latina.* São Paulo, 2005b.

RAFFESTIN, C. *Por uma Geografia do Poder.* São Paulo: Ática: 1993.

REIS, A. C. F. *O Seringal e o Seringueiro.* Rio de Janeiro, Ministério da Agricultura. 1953.

ROCHA, H. *Coronel Labre,* São Carlos, Scienza, 2016.

BRASIL. *Relatório do ministério das Relações exteriores.* 1897. Disponível em: <http://brazil.crl.edu/bsd/u 1609>. Acesso em: 02 set. 2018.

SENADO FEDERAL. *O Tratado de Limites Brasil-Peru.* Brasília, Senado Federal, 2009.

TOCANTINS, L. *Formação Histórica do Acre.* Brasília: Senado Federal. 2001, V. 1.

VERGARA, M. de R. Ciência, fronteiras e nação: comissões brasileiras na demarcação dos limites territoriais entre Brasil e Bolívia. Belém, *Bol. Mus. Emilio Goeldi,* 2010.

VELARDE, J. F. O rio Madeira e seus afluentes: as últimas explorações nos rios Beni, Madre de Dios, Orton e Abunã. Rio de Janeiro, *Boletim da SGRJ,* 1886.

Os autores

Alexandre Henrique dos Santos
Geógrafo pela Universidade de São Paulo. Mestrando em Geografia Humana pelo Departamento de Geografia da Universidade de São Paulo. Atualmente dedica-se aos estudos sobre a Geografia produzida pelo Iluminismo francês, notadamente sobre a Geografia Física e suas relações com a Geologia e a filosofia das Luzes.

Carlo Eugênio
Professor do Departamento de Geografia do Centro de Ciências Humanas e Naturais da Universidade Federal do Espírito Santo (CCHN/UFES), desenvolvendo atividades de pesquisa, orientação e docência com ênfase em Geografia Histórica e História do Pensamento Geográfico. Possui bacharelado (2005), mestrado (2008) e doutorado (2013) em Geografia (Geografia Humana) pela Universidade de São Paulo. É também integrante do coletivo de pesquisadores Rede Brasilis - Rede Brasileira de História da Geografia e Geografia Histórica.

Carlos Geraldino
Possui graduação em Geografia (Licenciatura e Bacharelado) pela Universidade Estadual de Londrina (2005 e 2006), especialização em História e Filosofia da Ciência pela Universidade

Estadual de Londrina (2007), mestrado em Geografia Humana pela Universidade de São Paulo (2011) e doutorado em Geografia pela Universidade Estadual de Campinas (2016). Atualmente é professor do Instituto Federal de Educação, Ciência e Tecnologia de São Paulo, Campus São Paulo, onde leciona e coordena o curso de Licenciatura em Geografia. Tem experiência na área de docência nos níveis Fundamental, Médio e Superior, e na área de pesquisa em Geografia, com ênfase em biogeografia e história do pensamento geográfico.

Fernanda Padovesi Fonseca

É geógrafa e professora de Cartografia do Departamento de Geografia da Universidade de São Paulo, onde fez doutorado com a tese "A Inflexibilidade do Espaço Cartográfico, uma questão para a Geografia". Desde 1997 atua no ensino superior e publicou livros didáticos para o ensino fundamental, assim como vários artigos que tratam da representação cartográfica do espaço geográfico, tanto na pesquisa científica como no ensino. É coautora do livro "Cartografia" pela Coleção "Como Eu Ensino" da Editora Melhoramentos (2013).

Larissa Alves de Lira

Atualmente, é professora visitante da Universidade Federal de Minas Gerais (UFMG).). Fez pós-doutorado na Universidade de São Paulo, é doutora em Geografia pela Universidade de São Paulo (USP) e pela *École des Hautes Études en Sciences Sociales* (EHESS) em convênio internacional de dupla titulação, mestre em Geografia pela Univeridade de São Paulo e bacharel e licenciada em Geografia pela mesma universidade. De 2005 a 2007, desenvolveu pesquisas interdisciplinares no departamento de História da USP com financiamento da FAPESP e do Cnpq, pesquisa premiada pela USP. De 2005 a 2015 foi pesquisadora do grupo de estudos Fernand Braudel, registrado no CNPQ. Em meados de 2012, concluiu o mestrado em Geografia Humana sobre edificação metodológica da geografia moderna a partir dos estudos do Mediterrâneo, também financiada pela FAPESP. Pela mesma agência de financiamento, a mesma pesquisa foi publicada na forma de livro com o título *O Mediterrâneo de Vidal de la Blache: o primeiro esboço do método geográfico (1872-1918)* pela FAPESP e pela editora Alameda.

Manoel Fernandes de Sousa Neto

Licenciado e Bacharel em Geografia pela Universidade Federal do Ceará (1992, 1993), realizou mestrado e doutorado em Geografia Humana pela Universidade de São Paulo (1997, 2004) e pós-doutorado em História da Cartografia pela Universidade do Porto (2012-2013). Docente da Universidade Federal da Paraíba (1993-1998), Universidade Federal do Ceará (1998-2007) e da Universidade de São Paulo desde 2007 onde realizou Livre Docência em 2019 e é Professor Associado. Atuou como Professor Visitante na Université Cergy-Pontoise (2019) e presidiu a Associação Nacional de Pós-Graduação e Pesquisa em Geografia - ANPEGE (2018-2019). Poeta-docente publicou livros, artigos e ensaios voltados à compreensão da história da geografia no Brasil, à geografia histórica do capitalismo, à história da cartografia e ao ensino de geografia.

Maria de Jesus Moraes

Graduada em Geografia (modalidades licenciatura e bacharelado) pela Universidade Federal do Ceará (1993 e 1994). Mestre em Geografia pela Universidade Federal de Santa Catarina (2000). Doutorado em Geografia pela Universidade Federal Fluminense (2008). Pós-doutorado em Geografia na USP (2017/2018). É professora da Universidade Federal do Acre. Com experiencia nas áreas de Geografia da População, Política, Formação Territorial, Geografia Urbana, Teoria e Método. Foi Tutora do Grupo PET Geografia da Universidade Federal do Acre, do período de 2010 a 2014. Tutora do PET Conexões de Saberes - comunidades indígenas (2015/2016). É líder do Grupo de Estudo em Produção do Espaço na Amazônia. E, professora do Programa de Mestrado Letras: linguagem e identidade-UFAC. E-mail. mjmorais@hotmail.com e jesusmorais5@gmail.com.

Pascal Clerc

Pascal Clerc é professeur des Universités em Geografia na Universidade de Cergy-Pontoise. É membro do laboratório EMA (*École – Mutations – Apprentissages* [escola, mutações, aprendizagens]) e do laboratório EHGO (*Épistémologie et Histoire de la Géographie* [Epistemolofia e História da Geografia]), Panthéon-Sorbonne, onde ele lidera o seminário "*Les écritures du géographique*" (as escritas do geográfico). Seus trabalhos espietemológicos incidem sobre a história da geografia francesa em situação colonial, sobre a relação entre geografia e literatura e sobre a história espacial dos saberes. Trabalha também sobre questões relativas aos espaços de aprendizagem. Suas últimas publicações são *La géographie coloniale en France. Une catégorie à déconstruire*, Terra Brasilis 8/2017, e *Le journal retrouvé. Les spatialités d'un géographe normalien en 1893*, Cybergeo: European Journal of Geography, document 811, 2017.

Paulo Bomfim

Pós-doutor pela Universidade de Buenos Aires (2020), doutor em geografia humana (2007), mestre na mesma área de concentração (2001), licenciado (1999) e bacharel em geografia (1995), todos os títulos obtidos na Universidade de São Paulo. Atua como professor no curso de licenciatura em geografia no IFSP - Instituto Federal de Educação, Ciência e Tecnologia de São Paulo. Possuo experiência na área de Geografia Humana, com ênfase em História do Pensamento Geográfico, Teoria e Método e Geografia Política, voltando-me ainda aos seguintes temas: estado, planejamento, território, pensamento geográfico no Brasil e questão federativa.

Paulo Godoy

Possui graduação em Geografia pela Universidade Estadual Paulista Júlio de Mesquita Filho (1991), mestrado em Geografia pela Universidade Estadual Paulista Júlio de Mesquita Filho (1996) e doutorado em Geografia pela Universidade Estadual Paulista Júlio de Mesquita Filho (2002). Atualmente é professor assistente doutor da Universidade Estadual Paulista Júlio de Mesquita Filho. Tem experiência na área de Geografia humana, com ênfase em história do pensamento geográfico e geografia histórica.

Raimundo Jucier

Raimundo Jucier Sousa de Assis é Professor da Universidade Federal do Piauí (UFPI) e Doutor em Geografia Humana pelo Programa de Pós-Graduação em Geografia Humana da Universidade de São Paulo (USP 2012/2017). Possui graduação em Licenciatura Plena em Geografia pela Universidade Federal do Ceará (UFC 2005/2009) e Mestrado pelo Programa de Pós-Graduação em Geografia da Universidade Federal do Ceará (UFC 2009/2011), tendo ainda atuado como professor Substituto no Curso de Licenciatura Plena em Geografia da Universidade Estadual do Ceará, no campus da Faculdade de Filosofia Dom Aureliano Mattos (UECE/FAFIDAM 2011/2012). Em resumo, tem atuado como professor-pesquisador de geografia humana, escrevendo sobre História do Pensamento Geográfico; a Geopolítica entre Brasil, Estados Unidos e China; a Geografia do Brasil; e a Aula de Campo/Trabalho de Campo voltados para o Ensino de Geografia na Contemporaneidade.

Rildo Borges Duarte

Graduado em Geografia pela Universidade Estadual de Londrina (UEL), Mestre e Doutor em Geografia Humana pela Universidade de São Paulo (USP). Atualmente é Professor de Ensino

Básico, Técnico e Tecnológico do Instituto Federal de Educação, Ciência e Tecnologia do Sul de Minas Gerais - Campus Passos. Possui pesquisas e tem interesse em temas ligados à História da Geografia, História da Cartografia, Geografia Histórica e Geopolítica do Capitalismo. Pela editora Alameda, com auxílio da FAPESP, publicou o livro "Incógnitas Geográficas: Francisco Bhering e as questões territoriais brasileiras no início do século XX".

Tiago Santos Almeida

Tiago Santos Almeida possui Doutorado (2016) e Mestrado (2011) em História Social pela Universidade de São Paulo e Licenciatura em História (2006) pela Universidade Federal de Sergipe. É bolsista do Programa Nacional de Pós Doutorado (PNPD) da CAPES junto ao Programa de Pós-Graduação em História da Universidade Federal de Goiás. Atua na área de História, com ênfase nas seguintes áreas: Teoria da História; Historiografia; História Intelectual e das Ideias; Epistemologia Histórica; Historiografia das Ciências. Entre março de 2014 e março de 2015, realizou estágio de pesquisa no Centre de Philosophie Contemporaine da Université Paris 1 - Panthéon-Sorbonne, sob a supervisão de Jean-François Braunstein. Integra a rede internacional de pesquisa "Épistémologie Historique (Research Network on the Traditions and Methods of Historical Epistemology)". Membro do Comitê Científico da Editora Liber Ars. Coordenador científico da coleção Epistemologia Histórica, da Editora Liber Ars. É membro do Grupo de Pesquisa Khronos: História da Ciência, Epistemologia e Medicina", do Instituto de Estudos Avançados da USP, e do Grupo de Pesquisa EPISTATHAI - Epistemologia e HIstória Compara das Ciências Humanas (UFF/CNPq). É autor do livro Canguilhem e a gênese do possível: estudo sobre a historicização das ciências (São Paulo: Ed. Liber Ars, 2018) e organizador do livro DASTON, Lorraine. Historicidade e Objetividade. São Paulo: Ed. Liber Ars, 2017. (Coleção Epistemologia Histórica).

Alameda nas redes sociais:
Site: www.alamedaeditorial.com.br
Facebook.com/alamedaeditorial/
Twitter.com/editoraalameda
Instagram.com/editora_alameda/

Esta obra foi impressa em São Paulo no outono de 2020. No texto foi utilizada a fonte Minion Pro em corpo 10,5 e entrelinha de 15,25 pontos.